古典文獻研究輯刊

二八編

潘美月・杜潔祥 主編

第 10 冊

《慧琳音義》引《說文》考（上）

李福言 著

國家圖書館出版品預行編目資料

《慧琳音義》引《說文》考（上）／李福言 著 — 初版 — 新北市：
花木蘭文化事業有限公司，2019〔民 108〕
目 2+264 面；19×26 公分
（古典文獻研究輯刊 二八編；第 10 冊）
ISBN 978-986-485-687-9（精裝）
1. 說文解字 2. 研究考訂
011.08   108001134

ISBN-978-986-485-687-9

9 789864 856879

古典文獻研究輯刊
二八編　第 十 冊   ISBN：978-986-485-687-9

《慧琳音義》引《說文》考（上）

作　　者　李福言
主　　編　潘美月　杜潔祥
總 編 輯　杜潔祥
副總編輯　楊嘉樂
編　　輯　許郁翎、王筑　美術編輯　陳逸婷
出　　版　花木蘭文化事業有限公司
發 行 人　高小娟
聯絡地址　235 新北市中和區中安街七二號十三樓
　　　　　電話：02-2923-1455／傳真：02-2923-1452
網　　址　http://www.huamulan.tw 信箱 hml 810518@gmail.com
印　　刷　普羅文化出版廣告事業
初　　版　2019 年 3 月
全書字數　367361 字
定　　價　二八編 12 冊（精裝）新台幣 30,000 元

《慧琳音義》引《說文》考（上）

李福言 著

作者簡介

李福言，男，1985 年生，江蘇徐州人，博士，在職博士後，江西師範大學文學院講師，2014 年畢業於武漢大學文學院古籍所中國古典文獻學專業，獲文學博士學位，2011 年畢業於武漢大學文學院古籍所國學與漢學專業，獲文學碩士學位，2009 年畢業於江蘇師範大學（原徐州師範大學）文學院，獲文學學士學位。主要研究方向爲《說文》學、佛典音義，主持江西省社科青年項目一項，江西省教育廳青年項目一項，江西師範大學青年英才培育計劃，參與國家社科基金重大項目一項，出版專著兩部，其中在花木蘭出版社出版專著一部，在《中國文字研究》《勵耘語言學刊》等學術刊物發表 CSSCI 等論文二十餘篇，多次參加國內國際學術會議。

提　　要

　　本書以中唐釋慧琳《一切經音義》爲語料，以徐時儀《一切經音義三種校本合刊》所據高麗藏本《慧琳音義》爲研究對象，主要分析《慧琳音義》徵引《說文解字》情況，結合大、小徐本《說文》、段玉裁《說文解字注》、沈濤《說文古本考》、丁福保《說文解字詁林》等文獻，整理《慧琳音義》引《說文》中形音義諸問題，校勘、考訂疑難問題。

　　本書有利於對佛經音義引書體例、術語問題的認識。佛經音義書不同於儒家音義書，歸納總結引書體例與術語使用的特點，對佛經音義發明術語體例意義較大。

　　本書有利於唐代、宋代《說文》形音義問題的認識。通過對《說文》的異文異音異訓比勘考訂，豐富對唐代寫本《說文》相關問題的認識，有利於深刻總結唐代《說文》學的特點，對《說文》學研究意義較大。

　　本書主要分緒論、上、中、下三編和結論五個部分。

　　緒論部分主要介紹研究目的和意義、研究範圍、研究方法和文獻綜述。

　　上編主要窮盡考察《慧琳音義》引《說文》字頭見次一次的情況。具體分十七個方面窮盡考察，涉及到形音義三個內容。從「慧琳所引構形不確」「形近而訛」「慧琳乃意引」「慧琳所引二徐未見」「形近可通」「慧琳據經文俗體釋形義」「慧琳所引釋義可從」「慧琳所引構形可從」「慧琳有節引」「慧琳乃推衍其說」「慧琳有衍文」「慧琳乃誤引」「音近而訛」「義得兩通」「音近可通」「慧琳引說文音」等十七部分，結合二徐本《說文》等材料，考察所引《說文》的特點。

　　中編主要考察《慧琳音義》引《說文》見次兩次以上的情況。分「兩次」「三次」「四次」「五次」「五次以上」五個部分，窮盡考察。

　　下編主要考察《慧琳音義》所引與今本《說文》相同的內容，有的地方施加按語，略作說明。

　　本書共 35 萬字。

　　經過以上三編的考察，我們得出如下結論：

　　首先，《慧琳音義》引《說文》側重形義方面，多俗體誤形，亦有較接近古本者。

　　上編部分，主要是《慧琳音義》引《說文》字頭見次一次或多次重複仍可化歸爲一次的情況，共計 1497 條。

《慧琳音義》所引《說文》俗體較多。通過統計，可見二徐未見部分和慧琳據經文俗體釋形義部分數量最多，共有 415 例。二徐未見，即慧琳所引形體，大徐和小徐沒有收錄，這有可能都是俗體，或者是中唐時代寫本俗體，還有可能是從佛經寫本到刻本造成的刻本俗體。「二徐未見」部分與「據經文俗體釋形義」部分數量相當，二者性質應該相似，即多為經文俗體。區別在於，前者二徐未收，後者二徐據正體收錄。

　　《慧琳音義》所引《說文》構形多不確。「慧琳構形不確部分」有 148 例，其中包含與《段注》古韻部揭示的構形不同的 115 例和據漢字構形關係直接看出構形不確的 33 例。另外，「形近而訛」有 80 例，「音近而訛」有 10 例，這幾部分相加，共有 281 例。這些錯訛，應該不是慧琳時代手寫造成的，很有可能是後代傳抄刊刻造成的錯訛。如果不一一辨析，就難以讀懂《慧琳音義》。

　　《慧琳音義》引《說文》存在主觀性和隨意性。《慧琳音義》有不少意引問題。所謂意引，就是換了形異義近的詞來解釋《說文》被釋詞。這種情況，說明高麗藏本存在引文的主觀性和隨意性。《慧琳音義》還有不少衍文、推衍其說、節引、脫文情況，也說明了這一點。

　　《慧琳音義》引《說文》有不少接近《說文》古本。從「所引構形可從」和「所引釋義可從」兩部分可以看出，《慧琳音義》雖然存在不少錯訛，但是依然保留不少《說文》古本，仍然對研究《說文》形義很有價值。如「所引構形可從」部分，結合《段注》古韻部，大小徐本《說文》構形有不少不準確的地方，相比之下，《慧琳音義》所引《說文》更符合《說文》構形關係，更接近古本。段玉裁曾經批評大徐不懂古韻，從這一點看，不無道理。「所引釋義可從」部分，據丁福保《說文詁林》、沈濤《說文古本考》、姚文田《說文校議》等學者的研究，可以確定《慧琳音義》所引《說文》有不少接近古本。

　　其次，《慧琳音義》所引《說文》可能反映慧琳選擇多種不同來源的《說文》寫本。

　　《慧琳音義》引《說文》同字條兩次以上共 1310 例，這與 1497 例同字條單次的數量差不多。說明《慧琳音義》引《說文》時有較大的隨機性和主觀性。在 1310 例中，引《說文》同字條有五次以上者有 386 例，是最多的。有的地方有三十次。這種情況首先說明佛經用字某些字見次多。其次，說明《說文》在唐代佛典音義釋義辨形的重要作用。最重要的是，這還說明《慧琳音義》在援引《說文》釋義辨形時，極有可能選取不止一個《說文》寫本。這客觀反映了唐代不同系統不同來源的《說文》寫本共存共行的局面。當然，並不能排除慧琳在引用《說文》時的隨意性。

　　再次，《慧琳音義》所引《說文》與今本異同相當，特別與小徐本系統較接近。

　　不計重複，《慧琳音義》引《說文》共 12048 例，去除重複，則有 5205 例。其中與今二徐本相異部分有 2807 例，與二徐本完全相同有 2398 例，占近半比重。說明今二徐本《說文》與《慧琳音義》所引《說文》有很大程度的一致性、繼承性。當然，二徐本《說文》在後代傳承刊刻過程中，有不少改竄。這從《慧琳音義》所引《說文》與今本相異部分可以看出。客觀反映了高麗藏本在校勘傳世本《說文》中的價值。

　　另外，在 2807 例與今二徐本相異部分中，有 23 例小徐本與《慧琳音義》所引《說文》相同，說明與大徐本相比，小徐本與慧琳所引《說文》有更直接的繼承性、一致性。是否反映了小徐本與《慧琳音義》所引《說文》屬於同一系統？

　　最後，《慧琳音義》所引《說文》與《玄應音義》所引《說文》不同。

　　《玄應音義》引用《說文》共計 2268 例，去除重複性引文，得 1311 例。其中《玄應音義》所引《說文》與今本《說文》完全相同有 437 例，占 33.33%，與今本《說文》不同有 874 例，占 66.67%。與今本不同又分五種情況（如下表 1），其中解釋意義相近有 503 例，占的量最大，其次是字形差異，有 214 例。說明《玄應音義》所引《說文》與今本《說文》差異較大，且差

異不僅僅表現在字形上，更重要的是解釋的差異。

　　與《玄應音義》所引《說文》不同，首先，《慧琳音義》引《說文》量特別大，是《玄應音義》引《說文》的 5 倍。其次，《慧琳音義》引《說文》側重與字形說解，而初唐的《玄應音義》側重與意義說解。《慧琳音義》引《說文》意義說解部分，主要表現在「所引釋義可從」「推衍其說」「意引」「義得兩通」部分，共計不足 400 條，而構形方面的說解，有 1000 多例。這與中唐時代佛典音義俗字增多有關。再次，《慧琳音義》引《說文》與今本相同部分有近一半的比例，而《玄應音義》所引《說文》與今本相同部分只占三分之一。說明從中唐時代《說文》寫本到二徐時代的《說文》，中間有很大程度的一致性，可能與刻本的逐漸通行有關。初唐時代的《玄應音義》到中唐時代的《慧琳音義》，主要是寫本的形式流傳，較容易產生錯訛或者異文變異。

江西省哲學社會科學 2016 年度青年項目（16YY17）
江西師範大學 2017 青年英才培育計劃

2019 教育部人文社科青年基金項目
《唐五代佛典音義異讀層次、來源與性質研究》
階段性成果

目

次

上 冊

緒 論 ……………………………………………… 1

第一節 研究目的與意義 ……………………… 1

一、研究目的 ……………………………… 1

二、研究意義 ……………………………… 1

第二節 研究範圍與文獻綜述 ………………… 2

一、研究範圍 ……………………………… 2

二、文獻綜述 ……………………………… 2

第三節 研究方法 ……………………………… 14

上 編 ……………………………………………… 15

一、慧琳所引構形不確 ……………………… 15

（一）與《段注》古韻部揭示的構形不同 …… 15

（二）與漢字構形關係不同 ………………… 28

二、形近而訛 ………………………………… 31

三、慧琳乃意引 ……………………………… 39

四、慧琳所引二徐未見 ……………………… 56

五、慧琳有脫文 ……………………………… 73

　　六、形近可通 ………………………………………… 81
　　　（一）異體 ………………………………………… 81
　　　（二）構形可通 …………………………………… 87
　　　（三）古今字 ……………………………………… 88
　　七、慧琳據經文俗體釋形義 ……………………………… 89
　　八、慧琳所引釋義可從 …………………………………… 101
　　九、慧琳所引構形可從 …………………………………… 110
　　十、慧琳有節引 ………………………………………… 122
　　十一、慧琳乃推衍其說 …………………………………… 125
　　十二、慧琳有衍文 ………………………………………… 130
　　十三、慧琳乃誤引 ………………………………………… 138
　　十四、音近而訛 …………………………………………… 140
　　十五、義得兩通 …………………………………………… 141
　　十六、音近可通 …………………………………………… 145
　　十七、慧琳引《說文》音 ………………………………… 146
　　　（一）與二徐音同 ………………………………… 146
　　　（二）與二徐音異 ………………………………… 147

中　編 ………………………………………………………… 149
　一、引《說文》同字條有兩次 …………………………… 149
　二、引《說文》同字條有三次 …………………………… 195
　三、引《說文》同字條有四次 …………………………… 232

下　冊
　四、引《說文》同字條有五次 …………………………… 265
　五、引《說文》同字條五次以上 ………………………… 288

下　編 ………………………………………………………… 387

結　論 ………………………………………………………… 503

參考文獻 ……………………………………………………… 509

後　記 ………………………………………………………… 517

緒　論

第一節　研究目的與意義

一、研究目的

　　文獻學目的：研究所引文獻的修訂傳承史，把佛典音義所引文獻與現存文獻比較，借助不同版本，通過具體資料分析差異，探討佛典音義所引文獻的版本性質，以及所引文獻在修訂傳承史中的版本意義；利用佛典音義異文校勘考訂傳世文獻，糾正形音義方面的錯誤。

　　語言文字學目的：考本字、辨正俗、尋音變、系同源、破通假、證確詁。即整理字形訛誤、俗字異體，探討佛典音義所引字書反映的字形錯訛問題，分析引用《說文》音的特點，補充字典詞典義項。

二、研究意義

　　研究意義主要有兩點：

　　（一）對佛經音義引書體例、術語問題的認識。佛經音義書不同於儒家音義書，歸納總結引書體例與術語使用的特點，對佛經音義發明術語體例意義較大。

　　（二）對《說文》的異文異音異訓比勘考訂，豐富對唐代寫本《說文》相關問題的認識，有利於深刻總結唐代《說文》學的特點，對《說文》學研究意義較大。

第二節　研究範圍與文獻綜述

一、研究範圍

　　以中唐釋慧琳《一切經音義》爲語料，以徐時儀《一切經音義三種校本合刊》所據麗藏本《慧琳音義》爲研究對象，必要時輔以海山仙館叢書本等相關版本，主要分析《慧琳音義》徵引《說文解字》情況〔註1〕，結合大、小徐本《說文》、段玉裁《說文解字注》、沈濤《說文古本考》、丁福保《說文解字詁林》等文獻，整理《慧琳音義》引《說文》中形音義諸問題，校勘、考訂疑難問題。

二、文獻綜述

　　徐時儀在《一切經音義三種校本合刊》緒論中說，「《一切經音義》是漢文《大藏經》中解釋佛經中難讀難解字詞的音義類訓詁著作。……其隸事運古，所存古義和佚書爲數頗多，誠小學之淵藪，藝林之鴻寶。」〔註2〕佛經音義內容豐富，價值巨大，對佛教典籍研究、文字、音韻、詞彙、古籍整理以及文化傳播等都很有價值。

（一）文字研究

　　黃仁瑄《玄應〈一切經音義〉中的「假借」「借字」》（2003）指出，《玄應音義》中的「假借」「借字」就是今人所說的通假。

　　鄭賢章《敦煌音義寫卷若干俗字重考》（2003）對《敦煌音義匯考》中俗字的釋讀提出自己的理解。

　　黃仁瑄《玄應〈一切經音義〉中的字意》（2004）指出，《玄應音義》中的字意包含構件示義和形體示義兩部分。

　　黃仁瑄《玄應〈一切經音義〉中的近字》（2006）指出，《玄應音義》中的近字涉及到轉注字、通假字、古今字、異體字和詞語化對音字，主要跟正字相對應。

　　鄭賢章《以可洪〈隨函錄〉考漢語俗字若干例》（2006）利用可洪《隨函

〔註1〕考察《慧琳音義》引《說文》問題時，本研究剔除《慧琳音義》中的《玄應音義》部分。

〔註2〕徐時儀校注，《一切經音義三種校本合刊》，上海古籍出版社，2012年版，頁1。

錄》對大型字典漏收的疑難俗字進行考識，糾正補充了一些說法。

李文珠《慧琳〈一切經音義〉俗字研究》（河南大學碩士學位論文 2007）分析《慧琳音義》俗字形體與類型。

韓小荊《據〈可洪音義〉解讀〈龍龕手鏡〉俗字釋例》（2007）指出，根據《可洪音義》可以推知《龍龕手鏡》俗字來源、辨析《龍龕手鏡》注釋之誤、爲《龍龕手鏡《俗字提供例證以及補充《龍龕手鏡》未收俗字等。

鄧福祿、韓小荊《試論〈可洪音義〉在字典編纂方面的價值》（2007）以《漢語大字典》《中華字海》爲例，從訂訛誤、考難字、通異體、補例證、增未收諸方面說明《可洪音義》的價值。

韓小荊《以〈可洪音義〉補大型字書未收俗字》（2007）補充《漢語大字典》《中華字海》未收俗字。

韓小荊《〈可洪音義〉研究——以文字爲中心》（浙江大學博士學位論文 2007 年）分三部分對《可洪音義》進行研究，首先是通論部分介紹可洪其人其事，討論《可洪音義》體例與術語，其次是《可洪音義》與疑難字考釋，利用《可洪音義》提供的材料解決大型字書存在的問題，包括疑難字辨析，同形字辨析，生僻字輯釋等，最後是《可洪音義》異體字表。

韓小荊《以〈可洪音義〉補大型字書未收俗字》（2007）輯釋《可洪音義》中出現的、古籍中又確有用例的，而《漢語大字典》和《中華字海》未收的俗字。

陳五雲、梁曉紅《〈孔雀經單字〉漢字研究》（2007）指出，該經所做音義，大多抄自《廣韻》，但仍有些許差異。日本學者在整理《大廣益會玉篇》與作者所據宋本《玉篇》也可能有差異，但基本上一致。

姜良芝《玄應〈一切經音義〉異文研究》（浙江大學碩士學位論文，2008）首先逐條比勘《玄應音義》各本異同，獲得大量異文材料，並從異體字、古今字、通假字、同源字、同義字等方面討論《玄應音義》異文。

徐時儀《慧琳〈一切經音義〉所釋俗字考》（《中國文字研究》第六輯，頁143～152）分析了《慧琳音義》中的一批俗字。

耿銘《玄應〈眾經音義〉異文研究——以高麗藏本、磧砂藏本爲基礎》（上海師範大學博士學位論文，2008）討論兩個版本的異文問題。

徐時儀《略論〈一切經音義〉字典的編纂》（2008）指出《一切經音義》字典編纂的原則與意義。

王華權《〈一切經音義〉（麗藏本）刻本用字研究》（上海師範大學碩士學位論文，2008）對俗字、異寫字、通假字等各種用字現象分類描述，分析原因，結合《龍龕手鏡》進行比較。

徐時儀《〈一切經音義〉俗字考》（2009）考辨了一批異體俗字。

王華權《〈龍龕手鏡〉所收〈一切經音義〉用字考探》（2010）指出《龍龕手鏡》收字有隨意性、局限性、規範性等特徵。

王華權《〈一切經音義〉通假字辨析》（2010）從傳統同字借用、省形同音借用方面分析《一切經音義》通假字問題。

鄭賢章《漢文佛典與〈集韻〉疑難字研究》（2011）從漢文佛典為《集韻》疑難字提供例證、用漢文佛典論證《集韻》形音義、糾正《集韻》缺失三個方面論述。

王華權《〈一切經音義〉文字研究》（上海師範大學博士學位論文，2012）系統考察所引古文、籀文、或體以及佛經文字的字形、來源、性質，分析佛經音義收字與原本《玉篇》關係，以及佛經音義文字在《龍龕手鏡》中的傳承情況。指出，《一切經音義》所謂古文，可能借用漢代名稱，與真古文有別；所收籀文，與今本《一切經音義》所收多同；或體成分複雜，包含假借字、俗用字等；佛經文字上，有鮮明的俗用特徵，當係漢魏至隋唐間的俗用字。《一切經音義》與《玉篇》相承關係明顯，《龍龕手鏡》可能直接選用《一切經音義》所引材料，並將其作為主要參考書引用。

徐時儀《敦煌寫卷佛經音義時俗用字初探》（《中國文字研究》第十四輯，頁 99～119）分析敦煌寫卷時俗用字特點，指出對字典編寫的價值。

（二）音韻研究

姚永銘《〈慧琳音義〉與〈切韻〉研究》（2000）舉例指出《慧琳音義》有助於搞清《切韻》異切的性質，可以印證《切韻》的注音，有助於對《切韻》音系影響的研究，有助於探討《切韻》的性質。

儲泰松《〈可洪音義〉箚記》（2004）指出《可洪音義》保存的一些語音史料，如小韻、篇韻、輕重與清濁、聲轉等問題，有助於漢語語音史的研究。

徐時儀《玄應〈一切經音義〉注音依據考》（2005）指出《玄應音義》注音依據的是當時的通語讀書音。

李吉東《玄應音義反切考》（山東大學博士學位論文，2006）首先梳理版本，進而系聯《玄應音義》，並就《玄應音義》的語音性質與周法高、王力二

家結論相探討，認爲不能確定玄應音義音系爲長安音，但玄應音義音系自成體系。

　　黃仁瑄《玄應音系中的舌音、唇音和全濁聲母》（2006）從玄應梵漢對音材料證明玄應音系舌音、唇音大體已分化，全濁聲母有不送氣且帶同部位的鼻音色彩。以及黃仁瑄，聶宛忻《唐五代佛典音義音系中的舌音聲母》（《語言研究》，2007 年 6 月第 27 卷第 2 期，頁 22～27）。

　　黃仁瑄、聶宛忻《慧苑音系聲紐的研究》（2007）指出，梵漢對音證明慧苑音系全濁音不送氣，帶同部位的鼻音音色，精章組聲母同時對譯梵語 c組輔音，舌音唇音不分。

　　陳源源《〈妙法蓮華經釋文〉音韻研究價值初探》（2008）對輕重、避諱改讀問題以及具體字音問題，分析該經音韻價值。

　　徐時儀《略論〈一切經音義〉與音韻學研究》（2009）略述《一切經音義》在音韻學和漢語史研究上的學術價值。

　　黃仁瑄《唐五代佛典音義音系中的全濁聲母》（2010）指出，梵漢對音材料表明唐五代佛典音義音系全濁聲母的重要特徵有兩個：不送氣；帶同部位的鼻音色彩。認爲唐五代佛典音義的語音基礎的長安方音。另外還有黃仁瑄《唐五代佛典音義音系中的唇音聲母》（2010），黃仁瑄《唐五代佛典音義音系中的牙音聲母》（2011）。

（三）詞彙訓詁研究

　　解冰《慧琳〈一切經音義〉轉注、假借考》（1992）指出慧琳對轉注的理解是多方面的，而其中意義的相關聯是基本特點，在慧琳的理解中，「同意相受」包含兩個方面，一是指某義受義於其所從屬的某形；二是指形體無關聯的兩個同義或近義詞。慧琳對假借的認識也較爲複雜，既指六書的假借，又指經文的假借，並指出「音同」是假借的基本特徵。

　　方一新《東漢六朝佛經詞語箚記》（2000）對東漢六朝佛經詞語進行考釋。

　　姚永銘《〈一切經音義〉與詞語探源》（2001）舉例說明《慧琳音義》探究語源的價值。

　　方一新《〈大方便佛報恩經〉語彙研究》（2001）對該經語詞進行考釋，抉發新詞新義，補正《漢語大詞典》的闕漏；對「非」字用法進行考察，推斷譯經年代大約爲魏晉時代；列舉俗字用例，補正《漢語大字典》不足。

　　徐時儀《玄應〈眾經音義〉所釋常用詞考》（2004）對打、欰、槍、著四個常用詞進行探討。

　　黃仁瑄《慧琳〈一切經音義〉中的轉注字》（2005）通過對「毛」「髦」一系列轉注材料的考察，認爲轉注就是在轉注原語（如「毛」）的基礎上加注意符（如加意符「老」）的一種造字方式。

　　黃仁瑄《慧琳〈一切經音義〉中的轉注兼會意字》（2005）指出，《慧琳音義》中有 5 條轉注材料同時表明會意，轉注字的特點是構件組合關係的歷時性，意義的繼承性，結構類型的形聲化，而標注會意是《說文》影響慧琳的結果，標注轉注是慧琳自己的主張。

　　徐時儀《〈慧琳音義〉所釋方俗詞語考》（2006）考釋了《慧琳音義》中的方俗詞問題。

　　方一新《玄應〈一切經音義〉卷一二〈生經〉音義箚記》（2006）利用玄應、慧琳《一切經音義》所釋詞語與今傳本《大藏經》文字異體，進行校勘、考辨。

　　鄭賢章《漢文佛經詞語例釋》（2006）對一些漢文佛經詞語進行考釋。

　　韓小荆《〈可洪音義〉注釋失誤類析》（2007）分類討論《可洪音義》注釋上存在的失誤，如不明訛字而誤釋，不明經意而誤釋，不明假借而誤釋，承用誤本而失校。

　　徐時儀《略論〈一切經音義〉與詞彙學研究》（2009）指出《一切經音義》大致反映了上古漢語到現代漢語詞彙基本格局的過渡，反映了文白演變中白話取代文言的漸變過程和詞義系統的演變規律。

　　韓小荆《慧琳〈一切經音義〉注釋疏誤類析》（2012）通過比對經文，結合不同版本以及字書韻書，總結《慧琳音義》注釋疏誤情況。

　　姚紅衛《〈玄應音義〉詞彙研究》（上海師範大學博士學位論文，2014）對《玄應音義》單音詞、複音詞以及連綿詞進行研究，並對用字情況進行討論。

（四）引文研究

　　任敏《〈慧琳音義〉引〈說文〉略考》（河北師範大學碩士學位論文，2002）主要探討《慧琳音義》所引《說文》與二徐比較，分析得失，或證《慧琳音義》所引有誤，或正段注、沈濤、丁福保諸家之失。

　　徐時儀《〈希麟音義〉引〈廣韻〉考》（2002）指出，希麟所引《廣韻》與

唐傳本《切韻》、《唐韻》以及今傳本《廣韻》皆有同有異，且其引《廣韻》或稱「孫愐《廣韻》」，或徑稱「《廣韻》」，因此作者推斷希麟所引《廣韻》如果不是引自孫愐《唐韻》，很可能就是引自其時流傳的一種類似《唐韻》的增廣本《切韻》，但不可能是宋代重修的《廣韻》。

孫明霞《〈正續一切經音義〉引〈方言〉考》（上海師範大學碩士學位論文，2003）指出慧琳音義和希麟音義引揚雄《方言》有一千多條，逐一與周祖謨《方言校箋》比較，分析異同。

徐時儀《玄應〈眾經音義〉引〈方言〉考》（2005）指出《玄應音義》引《方言》有四百多條，去除重複、略異部分，得二百多條，分析得出如下結論：有些或許不是《方言》，而是唐以前典籍；有的是《方言》早期版本，可能是揚雄《方言》古本，或把郭璞注當作《方言》正文，或意引《方言》，以當時方俗詞語代釋。

張鉉《佛經音義三種引子部書考》（浙江大學博士學位論文，2008）對玄應音義、慧琳音義、希麟音義引子部書情況進行研究，將現行本與三書所引對照比較，辨別正誤，考鏡源流。

楊思範《〈慧琳音義〉引儒家經典研究》（蘇州大學博士學位論文，2008）探討《慧琳音義》引儒家經典的體例，並從校勘、考訂、輯佚版本等方面，論述價值，對一些引文訛誤，進行校正，取得了一定價值。文中說，《慧琳音義》徵引古籍 700 多種，未見作者輯佚失傳文獻。

黃仁瑄《高麗藏本慧苑音義引〈說文〉的異文問題》（2008）指出慧苑音義引《說文》的異文現象。

黃仁瑄、聶宛忻《可洪音義引大藏經考》（2008）指出，《可洪音義》注釋河府方山延祚寺藏經，同時參考利用了上方藏、下方藏、栢梯藏和麻谷藏等 17 種藏經。

黃仁瑄《高麗藏本慧苑音義引〈說文〉的衍、脫、誤問題》（2009）指出《慧苑音義》引《說文》中出現的衍文、脫文以及訛誤等問題。

王華權《〈一切經音義〉引書考論》（2009）討論引書文獻及種類，分析引書特點。

王豔芬《慧琳〈一切經音義〉所引〈玉篇〉輯考》（溫州大學碩士學位論文，2011）將《慧琳音義》所引《玉篇》與原本《玉篇》殘卷、宋本《玉篇》以及《篆隸萬象名義》進行收字釋義方面的比較，確定慧琳《一切經音義》所

引《玉篇》爲唐代孫強修訂本。

王華權《高麗藏本〈一切經音義〉所引〈詩〉異文略考》（2011）指出，《一切經音義》引詩有 700 多條，分文字相同，相通，相混，相異等幾種討論。

王華權《高麗藏本〈一切經音義〉引〈韓詩〉考探》（《寧夏大學學報》人文社會科學版，頁 17～30）分析引 30 條《韓詩》經文情況，通過與清儒輯本《韓詩內傳》《薛君韓詩章句》《韓詩故》比對，有 19 條相異，36 條未見輯佚。

徐時儀《華嚴經音義引切韻考》（2010）就《慧苑音義》中所引 15 條《切韻》與今存本《切韻》殘卷和《廣韻》等進行比較，指出有 12 條大致相同或相近，反映了《切韻》的原貌。

李威《〈慧琳音義〉引〈字林〉研究》（華中科技大學碩士學位論文，2011）通過建立關聯式資料庫提取《慧琳音義》引用《字林》的材料，從體例和釋義方法上對《字林》展開討論，並將《字林》與《說文》進行比較，分析二者的繼承與差異。

韓小荊《〈可洪音義〉引「說文」》（2013）指出，《可洪音義》提到「說文」有 250 次左右，據作者考證，所引「說文」來源多樣，或指《說文解字》，或指其他韻書釋文，或指經文原文，或指經文夾註，還有一些來源不明。

韓小荊《〈可洪音義〉引〈字樣〉研究》（《中國文字研究》第十九輯，頁124～134）指出，《可洪音義》有一百多條詞目的釋文稱引「《字樣》」，但未點名具體所指，作者通過逐一考證，得出結論：除個別條目引《顏氏字樣》外，絕大多數所引《字樣》指的是《五經文字》和《九經字樣》。這種認識對研究唐代字樣書引用問題很有幫助。

彭喜雙《慧琳〈一切經音義〉引〈爾雅〉鄭玄注質疑》（《漢語史學報》第八輯，257～265）逐一考察慧琳《一切經音義》中與《爾雅》鄭玄注相關的二十條材料，認爲其中十七條材料中的「鄭注」當爲「郭注」之訛誤，另外三條材料無法確指，亦不能鄭玄注過《爾雅》。

黃仁瑄《唐五代佛典音義引〈文選〉述》（2010）指出《玄應音義》、《慧苑音義》《慧琳音義》《可洪音義》《希麟音義》引《文選》共 133 例，從引文形式看，有單引原文、單引注文、原文加注文三種；從徵引文字看，有相同、異文、借用、轉釋、訛誤等情況；從徵引目的看，有釋義、注音、辨字三種。

　　楊暘《玄應〈大唐眾經音義〉引〈毛詩〉考》（華中科技大學碩士學位論文，2011）指出，玄應音義共徵引《毛詩》材料 209 例，徵引目的是釋義，偶有證字音和證字形的情況。徵引形式主要有單引原文、單引注文和並引原文注文三種。作者將其與今本《毛詩》對比，發現內容基本一致，但文字上有異體，差異表現為借用、異文、轉釋和訛誤等情況。

　　黃仁瑄《可洪〈新集藏經音義隨函錄〉引許慎〈說文〉舉例》（2011）指出可洪本與今本《說文》之間訛誤之處。

　　儲泰松、楊軍《唐代前期佛典經疏引〈切韻〉考》（2011）指出唐代前期佛典經疏引《切韻》有 144 條，去除重複有 140 條，與《切三》比較，去除相同的 89 條，共得差異的 51 條。比較這些差異，文字方面，有文字異體、形近而訛、形體分化等特點；注音方面，有反切用字不同而注音實同、讀音不同等特點；釋義方面，有意義相近或部分相同、意義完全不同且不見於韻書等特點。進而認為，《切三》比較接近《切韻》原貌。最後討論了唐人對《切韻》「增字、加訓、刊謬」等問題。

　　聶宛忻，黃仁瑄《唐五代佛典音義引〈史記〉述》（2013）指出，唐五代佛典音義徵引《史記》217 條，徵引形式有單引正文、單引注文、正文加注文三種；徵引目的是釋義和辨字，以釋義為主。

　　許佳《可洪〈新集藏經音義隨函錄〉引經書研究》（華中科技大學碩士學位論文，2013）指出《可洪音義》引經書共 1446 次，對其中 694 例與今本比較，得出其徵引目的或為注音、或為釋義、或為書證、或為解說字形、或為指示出處等，徵引形式有單引原文、單引注文、二者兼有等，徵引內容大致反映了經書原貌。

　　黃仁瑄《唐五代佛典音義引〈楚辭章句〉校勘舉例》（2014）引《楚辭章句》凡 655 例，其徵引方式有單引正文、單引注文、正文加注文；徵引目的是釋義和釋字，而以釋義為主。

　　韓小荊《試論〈可洪音義〉所引〈玉篇〉的文獻學語言學價值》（2015）指出，《可洪音義》有 166 個詞條提到《玉篇》，涉及 126 個字詞，去除無關的，對 115 個字從文獻學語言文字學方面舉例分析，認為《可洪音義》所引《玉篇》有助於深入研究《玉篇》的修訂傳承史，有助於對《玉篇》佚文的輯佚和研究，有助於校勘《可洪音義》，並對其在文字、音韻、釋義方面的語言文字學價值進行分析。

（五）文獻校勘研究

王彩琴《〈說文〉新附考異——觀〈正續一切經音義〉後》（1990）對《說文》無而新附有的字，引用《慧琳音義》和希麟《續一切經音義》進行考證。

施俊民《〈慧琳音義〉與〈說文〉的校勘》（1992）略述《慧琳音義》對校正《說文》的作用，如補大徐本逸字、脫字、脫句、衍文等。

張金泉《敦煌佛經音義寫卷述要》（1997）對敦煌佛經音義寫捲進行文獻學介紹，分析行數卷目，略述內容。

張金泉《P.2901 佛經音義寫卷考》（1998）在逐字逐條對照分析的基礎上，指出了它與今本玄應《一切經音義》的異同，提出應命名為《玄應〈一切經音義抄〉》，並進一步指出，它不但在敦煌遺書中是關於玄應《一切經音義》的內容最豐富、覆蓋面最廣的寫卷，而且還保存了一種今本玄應《一切經音義》有重大差異的唐代古本。

文亦武《慧琳〈一切經音義〉成書年代考實及其他》（2000）根據《冊府元龜》材料證實該書撰成於元和二年（807）年。

徐時儀《慧琳〈一切經音義〉考略》（《龜茲學研究》第五輯 424～438）介紹了慧琳的生平以及《慧琳音義》的成書與流傳等問題。

徐時儀《〈玄應音義〉研究》（上海師範大學博士學位論文，2003 年）採用語言學和文獻學相結合的方法，比勘《玄應音義》各本異體同，考證了《玄應音義》的成書年代、版本流傳和文本系統，指出大致可分高麗藏和磧砂藏兩大系列，論述了兩大系列形成之源，校正了傳本的錯訛衍誤。進而考察各本 1100 多個異切，運用詞彙擴散理論，認為同一文獻不同文本的異文反映了不同年代的語言狀況，可據以考察音變的連續過程，探討了各本異切所反映的語音演變現象。考察了一些俗語詞、複音詞以及外來詞。論述了《玄應音義》在語言研究、古籍整理研究、辭書學研究和文化史研究方面的學術價值。

張湧泉、李玲玲《敦煌本〈金光明最勝王經音〉研究》（2006）考訂經音的內容、作者、撰作時代，揭示經音的價值：或糾正傳本抄刻之誤，或辨認傳本異體俗字，或考鏡漢字源流演變，或探知注音特例。

徐時儀《金藏、麗藏、磧砂藏與永樂南藏淵源考——以〈玄應音義〉為例》（2006）指出，金藏、麗藏、磧砂藏與永樂南藏等各本所錄《玄應音義》大致可分為麗藏和磧砂藏兩個系列，其中無磧砂藏卷五所脫二十一部經的寫

本是開寶藏初刻本所據之祖本，後來成爲磧砂藏本一系，有磧砂藏卷五所脫二十一部經的寫本是契丹藏所據之祖本，後來成爲麗藏本一系。

　　徐時儀《略論〈慧琳音義〉各本的異同》（2008），指出，經過比勘，《中華大藏經》本與韓國高麗大藏經研究所出版的海印寺本高麗大藏經光碟圖像版大致相似，大通書局本與獅谷白蓮社本相近。

　　俞莉嫻《〈慧苑音義〉研究》（上海師範大學碩士學位論文，2009）參照日本寫卷《玄應音義》卷一收釋的《華嚴音義》等海外材料，採用文獻學和語言學相結合的方法，窮盡性的逐詞比勘《慧苑音義》各本異同以及《華嚴音義》異同，指出《慧苑音義》八十卷各刻本大致可分爲高麗藏和磧砂藏兩大系統，《玄應音義》六十卷金本與寫卷日本金剛寺本、七寺本很可能源於同一祖本，而《玄應音義》六十卷永樂本與《玄應音義》六十卷金本、六十卷金剛寺本、六十卷七寺本差異較大；大治本、金剛寺本《新華嚴經音義》是日本人在慧苑八十卷本《華嚴音義》的基礎上吸收了玄應六十卷《華嚴音義》而作的音義。

　　王華權《〈一切經音義〉高麗藏版本再考》（2009）通過分析避諱字，指出《玄應音義》高麗刻本恐爲宋本，《慧琳音義》高麗刻本恐爲唐本。

　　徐時儀《〈一切經音義〉與古籍整理研究》（2009）指出《一切經音義》在古籍輯佚、考校、研究等方面的價值。

　　徐時儀《玄應〈一切經音義〉寫卷考》（2009）指出《玄應音義》寫卷大致與麗藏本相近，但彼此也不盡相同。就釋文而言，《玄應音義》寫卷與麗藏本大致相近，而與磧砂藏本互有異同。作者推測《玄應音義》在傳抄過程中，形成了兩個系列，一個是開寶藏初刻本所據之祖本，後成爲磧砂藏本一系；一個是契丹藏所據之祖本，後成爲麗藏本一系，進而就敦煌卷子和日本所藏寫本與磧藏系、麗藏系《玄應音義》本的異同而言，推測有一個介於開寶藏初刻本和契丹藏間的《玄應音義》早期傳本，這個早期傳本既有磧藏系卷五所脫的二十一種經，又有麗藏系卷十三所缺的六種經。各本都在此基礎上增刪而成。

　　徐時儀《略論佛經音義的校勘——兼述王國維、邵瑞彭、周祖謨和蔣禮鴻所撰〈玄應音義〉校勘》（2011）在分析王、邵、周、蔣四家校勘《玄應音義》情況的基礎上，梳理《玄應音義》版本傳承關係。

　　黃仁瑄《慧琳添修之〈妙法蓮花經音義〉脫字校正》（2012）比較玄應本

與慧琳本的差異，並就脫字問題，據《玄應音義》諸本進行補正。

黃仁瑄《〈妙法蓮華經〉之玄應「音義」校勘舉例》（2013）對《妙法蓮華經》之玄應所作「音義」中的文字訛、脫、倒的情況，進行勘正。

黃仁瑄《玄應〈大唐眾經音義〉校勘舉例》（2013）

黃仁瑄《慧琳〈一切經音義〉校勘十例》（2014）利用麗藏本、磧砂藏本進行比勘文字錯訛問題。

引文方面，有幾點需要討論。

一是討論佛經音義引《說文》《廣韻》《方言》《玉篇》《字林》《字樣》等小學文獻問題。如任敏（2002）探討《慧琳音義》所引《說文》與二徐比較，分析得失，或證《慧琳音義》所引有誤，或正段注、沈濤、丁福保諸家之失。黃仁瑄（2009）指出《慧苑音義》引《說文》中出現的衍文、脫文以及訛誤等問題。韓小荊（2013）指出《可洪音義》提到「說文」有 250 次左右，但所引「說文」來源多樣，或指《說文解字》，或指其他韻書釋文，或指經文原文，或指經文夾註，還有一些來源不明。如徐時儀（2002）指出希麟所引《廣韻》與唐傳本《切韻》、《唐韻》以及今傳本《廣韻》皆有同有異，且其引《廣韻》或稱「孫愐《廣韻》」，或徑稱「《廣韻》」，因此推斷希麟所引《廣韻》如果不是引自孫愐《唐韻》，很可能就是引自其時流傳的一種類似《唐韻》的增廣本《切韻》，但不可能是宋代重修的《廣韻》。徐時儀（2010）就《慧苑音義》中所引 15 條《切韻》與今存本《切韻》殘卷和《廣韻》等進行比較，指出有 12 條大致相同或相近，反映了《切韻》的原貌。儲泰松、楊軍（2011）通過分析與今傳本差異，指出唐代前期佛典經疏引《切韻》在文字方面，有文字異體、形近而訛、形體分化等特點；注音方面，有反切用字不同而注音實同、讀音不同等特點；釋義方面，有意義相近或部分相同、意義完全不同且不見於韻書等特點，進而認為，《切三》比較接近《切韻》原貌。如孫明霞（2003）指出慧琳音義和希麟音義引揚雄《方言》有一千多條，並逐一與周祖謨《方言校箋》比較，分析異同。徐時儀（2005）指出《玄應音義》引《方言》有四百多條，去除重複、略異部分，得二百多條，分析得出如下結論：有些或許不是《方言》，而是唐以前典籍；有的是《方言》早期版本，可能是揚雄《方言》古本，或把郭璞注當作《方言》正文，或意引《方言》，以當時方俗詞語代釋。如王豔芬（2011）將《慧琳音義》所引《玉篇》與原本《玉篇》殘卷、宋本《玉篇》以及《篆隸萬象名義》進行收字釋義方面的比較，

確定慧琳《一切經音義》所引《玉篇》爲唐代孫強修訂本。韓小荊（2015 年）認爲《可洪音義》所引《玉篇》有助於深入研究《玉篇》的修訂傳承問題，有助於對《玉篇》佚文的輯佚和研究，有助於校勘《可洪音義》，並對其在文字、音韻、釋義方面的語言文字學價值進行分析。李威（2011）通過建立關聯式資料庫提取《慧琳音義》引用《字林》的材料，從體例和釋義方法上對《字林》展開討論，並將《字林》與《說文》進行比較，分析二者的繼承與差異。韓小荊（2014）指出，《可洪音義》有一百多條詞目的釋文稱引「《字樣》」，但未點名具體所指，作者通過逐一考證，得出結論：除個別條目引《顏氏字樣》外，絕大多數所引《字樣》指的是《五經文字》和《九經字樣》。這種認識對研究唐代字樣書引用問題很有幫助。

二是討論佛經音義引儒家經典問題。如楊思範（2008）探討《慧琳音義》引儒家經典的體例，並從校勘、考訂、輯佚版本等方面，論述價值，對一些引文訛誤，進行校正，取得了一定價值。彭喜雙（2009）逐一考察慧琳《一切經音義》中與《爾雅》鄭玄注相關的二十條材料，認爲其中十七條材料中的「鄭注」當爲「郭注」之訛誤，另外三條材料無法確指，亦不能鄭玄注過《爾雅》。王華權（2011）分析《一切經音義》引 30 條《韓詩》經文情況，通過與清儒輯本《韓詩內傳》《薛君韓詩章句》《韓詩故》比對，有 19 條相異，36 條未見輯佚。楊暘（2011）指出，玄應音義共徵引《毛詩》材料 209 例，徵引目的是釋義，偶有證字音和證字形的情況。徵引形式主要有單引原文、單引注文和並引原文注文三種。作者將其與今本《毛詩》對比，發現內容基本一致，但文字上有異體，差異表現爲借用、異文、轉釋和訛誤等情況。許佳（2013）指出《可洪音義》引經書共 1446 次，對其中 694 例與今本比較，得出其徵引目的或爲注音、或爲釋義、或爲書證、或爲解說字形、或爲指示出處等，徵引形式有單引原文、單引注文、二者兼有等，徵引內容大致反映了經書原貌。

三是討論佛經音義引史部文獻問題。如聶宛忻、黃仁瑄（2013）指出，唐五代佛典音義徵引《史記》217 條，徵引形式有單引正文、單引注文、正文加注文三種；徵引目的是釋義和辨字，以釋義爲主。

四是討論佛經音義引子部文獻問題。如張鉉博士論文（2008）對《玄應音義》、《慧琳音義》、《希麟音義》引子部書情況進行研究，將現行本與三書所引對照比較，辨別正誤，考鏡源流。

　　五是討論佛經音義引集部文獻問題。如黃仁瑄（2010）指出《玄應音義》《慧苑音義》《慧琳音義》《可洪音義》《希麟音義》引《文選》共 133 例，從引文形式看，有單引原文、單引注文、原文加注文三種；從徵引文字看，有相同、異文、借用、轉釋、訛誤等情況；從徵引目的看，有釋義、注音、辨字三種。黃仁瑄（2014）指出唐五代佛典音義引《楚辭章句》徵引方式有單引正文、單引注文、正文加注文；徵引目的是釋義和釋字，而以釋義爲主。

　　以上分類整理現代學者引文研究成果，這些研究考辨了佛經音義版本流變，討論了引文作用與目的，發明了引文體例，分析了引文與今本異同。其中徐時儀、韓小荊等學者立足引文與今本差異，深度分析異同原因，上升到版本流變、訛誤考辨的層次，而不僅僅是簡單比較，取得的價值較大，這對綜合研究佛經音義引書問題很有啓發。

　　現代學者取得了不少成績，但也有不足之處。首先，研究方式有待轉變，全面窮盡研究不夠，多是舉例說明，得出的結論可靠性不高；其次，研究廣度有待加強，綜合系統研究不夠，需從文字形體、詞彙訓詁、注音、輯佚、校勘、考訂等方面綜合系統研究；最後，研究有待深入，需要分析引文背後的深層原因，如爲什麼引這類文獻，爲什麼這樣引，是否反映了版本流傳問題等等。另外，佛經音義研究數百年，專門研究佛經音義與古籍整理方面的專著較少。

第三節　研究方法

　　研究方法主要有兩種。

　　1. 文獻比勘法，利用不同版本的文獻，結合已有研究成果，對比校勘引文中的異文異訓問題，分析原因。

　　2. 分類統計法，定量定性相結合進行分類討論，歸類引文差異數量，分析差異原因，探討差異反映的深層次問題，總結特點。

上　編

對慧琳所引《說文》從形音義角度窮盡考證。

一、慧琳所引構形不確

(一)與《段注》古韻部揭示的構形不同

1. 覆載：《說文》：從襾復聲。《說文》：載，乘也，從車𢦏，從戈（卷一）
    按，載，二徐從車𢦏聲。載，《段注》在一部，𢦏，亦在一部。二者可為
    形聲，慧琳所引構形不確。

2. 庸鄙：《說文》：從庚用聲也。
    按，庸，二徐從用從庚。庸，古音在東部，用，在九部，二者韻遠，不
    當為形聲。慧琳所引構形不確。

3. 循躬：《說文》：躬，身也，正從呂作躬，從身弓聲也。（卷一）
    按，躬，《段注》在九部，弓，在六部，韻遠，慧琳所引構形不確。

4. 發引：《說文》：躲發也。從弓從殳𢎛，箭發聲也。《說文》：開弓也。（卷
    一）
    按，發，二徐作從弓癹聲。發，《段注》在十五部，癹，亦在十五部，
    當為形聲，慧琳所引構形不確。

5. 所遮：《說文》：遏也。從辵從蔗省聲也。（卷一）
    按，遮，二徐作從辵庶聲。遮，《段注》在五部，蔗，在三部，二者韻

—15—

遠，慧琳所引構形不確。

6. 他惡：《說文》：惡，過也。從心從亞。（卷二）
　　按，惡，二徐作從心亞聲。惡、亞，《段注》皆五部，慧琳所引構形不
　　確。

7. 殀殁：《說文》：從歺殳聲。（卷二）（卷七）
　　按，殁，二徐作殉，或從殳作殁。殁，《段注》在十五部，殳，在四部，
　　慧琳所引構形不確。

8. 推徵：《說文》：凡士行於微而聞於朝廷即徵。故從壬從微省聲也。（卷
　　三）
　　按，徵，二徐作召也，從微省壬。為徵行微而文達者即徵之。丁福保認
　　為二徐有奪失。徵，《段注》在六部，微，在十五部，二者韻遠，
　　不當為省聲，慧琳所引構形不確。

9. 愛憎：《說文》亦云惡也。從心從八從小從日者也。（卷三）憎前：《說
　　文》從心。（卷七十九）
　　按，憎，二徐作從心曾聲。曾，《說文》從八從日困聲。曾、困，《段
　　注》皆六部，慧琳卷三所引構形不確。

10. 聾者：《說文》：無聞曰聾。從耳龍也。（卷四）
　　按，聾，二徐作從耳龍聲。聾、龍，《段注》皆九部，慧琳所引構形不
　　確。

11. 擾惱：《說文》：煩也。從手從夒。經從憂作擾，非也
　　按，擾，二徐作從手夒聲，擾、夒，《段注》皆三部，慧琳所引構形不
　　確。

12. 隱蔽。《說文》：隱亦蔽也。從𨸏㥯聲也。（卷四）
　　按，隱，二徐作從阜㥯聲，隱、㥯，《段注》皆十三部，慧琳所引構形
　　不確，有倒置。

13. 不彴：《說文》：從彳從勻。（卷五）
　　按，彴，二徐作從彳勻聲。彴、勻，《段注》皆十二部，慧琳所引構形
　　不確。

14. 將無：《說文》：從肉從寸，爿聲也。（卷六）將帥：《說文》：將，率也。

從寸從醫省聲也。《說文》又音山律反。（卷六）

按，將，二徐作從寸醫省聲，將，《段注》在十部，醫，在一部，慧琳卷六所引構形皆不確。

15. 推徵：《說文》：從微省聲從壬。（卷六）

按，徵，二徐作從微省，壬。無「聲」字。徵，《段注》在六部，微，在十五部，二者韻遠，慧琳卷六所引構形不確。

16. 嫌害：《說文》：害，傷也。從宀從口從丰省聲也。（卷七）

按，害，二徐作從宀口丰聲。害，《段注》在十五部，丰，在九部，二者韻遠，慧琳卷七所引構形不確。

17. 善軛：《說文》：轅前也。從車㔾也。（卷七）

按，軛，二徐作從車㔾聲。軛，《段注》在十六部，㔾，亦在十六部，慧琳卷七所引構形不確。

18. 牧牛女：《說文》亦云：養牛馬也。從牛攴聲也。（卷八）

按，牧，二徐作養牛人也，從攴從牛。牧，《段注》在一部，攴，在三部，二者韻遠，慧琳卷八所引構形不確。

19. 訪栝（括）：《說文》：氏塞口為捪。（卷八）

按，捪，二徐作挈也。從手昏聲。捪、昏，《段注》皆十五部，慧琳所引構形不確。

20. 假寐：《說文》：寐從未從寢省。（卷八）

按，寐，二徐作從寢省未聲。寐，《段注》在十五部，未，亦在十五部，慧琳所引構形不確。

21. 弼我：《說文》：弼字從二弓從丙。（卷八）

按，弼，二徐作從弜丙聲。弼，《段注》在十五部，丙，在七部，《段注》認為二者合韻，則慧琳卷八所引構形不確。

22. 却竇：《說文》：從穴眞。（卷八）

按，竇，二徐作從穴眞聲。竇，《段注》在十二部，眞，亦十二部，慧琳卷八所引構形不確。

23. 惠晷：《說文》：日景也。從日從咎。（卷十一）

按，曶，二徐作從日曶聲。曶，《段注》在三部，曶，亦在三部，慧琳所引構形不確。

24. 繖蓋：《說文》：蓋從草從盍。（卷十一）
    按，蓋，二徐作從艸盍聲，蓋，《段注》在十五部，盍，亦十五部，慧琳所引構形不確。

25. 得窬：《說文》：從彳從見從寸，今作得，亦通。《說文》：從瘮省吾聲也。（卷十一）
    按，得，二徐作從彳尋聲。得，《段注》在一部，尋，亦在一部，慧琳卷十一所引構形不確。

26. 暈縹：《說文》：淺也。從糸從皂從免。（卷八）
    按，縹，二徐作帛雀頭色，一曰微黑色。如紺縹淺也。從糸臱聲。慧琳所引乃節引。縹，《段注》在八部，臱，亦在八部，慧琳卷八所引構形不確。

27. 延裔：《說文》：裔，衣裾也。從衣從冏。（卷十二）
    按，裔，《段注》在十五部，冏，亦在十五部，慧琳卷十二所引構形不確。

28. 裹收：《說文》：從衣從果。下從又從丩。（卷十四）
    按，裹，二徐作從衣果聲。收，二徐作收，從攴丩。裹、果，《段注》皆十七部，慧琳所引構形不確。

29. 貓伺：《說文》從豸從苗。（卷十四）
    按，貓，二徐作從豸苗聲。貓、苗，《段注》皆在二部，慧琳所引構形不確。

30. 嘷叫：《說文》：吼也。從口從丩。（卷十五）
    按，叫，二徐作嘑也，從口丩聲。叫，《段注》在三部，丩，亦三部，慧琳卷十五所引構形不確。

31. 舌舐：《說文》：舌在口中所以言也。從千從口，千亦聲也。（卷十五）
    按，舌，二徐作在口，所以言也。別味也。從干，從口，干亦聲。徐鍇認為，凡物入口必干於舌，故從干。干，《段注》在十四部，舌，在十五部，《段注》認為合韻最近。千，在十二部，韻遠，慧琳所

引作從千，構形不確，宜據二徐本改。

32. 閉三惡道：《說文》：閉，闔門也。從門才聲。（卷二十八）（卷七十一）

　　按，閉，二徐作闔門也，從門才。與慧琳所引釋義略近，構形與慧琳所引不同。閉，《段注》在十五部，才，在一部，二者韻遠，不當為形聲，慧琳所引構形不確。

33. 睡寢：從宀從爿從夢。（卷二十九）

　　按，寢，從宀從疒夢聲。慧琳所引乃意引。夢、寢，《說文段注》皆在六部，二徐作形聲，當是。慧琳所引構形不確。

34. 肥濃：《說文》肉多也。從肉巳聲。（卷二十九）

　　按，㳠，二徐作多肉也，從肉從卪。肥，《段注》在十五部，巳，在一部，慧琳所引構形不確。

35. 馭宇：《說文》從馬又聲。（卷三十）（卷五十三）（卷九十七）

　　按，馭，二徐正體作御，古文從又馬。馭，《段注》在三部，又，《段注》在一部，二者較遠，慧琳所引不確。

36. 彥琮：《說文》從王宗也。（卷三十）琮義：《說文》從玉宗聲。（卷五十一）

　　按，琮，二徐作從王宗聲。「王」即「玉」字。琮、宗，《段注》皆九部，慧琳卷三十引構形不確。

37. 啓迪：《說文》從由辵聲。（卷三十一）

　　按，迪，二徐作從辵由聲。迪、由，《段注》皆在三部。慧琳所引構形不確。

38. 鬮構：《說文》云兩相遇即鬮。從鬥從斲。（卷三十一）（卷七十四）

　　按，鬮，二徐作遇也。從鬥斲聲。慧琳所引乃推衍其說。斲、鬮，《段注》皆在四部。慧琳所引構形不確。

39. 背僂：《說文》：背，脊也。從肉從北。（卷三十二）（卷九十七）

　　按，背，二徐作脊也。從肉北聲。背、北，《段注》皆在一部。慧琳所引構形不確。

40. 果蓏：《說文》：在地上曰蓏。從草瓜聲。（卷三十九）（卷三十二）（卷三十三）（卷六十四）（卷七十五）

按，蓏，大徐作在木曰果，在地曰蓏。從艸從瓜。小徐作從艸瓜聲。瓜，
《段注》在五部，「蓏」《段注》在十七部，當為會意，慧琳及大徐
所引形聲不確。

41. 枹打鼓：《說文》從壴從攴（攴），象旗手擊之也。（卷三十三）
按，鼓，二徐作擊鼓也，從攴壴，壴亦聲。鼓、壴《段注》皆在四部。
慧琳所引構形不確。

42. 號會：《說文》從今從曾省聲。（卷三十二）
按，會，二徐作合也，從亼從曾省。會，《段注》在十五部，曾，在六
部。慧琳所引省聲不確。

43. 見幣：《說文》從敝從巾也。（卷三十四）
按，幣，二徐作從巾敝聲。幣，《段注》在十五部。敝，亦在十五部。
當為形聲，所引構形不確。

44. 竦豎：《說文》：豎立也。從臤豆作豎。籀文從殳作豎。（卷三十七）
按，豎，二徐作豎，豎立也，從臤豆聲。豎、豆，《段注》皆在四部，
慧琳所引構形不確。

45. 倏然：《說文》：犬肉也。從肉從犬從灬。（卷三十七）
按，然，二徐作燒也，從火狀聲。狀，二徐作犬肉也。慧琳所引乃「狀」
字。所釋構形乃「然」字。狀、然，《段注》皆十四部。慧琳所引
構形亦不確。

46. 扇扇：《說文》從戶翅省聲。（卷三十九）
按，扇，大徐作從戶從翄聲。小徐作從戶翅省。《段注》作從戶羽。扇，
《段注》在十四部，翅，在十六部。蓋為省形或會意較妥。慧琳所
引構形不確。

47. 焚漂：《說文》：燒田也。從火在林，林亦聲。（卷四十）（卷四十一）（卷
四十四）（卷五十）（卷七十）
按，焚，二徐作燓，燒田也。從火棥，棥亦聲。《段注》作焚，燒田也，
從火林。焚，《段注》在十三部，林，《段注》在七部。二者韻遠，
卷四十所引形聲不確。

48. 嚣兮：《說文》云語之餘聲也。從兮丿聲。（卷四十一）

　　按，兮，二徐作語之餘也。從兮，象聲上越揚之形也。丁福保認爲慧琳
　　　　所引爲古本，今二徐脫「聲」字。兮，《段注》在五部。丿，《段
　　　　注》在十五部。二者韻遠，不當作形聲。慧琳所引構形不確。

49. 淺深：《說文》：不深也。從水戔聲也。《說文》從水從罙。《說文》：深
　　也。（卷四十一）

　　按，深，二徐作從水罙聲。深，《段注》在七部。深、罙，皆在侵部。
　　　　當為形聲。慧琳卷四十一所引構形不確。

50. 倢疾：《說文》從屮從又從止作疌。（卷四十四）

　　按，倢，二徐作從人疌聲。倢、疌，《段注》皆在八部。二徐所引可從。
　　　　慧琳所引構形不確。

51. 懸藤：《說文》：縢字從舟從矢從氺。（卷四十九）

　　按，縢，二徐作從水榺聲。縢、榺，《段注》皆在六部，慧琳所引構形
　　　　不確。

52. 騁壯悤：《說文》云大也。從爿土聲。（卷四十九）

　　按，壯，二徐作大也，從士爿聲。壯，《段注》在十部。士，在一部。
　　　　慧琳所引構形不確。

53. 恨沈：《說文》從心從民。（卷五十一）

　　按，恨，二徐作從心民聲。民、恨，《段注》皆在十二部。當為形聲。
　　　　慧琳所引構形不確。

54. 乳頃：《說文》從頁匕聲。（卷五十三）

　　按，頃，二徐作從匕從頁。頃，《段注》在十一部。匕，《段注》在十五
　　　　部。二者韻部較遠，不當為形聲。慧琳所引構形不確。

55. 燕雀：《說文》：從少隹聲也。（卷五十三）

　　按，雀，二徐作從小隹。雀，《段注》在二部，隹，在十五部，二者韻
　　　　遠，不當為形聲。慧琳所引構形不確。

56. 呰懱：《說文》從心從蔑。（卷五十三）

　　按，懱，二徐作從心蔑聲。懱、蔑，《段注》皆在十五部。慧琳所引構
　　　　形不確。

57. 已售:《說文》從口從隹省聲。（卷五十七）

按,售,二徐作從口雔省聲。售,《段注》在三部。隹,在十五部。慧琳所引構形不確。

58. 角力:《說文》從刀從夐省聲。（卷六十一）

按,角,《段注》在三部,魚,在五部。二者韻遠,慧琳所引構形不確。

59. 句紐:《說文》從勹從口,亦從金作鉤。（卷六十二）

按,句,二徐作從口丩聲。句、丩,《段注》皆在四部,慧琳所引構形不確。

60. 作竇:《說文》:竇,空也。從穴賣聲。（卷六十二）

按,竇,二徐作空也,從穴,瀆省聲。竇,《段注》在四部。賣,《段注》在十六部。二者韻部較遠,不當為形聲,慧琳所引構形不確。

61. 窺覦:《說文》云覦,欲也。從俞見聲。（卷六十二）

按,覦,二徐作欲也,從見俞聲。覦、俞,《段注》皆在四部,慧琳所引構形不確。

62. 慧炬:《說文》作苣。苣,束草爇火以昭燎也。從草從巨。（卷六十四）

按,苣,二徐作束葦燒。從艸巨聲。慧琳乃推衍其說。苣、苣,《段注》皆在五部,慧琳所引構形不確。

63. 聰叡:《說文》云察也。從耳悤聲。（卷六十六）

按,聰,二徐作從耳悤聲。聰、悤,《段注》皆在九部,悤,在十五部,慧琳所引構形不確。

64. 爇髪:《說文》云於熱湯中爓肉也。從炎從熱省聲也。《說文》玉篇中並無。（卷六十六）

按,爇,二徐作於湯中爓肉。從炎從熱省。爇,《段注》在七部,熱,《段注》在十五部,二者不當為形聲,慧琳卷六十六所引構形不確。

65. 歡喜:《說文》:歡,喜款也。從雚欠聲也。（卷六十八）

按,歡,二徐作喜樂也。從欠雚聲。欠,《段注》在八部,不當為形聲,慧琳所引構形不確。

66. 庭燎:《說文》:從广從廷。鄭注禮記:以麻為燭。樹於門外曰大燭,於

門內曰庭燎，所以照衆爲明也。《說文》作尞也。(卷七十四)

按，庭，二徐作從广廷聲。《段注》在十一部，慧琳所引構形不確。

67. 皦蓋：《說文》：蓋從草從盍。(卷十一)

按，蓋，二徐作從艸盍聲。蓋，《段注》在十五部，慧琳所引構形不確。

68. 龜鱉：《說文》：象形字也。《說文》從黽從敝。(卷七十四)

按，鱉，二徐作從黽敝聲。敝、鼈，《段注》皆在十五部，慧琳所引構形不確。

69. 黭黮：《說文》：從黑從弇。(卷七十四)

按，黭，二徐作從黑弇聲。黭、弇，《段注》在七部，慧琳所引構形不確。

70. 剉斬：《說文》云截也，從斤車聲。(卷七十五)

按，斬，二徐作從車從斤。斬，《段注》在八部，斬，《段注》在五部，二者韻遠，不當為形聲，慧琳所被引構形不確。

71. 塵埃：《說文》：從土從矣。(卷七十六)

按，埃，二徐從土矣聲，《段注》在一部，慧琳所引構形不確。

72. 冠幘：《說文》：冠，卷也，所以卷髮，弁冕之總名也。從冖從元從寸。冠有法度，故從寸。(卷七十七)

按，冠，二徐作絭也，所以絭髮，弁冕之總名也。從冂從元，元亦聲。冠有法制，從寸。慧琳所引「卷」當作「絭」，義近可通。冠、冠，《段注》皆在十四部，慧琳所引構形不確。

73. 蛻化：《說文》：蟬蛻所解皮也，從虫兌聲。(卷七十七)

按，蛻，二徐作蛇蟬所解皮也。從虫捝省。捝、蛻，《段注》皆在十五部。二者可為省聲。慧琳所引釋義不確。

74. 聲覃：《說文》：長味也。從㫗從鹹省作覃(卷七十七)(卷八十二)(卷八十三)(卷八十四)

按，覃，二徐作從㫗從鹹省聲。覃、鹹，《段注》皆在七部，二者可為省聲，慧琳卷七十七所引構形不確。

75. 貿一斗米：《說文》云易財也，從卯從貝，形聲字也。(卷七十八)

按，貿，當作貿，形近而訛，貿，二徐作易財也，從貝卯聲。貿、卯皆三部，慧琳所引構形不確。

76. 捲打：《說文》從手失聲。（卷七十五）
　　按，捲，二徐作從手卷聲。捲、卷，《段注》皆十四部，慧琳所引構形不確。

77. 摠猥：《說文》：聚束也。從手忽聲。（卷七十八）
　　按，摠，二徐作總，聚束也，從糸悤聲。摠、悤，《段注》皆九部，慧琳所引構形不確。

78. 不啻：《說文》語時啻也。從帝從口。（卷七十九）
　　按，啻，二徐作語時不啻也。從口帝聲。啻、帝，《段注》皆在十六部，可為形聲。慧琳所引構形不確。

79. 劉虬：《說文》從卯從釗。（卷八十）
　　按，劉，二徐作從金刀，卯聲。劉、卯，《段注》皆三部，慧琳所引構形不確。

80. 氐羌：《說文》云羌從羊人聲。（卷八十）
　　按，羌，二徐作西戎牧羊人也。從人從羊，羊亦聲。羌、羊《段注》皆十部，所引構形不確。

81. 淹雲：《說文》云雲雨皃也。從水從弇。（卷八十）
　　按，淹，二徐為水名。慧琳所引乃潪字。潪，二徐作從水弇聲。潪、弇，《段注》皆七部，慧琳所引構形不確。

82. 寘噎：《說文》亦塞也。從穴從真。（卷八十）
　　按，寘，二徐作從穴真聲。《段注》皆在十二部，慧琳所引構形不確。

83. 眒響：《說文》作肨，血脉在肉中肨肨而動，故從肉從八。（卷八十一）（卷八十三）（卷八十九）
　　按，肨，二徐作振肨也。慧琳乃推衍其說。肨，二徐作從肉八聲，《段注》在十二部。八，《段注》在十二部，二者韻近。可為形聲。慧琳所引構形不確。

84. 灞上：《說文》從雨從革從月，轉注字。（卷八十一）

按，灞，二徐作霸，從月窜聲。霸、窜，《段注》皆五部，慧琳所引構形不確。

85. 趲徙：《說文》作赽，移也。從辵止聲。古文作遬（卷八十二）
    按，赽，即徙字，二徐作迻也。從辵止。赽，《段注》在十六部，止，在一部，不當為形聲。慧琳所引構形不確。

86. 麖黍：《說文》：從黍從靡省聲。字書云黍類也。（卷八十二）
    按，麖，二徐作從黍麻聲。麖，《段注》在十七部，靡，在十五部，二者韻遠，不當為形聲。慧琳所引構形不確。

87. 楛矢：《說文》從苦木聲也。（卷八十三）
    按，楛，二徐作木苦聲。楛，《段注》在五部，木，在三部，慧琳所引構形不確，有倒置。

88. 甸之：《說文》從田勹聲。（卷八十三）
    按，甸，大徐作從田包聲。小徐作從田包省聲。《段注》作從田勹。甸，《段注》在十二部，包、勹，《段注》在三部，韻部較遠，不當為形聲。慧琳所引構形不確。

89. 耒耟：《說文》耟，從耒從已。（卷八十五）
    按，耟，二徐作從木已聲。耟，《段注》在一部。已，亦在一部，慧琳所引構形不確。

90. 王勰：《說文》云勰，同思之和也。從思劦聲。（卷八十五）
    按，勰，二徐作同心之龢也。從劦思。勰，《段注》在八部，劦，在十五部，慧琳所引構形不確。

91. 煒曅：《說文》從日雩聲。（卷八十六）
    按，曅，二徐作從日華。曅，《段注》在八部，華，在五部。不當為形聲，慧琳所引構形不確。

92. 竊服：《說文》從穴廿米從禼。（卷八十八）
    按，竊，二徐作從穴從米禼廿皆聲，竊、禼、廿，《段注》皆十五部，慧琳所引構形不確。

93. 庾斁：《說文》：斁，所有治也。從文豈聲。（卷八十九）

按，敳，二徐作有所治也。從攴豈聲。敳、豈，《段注》認為屬十五部與十三部合音，慧琳所引構形不確，有倒置。

94. 彙征：《說文》從希省從果。（卷八十九）
按，彙，二徐作彙蟲也。從希胃省聲。彙，《段注》在十五部，胃，亦十五部，慧琳所引構形不確。

95. 郊禋：《說文》潔祀也。從示垔。（卷九十一）
按，禋，二徐作從示垔聲。禋，《段注》在十三部，垔，亦在十三部，二者可為形聲，慧琳所引構形不確。

96. 綢繆：《說文》從糸周聲。《說文》：繆，枲之十潔（絜）也，從糸翏。（卷九十二）
按，繆，二徐作從糸翏聲。翏、繆，《段注》皆在三部。慧琳所引構形不確。

97. 嶮函：《說文》從山肴聲。《說文》從弓曰聲。（卷九十二）
按，函，二徐作從弓弓亦聲。函、弓，《段注》皆七部，慧琳所引構形不確。

98. 鉦鼓：《說文》：鉦，鐃也。從金正聲。《說文》鼓，從豈夊聲。（卷九十二）（卷九十三）
按，鼓，二徐作從攴豈聲。鼓，《段注》在十五部，豈，亦在十五部。二者可為形聲，慧琳所引構形不確。

99. 王頍：《說文》頭小銳，舉頭也，從支頁。（卷九十三）
按，頍，二徐作舉頭也。從頁支聲。慧琳所引「頭小銳」乃意引。頍、支，《段注》皆在十六部，慧琳所引構形不確。

100. 隤毀：《說文》云缺也。從土毀省聲。（卷九十四）
按，毀，二徐作從土毇省聲。毀，在十六部，毇，在十五部，韻近，慧琳所引構形不確。

101. 爆聲：《說文》灼也，從火暴。（卷九十四）
按，爆，二徐作從火暴聲。爆、暴，《段注》皆三部，慧琳所引構形不確。

102. 聊術：《說文》從耳爭。（卷九十四）

按，聊，二徐作從耳冉聲。聊，《段注》在七部，爭，亦在七部。慧琳卷九十四所引構形不確。

103. 杳漠：《說文》云杳，冥也。從木曰聲。（卷九十五）

按，杳，《段注》在二部，曰，在十五部，二者韻遠，不當為形聲。慧琳所引構形不確。

104. 春蒐：《說文》從⺾鬼聲也。（卷九十五）

按，蒐，二徐作從艸從鬼。蒐，《段注》在三部，鬼，在十五部，二者韻遠，慧琳所引構形不確。

105. 氓俗：《說文》：眠（氓），民也。從亡民聲。（卷九十七）（卷九十五）

按，氓，二徐作從民亡聲。氓，《段注》在十部，亡，亦在十部，二者可為形聲，民，在十二部，慧琳所引構形不確。

106. 弗省：《說文》從眉省中（屮）聲。（卷九十七）

按，省，二徐作從眉省，從屮。省，《段注》在十一部，屮，在十五部，韻遠，不當為形聲，慧琳所引構形不確。

107. 之闑：《說文》從門臬。（卷九十八）

按，闑，二徐作從門臬聲。臬、闑，《段注》皆十六部，慧琳所引構形不確。

108. 瓶匜：《說文》似羹魁，柄中有道，可以注水也，從匚聲。（卷九十九）

按，匜，二徐作從匚也聲。匜，《段注》在十六十七部。匚，在十部，慧琳所引構形不確。

109. 郵駿：《說文》：境上行書舍也。從邑垂聲。（卷八十三）（卷八十四）（卷九十五）（卷九十九）

按，郵，二徐作會意，垂，《段注》在十七部，郵，在一部，二者較遠，不當為形聲。慧琳所引構形不確。

110. 縣瓦：《說文》從系帛聲。（卷八十一）

按，縣，二徐作從系從帛。縣，《段注》在十四部，帛在五部，二者韻遠，不當為形聲。慧琳所引構形不確。

111. 道䚡：《說文》思也。形聲字。（卷九十三）
按，䚡，二徐作同思之和。從劦思。䚡，《段注》在八部，劦，在十五部，慧琳所說為形聲，不確。

112. 袒裸：《說文》從亶從肉作膻，訓亦袒露也。（卷七十五）
按，膻，二徐作肉膻也。從肉亶聲。《段注》在十四部。慧琳所引構形不確。

113. 稽留：《說文》：留止也。從旨秜聲。（卷八）
按，稽，二徐作從禾從尤旨聲。稽，《段注》在十五部，旨，亦在十五部。慧琳所引構形不確。

114. 扣擊：《說文》從句從攴作敂，敂亦擊也。（卷三十七）（卷七十一）
按，敂，二徐作擊也，從攴句聲。敂、句，《段注》皆在四部，當為形聲。慧琳所引構形不確。

115. 幽縶：《說文》：隱也，從山中丝。（卷十八）
按，幽，二徐作從山中丝丝亦聲。幽、丝，《段注》皆三部，慧琳所引構形不確。

（二）與漢字構形關係不同

1. 肅穆：《說文》：穆，和也。從禾㱿聲也。《說文》從白小，從彡。（卷六）
按，㱿，二徐作從彡，㝵省聲。慧琳所引「㱿」字構形不確。

2. 輕耎：《說文》：柔韋也。從北從古究。（卷一）
按，甍，二徐本作從北從皮省從夐省，甍，柔韋也。慧琳所引構形不確。

3. 寶鐸：《說文》：珤也。從宀珤貝。（卷一）
按，寶，二徐作珍也，從宀從王從貝缶。古文作珤。慧琳以古文釋義，且所引構形不確。

4. 脬腸：《說文》：穀府也。從肉胃，象形字也。（卷五）
按，腸，二徐作從肉𠒊。慧琳所引構形不確。

5. 纍（絫）惡：《說文》：疾有所趣也。從半從纍省聲也。（卷六）

按，暴，二徐作晞也，從日從出從収從米。慧琳卷六所引「暴」字構形
　　皆不確。

6. 暴（曑）惡：《說文》：過也。從惡從心。（卷六）
　　按，惡，二徐作從心亞聲。慧琳卷六所引「惡」字構形皆不確。

7. 昏翳：《說文》：昏，旦冥也。從日從氐。（卷七）
　　按，昏，二徐作日冥也，從日氐省。卷七所引構形亦不確，釋義上，
　　　「旦」當作「日」。

8. 躭染：《說文》：從身從躭省聲也。（卷八）
　　按，躭，二徐作耽，從耳尤聲。慧琳卷八所引構形不確。

9. 遳暴：《說文》：疾有所趣也。從半從暴省聲也。（卷八）
　　按，遳，二徐作離也。暴，二徐作晞也，從日從出從廾從米。慧琳卷八
　　　所引構形不確。

10. 魯樸：《說文》：從魚從曰。（卷十二）
　　按，魯，二徐作從白鮺省聲，慧琳所引構形不確。

11. 唇腭：《說文》從口，上象其文理也。（卷三十一）
　　按，唇，二徐作從口辰聲。慧琳所引不確。

12. 瀑河：《說文》從水從日從出從廾從半。（卷四十一）
　　按，瀑，二徐作從水暴聲。慧琳所引構形不確。

13. 畱牪：《說文》從于（干）從臼，象形字也。（卷五十四）
　　按，畱，乃會意字，不為象形。慧琳所引構形不確。

14. 寺廟：《說文》云從广朝聲。會意字也。（卷五十五）
　　按，廟，二徐與慧琳所引同，當為形聲字，非會意字。

15. 乖舛：《說文》戾也。從北從千。（卷六十四）
　　按，乖，二徐作戾也，從丫兆。慧琳所引構形不確。

16. 罵詈：《說文》並從网，從馬，從言。（卷六十四）
　　按，罵，二徐作從网馬聲。詈，二徐作從网從言。慧琳所引「罵」字構
　　　形不確。

17. 劍戟：《說文》從戈戟也。（卷七十四）
按，戟，二徐作從戈軌。慧琳所引構形不確。

18. 藿葦：《說文》從草藿聲。（卷七十五）
按，藿，二徐作從萑吅聲，慧琳所引構形不確。

19. 懸緪：《說文》云亟，自急敕也。從芊省從勹口，猶慎言也。（卷八十）
按，亟，從人從口，從又從二。慧琳所引構形不確。

20. 箴規：《說文》從竹咸聲。會意字。（卷八十）（卷八十六）（卷九十七）
按，箴，二徐與慧琳所引同，慧琳所引「會意字」不確。

21. 濳歃：《說文》從水濳聲，（卷八十五）
按，濳，二徐作從水，散省聲，慧琳所引構形不確。

22. 斡運：《說文》從斗斡聲。（卷八十七）
按，斡，二徐作從斗軌聲，慧琳所引構形不確。

23. 扁鵲：《說文》：從戶從扁省聲。（卷九十）
按，扁，二徐作從戶冊。慧琳所引構形不確。

24. 稱善：《說文》：吉也。美也。《說文》從羊從竟，篆文從羊從言。（卷九十）
按，善，二徐作從誩羊。慧琳所引構形不確。

25. 瓢瓠：《說文》作瓢，蠡也。從瓜剽聲。（卷九十五）
按，瓢，二徐作從瓠省，覀聲。慧琳所引構形不確。

26. 敹束：《說文》：敹，擇也，從手寮聲。《說文》分別束之也。從束從八。（卷一百）
按，敹，二徐作擇也，從攴寮聲。慧琳所引構形不確。束，二徐作分別簡之也。從束從八。慧琳所引構形亦不確。

27. 熏習：《說文》：火氣也。從火。（卷五十）
按，熏，二徐作火煙上出也。從屮從黑。慧琳所引構形不確。

28. 口道：《說文》：所行道也。從辵省聲。古文從首從寸作𨔁。（卷三十七）
按，道，二徐作所行道也，從辵從首。慧琳所引構形不確。

29. 幻事：《說文》：相詐惑也。從幺從丁字也。（卷一）

　　按，幻，二徐作相詐惑也，從反予。慧琳所引構形不確。

30. 以賽：《說文》從寅貝聲。（卷五十七）

　　按，賽，二徐作從貝，塞省聲。慧琳所引構形不確。

31. 暴曬：《說文》：會意字也。從日從拱從米。（卷六十一）日暴：《說文》：晞也。從日從出從拱從米。（卷七十六）

　　按，暴，二徐作從日出廾米。慧琳所引「拱」當作「廾」。慧琳所引構形不確。

32. 翻騰：《說文》從飛番聲。《說文》：馳也。從馬從騰省聲。（卷六十九）

　　按，騰，二徐作傳也，從馬朕聲。慧琳所引構形不確。

33. 鄌塔：《說文》：鄌字從邑賈聲也。（卷八十一）

　　按，鄌，二徐作從邑賈聲。慧琳所引構形不確。

二、形近而訛

1. 旛鐸：《說文》：旛胡也。從㫃番聲也。《說文》：大鈴也。從金睪聲。〔註1〕（卷六）

　　按，旛，二徐作幅胡也。《玉篇》所引與慧琳所引同。《說文校議》認為幅當作幡。形近而訛。

2. 潛寒暑：《說文》：涉水也。從水朁聲。《說文》：凍也，從宀從人從井，下從仌。（卷一）潛身：說文：潛，藏也。從水朁聲。（卷二十九）

　　按，寒，二徐作從人在宀下以茻覆之。慧琳所引「井」當作「茻」，形近而訛。

3. 喙紫：《說文》喙亦口也。從口喙聲。（卷五十三）（卷五十六）（卷八十三）（卷九十五）

　　按，喙，二徐作從口象聲。慧琳所引「喙」當作「象」，形近而訛。

4. 栖廬：《說文》：從息虍聲，音呼。〔註2〕（卷一）

〔註1〕獅作幡。
〔註2〕獅作思。

按，息，二徐作恩。當作恩，形近而訛。

5. 巢穴：《說文》：鳥在木上，象形字。《說文》：土室也。從宀音綿，入聲
   也。（卷一）
   按，穴，二徐作從宀八聲。穴，《段注》在十二部，八，在十一部，入，
   在七部，當作八。入、八，形近而訛。

6. 咄男：《說文》：咄，相唱也。男，《說文》從甲從力。（卷一）
   按，咄，二徐作相謂也。與慧琳所引義近。男，二徐作從田從力，當作
   田，田、甲形近而訛。

7. 坌我：《說文》：從土作坋，塵也。從土分聲也。《說文》：於身自謂也。
   從手從戈。（卷四）
   按，我，二徐作施身自謂也。於，當作施，形近而訛。

8. 塚間：《說文》：高墳也。從勹從豖豖亦聲也。（卷五）
   按，塚，二徐作從勹從豖聲。慧琳所引「勺」當作「勹」，形近而訛。

9. 充溢：《說文》：器滿也。從水溢聲也。（卷六）
   按，二徐作從水益聲，慧琳所引溢字當改為益。形近而訛。

10. 癩疾：《說文》：賴字從負賴（剌）聲。（卷二）
    按，賴，二徐作從貝剌聲。當作貝，貝、負形近而訛。

11. 紡績：《說文》：績也，絹（緝）也。（卷十二）績縷：《說文》：績，緝
    也。從糸責聲。（卷六十四）（卷六十九）（卷七十七）（卷八十四）
    按，績，二徐作緝也，慧琳所引續字恐績字訛誤，形近而訛。

12. 苦綸：《說文》：紺青絲綬也。從糸侖省聲也。（卷十二）
    按，綸，二徐作青絲綬也。從糸侖聲。《說文古本考》據《文選·西都賦》
    注、顏師古注、《急就篇》注《漢書·景帝紀》注、《後漢書·班彪
    傳》注、《御覽·布帛部》引認為古本當作糾青絲綬也。糾、紺或形
    近而訛。

13. 狀數：《說文》從攴專聲也。（卷十四）
    按，數，二徐作從攴婁聲。慧琳所引「專」當作「婁」。

14. 姓：說受（文）：人所生也。古之神人聖人母感天雨生子，故稱天子。（卷二十七）

    按，姓，二徐作，人所生也，古之神聖母感天而生子，故稱天子。「雨」當作「而」，形近而訛。

15. 乾燥：《說文》：亦乾也。（卷二十七）（卷二十九）能燥：《說文》：乾也。從水喿聲。（卷三十一）（卷三十二）（卷三十三）（卷五十）（卷五十五）（卷五十七）（卷六十一）（卷七十二）

    按，燥，二徐作乾也，從火喿聲。慧琳所引構形「水」當作「火」，恐形近而訛。

16. 幰盖：《說文》從巾幰聲也。（卷三十一）（卷九十九）

    按，幰，二徐作從巾憲聲。慧琳所引「幰」當作「憲」。

17. 車箱：《說文》云大車壯服也。從竹相聲。（卷三十四）（卷九十九）

    按，箱，二徐作大車牝服也。「大車牝服」見《考工記》。慧琳所引「壯」字當作「牝」，形近而訛。

18. 濃。（塗：《說文》從土除聲也。（卷三十九）

    按，塗，二徐作從土涂聲。慧琳所引「除」當作「涂」，形近而訛。

19. 續捄：《說文》：織餘也。從系貴聲。（卷八十四）（卷三十九）（卷八十五）

    按，續，二徐作從糸貴聲。卷八十四所引「系」當作「糸」，形近而訛。

20. 瓬輪：《說文》云有輻曰輪，無輻曰輇，從車侖聲。（卷四十一）（卷五十七）

    按，輪，二徐作有輻曰輪，無輻曰輇。輇，二徐作車軨間橫木。輇，二徐作一曰無輻也。蓋當作輇，慧琳作「輪」，蓋形近而訛。

21. 莽莽：《說文》南昌謂犬善逐兔艸中象莽。從犬聏亦聲。（卷八十三）（卷四十一）

    按，莽，二徐作南昌謂犬善逐兔艸中為莽。慧琳所引「象」當作「為」，形近而訛。

22. 歐陽頠：《說文》云頠，頭閑習也，從湏危聲。（卷四十九）

按，頗，二徐作頭閑習也。從頁危聲。慧琳所引「湏」當作「頁」，形近而訛。

23. 紕紊：《說文》從系比聲。（卷四十九）紕紊：《說文》從糸比聲。（卷八十）（卷八十九）

按，紕，二徐與慧琳卷八十所引同，卷四十九所引「系」當作「糸」，形近而訛。

24. 長騺：《說文》：亂馳也。從馬敄聲。（卷八十七）（卷八十二）（卷五十一）（卷七十五）（卷八十一）

按，騺，二徐作騖，形近而訛。

25. 濤波：《說文》：波，水通出也。從水皮聲也。（卷五十一）

按，波，二徐作水涌流也。慧琳所引「通」當作「涌」，形近而訛，「涌出」屬意引。

26. 巖崿：《說文》云巖，崖岸也，從山嚴聲。（卷五十四）嶄巖：《說文》巖，岸也。從山嚴聲。（卷七十五）

按，巖，二徐與慧琳卷七十五所引同。卷五十四所引釋義乃意引，所引構形「巖」當作「嚴」，形近而訛。

27. 罦瘘：《說文》：從网從罦。（卷五十七）

按，罦，二徐作從网馬。慧琳所引構形「罦」當作「馬」，形近而訛。

28. 絅足：《說文》：牛糸也。從革畺聲。《說文》：迫也，從人足聲。（卷六十一）

按，絅，二徐作牛系也。慧琳所引「糸」當作「系」，形近而訛。

29. 咼衺：《說文》云衺，囊也，從衣牙聲。（卷六十二）

按，衺，大徐作裛也，從衣牙聲。小徐作紕也。慧琳所引「囊」當作「裛」，形近而訛。

30. 親暱：《說文》日近也。從日匿聲也。（卷六十七）

按，暱，二徐作日近也。慧琳所引「曰」當作「日」，形近而訛。

31. 如芊：《說文》云羊，詳也，從丷，象四足尾之形。（卷六十八）

按，羊，二徐作祥也。慧琳所引「詳」當作「祥」，形近而訛。

32. 灘磧：《說文》：水濡而乾也。從水灘聲。（卷六十九）

按，灘，二徐作水濡而乾也。從水難聲。慧琳所引構形「灘」當作「難」，形近而訛。

33. 徯戀：《說文》亦持也。從彳奚聲。（卷七十六）

按，徯，二徐作待也。慧琳所引「持」當作「待」，形近而訛。

34. 肘行：《說文》云肘，臂節也，從月從寸。（卷六十二）

按，肘，二徐作從肉從寸，慧琳所引「月」當作「肉」，形近而訛。

35. 掩雲：《說文》：從水弇聲。（卷八十）

按，掩，二徐作從手奄聲。揜，從手弇聲。慧琳卷八十所引「水」當作「手」，形近而訛。

36. 獫玁：《說文》：黑犬黃頤也。犬之黑名也。（卷七十七）

按，玁，二徐作黑犬黃頭，從犬僉聲。蓋古本如是，慧琳所引「頤」當作「頭」，形近而訛。

37. 段段：《說文》：推（椎）物也。（卷七十九）

按，段，二徐作椎物也，慧琳所引「推」當作「椎」，形近而訛。

38. 用紓：《說文》從系予聲。（卷八十一）

按，紓，二徐作從糸予聲，慧琳所引「系」當作「糸」，形近而訛。

39. 流睇：《說文》從母弟聲。（卷八十一）

按，睇，二徐作從目弟聲。慧琳所引「母」當作「目」，形近而訛。

40. 鷫鷞：《說文》：鷫鷞，西方神鳥也。《說文》中從卂作鸏，亦通也。（卷八十二）

按，鸏，二徐作鷞，鳥也。鷫，二徐作鷫鷞，五方神鳥也。慧琳所引「西」當作「五」，形近而訛。

41. 皚然：《說文》：霜雪之皃也。從白豈聲。（卷八十三）

按，皚，二徐作霜雪之白也。慧琳所引「皃」或當作「白」，形近而訛。

42. 輪奐：《說文》一曰犬也。從犬夐省聲。（卷八十三）

按，奐，大徐作一曰大也，從廾夐省。小徐與慧琳所引略同。慧琳所引「犬」當作「大」，犬，當作廾，形近而訛。

43. 酋長：《說文》從酋，水半見於上也。（卷八十三）

按，酋，二徐作從酉，水半見於上。慧琳所引「酋」當作「酉」，形近而訛。

44. 榮聲：《說文》云屋梠之間頭起著爲榮。從木從熒省聲也。（卷八十四）

按，榮，二徐作屋梠之兩頭起者為榮。從木熒省聲。慧琳所引「間」當作「兩」，形近而訛。

45. 肥遁：《說文》云僊也。一云巡也。從辵盾聲。（卷八十七）

按，遁，二徐作遷也，一曰逃也。慧琳所引僊當作遷，形近而訛。

46. 摭實：《說文》作拓，云捨也。從手右聲。（卷八十七）

按，拓，二徐作拾也。從手石聲。慧琳所引「捨」當作「拾」，形近而訛。

47. 桀蹠：《說文》云桀，桀也。從夊從虫，辜在木上也。（卷八十九）

按，桀，二徐作磔也，從舛在木上也。慧琳所引「桀」當作「磔」，形近而訛。

48. 繿縷：《說文》作縕。從絲昷聲。（卷八十九）

按，縕，二徐作從糸昷聲，慧琳所引構形「絲」當作「糸」，形近而訛。

49. 馬笕：《說文》亦食馬器也，從竹兜聲。（卷八十九）

按，笕，二徐作飲馬器也。慧琳所引「食」當作「飲」，形近而訛。

50. 氈裝：《說文》：裝，裹也。從衣壯聲。（卷九十二）

按，裝，二徐作裹也，慧琳所引「裏」當作「裹」，形近而訛。

51. 淩澌：《說文》云澌，流水也。從冫從斯聲。（卷九十四）寒澌：《說文》流冰也。從冫斯聲。（卷九十九）

按，澌，二徐與慧琳卷九十九同，卷九十四所引「水」當作「冰」，形近而訛。

52. 橐龠：《說文》橐也，從橐省石聲。（卷九十五）（卷九十七）

按，橐，二徐作囊也，從橐省，石聲。慧琳卷九十五所引構形「橐」當作「橐」，形近而訛。

53. 炪垂：《說文》：燭炭也，從火也聲。（卷九十六）

按，炧，二徐作燭炗也，從火也聲。慧琳所引「炭」當作「炗」，形近而訛。

54. 烗辰：《說文》從火夾聲也。（卷九十六）
　　按，烗，二徐作從水夾聲。慧琳所引「火」當作「水」，形近而訛。

55. 肥腯：《說文》牛羊曰肥，豕曰腯。從月盾聲也。（卷九十六）
　　按，腯，二徐作從肉盾聲。慧琳所引「月」當作「肉」，形近而訛。

56. 酒鮭：《說文》：膎，脼也。（卷九十七）
　　按，膎，二徐作脯也。慧琳所引「脼」當作「脯」，形近而訛。

57. 乾腒：《說文》北方謂鳥腊曰腒。從月居聲。（卷九十七）
　　按，腒，二徐作從肉居聲。慧琳所引「月」當作「肉」，形近而訛。

58. 鍾虡：《說文》鍾鼓之樹，飾為猛獸。從虍異，象其下足也。（卷九十七）
　　按，虡，二徐作鐘鼓之柎也，飾為猛獸。慧琳所引「樹」當作「柎」，形近而訛。

59. 昇廣：《說文》：昇，謂先氣皘皘也。從日從夰。（卷九十九）
　　按，昇，二徐作春為昇天，元氣昇昇。從日從夰，夰亦聲。昇、夰，古音皆在幽部，可為形聲。慧琳所引構形不確。所引釋義中「先」當為「元」，形近而訛。

60. 駐趕：《說文》正行也。（卷九十八）
　　按，趕，二徐作止行也。慧琳所引「正」當作「止」，形近而訛。

61. 奰怒：《說文》正作羉，從三犬（大），三目。（卷九十九）
　　按，羉，二徐作從三大三目。慧琳所引「犬」當作「大」，形近而訛。

62. 姑卒：從女聒省聲。（卷九十九）
　　按，姑，二徐作從女昏聲。慧琳所引構形「聒」當作「昏」，形近而訛。

63. 彫摵：《說文》從手摵聲。（卷九十九）
　　按，摵，二徐作從手戚聲。慧琳所引「摵」當作「戚」，形近而訛。

64. 彩毪：《說文》從毛取聲。（卷九十九）
　　按，毪，二徐作從毛耳聲。慧琳所引「取」當作「耳」，形近而訛。

65. 摰其：《說文》：蹔也。從丰斬聲。（卷一百）
    按，摰，二徐作蹔也。《段注》作斬取也。從手斬聲。蹔、蹔異體。慧琳
    所引「丰」當作「手」，形近而訛。

66. 似幎：《說文》：幎，慢也。從巾冥，冥聲。（卷九十八）
    按，幎，當作幎，形近而訛。幎，二徐作幔也，從巾冥聲。幔、慢，形
    近而訛。

67. 稍微：《說文》：出物其漸也。從禾肖聲也。《說文》：隱行也。從彳敚聲
    也。（卷二）稍稍：《說文》從禾肖聲。（卷二十八）（卷三十四）
    按，稍，二徐皆作出物有漸也。其，當作有，蓋形近而訛。

68. 雷霆：《說文》云雷餘聲也。鈴鈴所以提出萬物也。從雨廷聲。（卷八十
    七）（卷九十一）
    按，霆，二徐作雷餘聲也，鈴鈴，所以挺出萬物。慧琳所引「提」當作
    「挺」。形近而訛。

69. 杳漠：《說文》云香，冥也。從木日聲。（卷九十五）
    按，杳，二徐作冥也，從日在木下。慧琳所引「香」當作「杳」，形近
    而訛。

70. 腥臊：《說文》豕豪臭也。從肉桌聲也。（卷四十二）（卷七十九）
    按，臊，二徐作豕膏臭也。慧琳所引「豪」當作「膏」，形近而訛。

71. 膏肓：《說文》從心上隔也。從月從亡聲。（卷八十七）
    按，肓，二徐作心上鬲下也。從肉亡聲。月、肉，形近而訛。

72. 瞻眺：《說文》曰不正視也。從目兆聲。（卷三十九）
    按，眺，二徐作目不正也。從目兆聲。慧琳所引「曰」當作「目」，形
    近而訛。

73. 栽櫱：春秋傳云楚圍蔡里而栽植也。《說文》義同。從木弋聲。（卷六十
    七）（卷六十六）
    按，栽，二徐作築牆長版也。《春秋傳》曰楚圍蔡里而栽。慧琳所引「圃」
    當作「圍」，形近而訛。

74. 騋馭：《說文》：駕之馬也。《說文》並從馬，彔，皆聲。（卷九十七）
    按，騋，二徐作駕三馬也。慧琳所引「之」當作「三」，形近而訛。

75. 迺辟：《說文》：法也。從尸從辛口，用法也。（卷八）
　　按，辟，二徐作從卩從辛從口。當作卩，尸、卩，形近而訛。

76. 枝柯：《說文》云水別生也。從木支聲也。《說文》：從半竹從又作支。（卷三十七）
　　按，枝，二徐作木別生條也。從木支聲。水，當作木，形近而訛。

77. 戒蘊：《說文》：從拜持戈，戒不虞也。（卷二）
　　按，戒，二徐皆作從廾持戈，慧琳所引拜當作廾。形近而訛。

78. 據傲：《說文》：扶持也。從手豦聲。《說文》：倨也。從心敖聲。《說文》：從出從放。（卷四）
　　按，據，二徐作杖持也。杖，二徐作持也。扶，二徐作左也。慧琳所引「扶」當作「杖」，形近而訛。

79. 熙怡：《說文》從火熙聲。（卷四十）
　　按，熙，二徐作燥也，從火配聲。慧琳所引構形「熙」當作「配」，形近而訛。

三、慧琳乃意引

所謂意引，主要指慧琳所引《說文》用了形異義近的詞。

1. 狐貈：《說文》云貈似狐，多睡。從豸舟聲。（卷六十三）
　　按，貈，二徐作似狐，善睡獸。慧琳乃意引。

2. 飜騰：《說文》從飛番聲。《說文》：馳也。從馬從騰省聲。（卷六十九）
　　按，騰，二徐作傳也，從馬朕聲。慧琳所引釋義乃意引。

3. 可徵：《說文》：象也。（卷一）
　　按，徵，二徐作召也。征，二徐本作正行也。慧琳乃意引。

4. 頤頜：《說文》：輔車骨也。從頁。（卷一）
　　按，頤，二徐作顄也。慧琳乃意引。

5. 離散：《說文》：分散也。從肉椒聲也。（卷一）
　　按，二徐作雜肉也。慧琳乃意引。

6. 纏擾：《說文》：約也。從糸㬊聲也。（卷一）

按，纏，二徐作繞也。丁福保認為慧琳所引「約也」乃《說文》古本之一訓。筆者認為慧琳乃意引。

7. 不憙：《說文》：意悅也。（卷一）

按，憙，二徐作說也，慧琳乃意引。

8. 期契：《說文》：亦同也。從月其聲也。（卷三）

按，期，二徐作會也。慧琳所引乃意引。

9. 鄙鄳：《說文》：南陽亭名也。從邑里聲也。《說文》：聊也。（卷三）鄙鄳：《說文》從邑里聲。（卷九十四）

按，鄳，二徐作南陽西鄂亭。慧琳所引乃意引。

10. 芭蕉：《說文》：焦菜也。並從草，巴卡皆聲。（卷四）

按，蕉，二徐作生枲也，慧琳乃意引。

11. 互无：《說文》：互，交也。（卷六）

按，互，二徐作可以收繩也。慧琳乃意引。

12. 幡鐸：《說文》：旌旗總名也。（卷七）

按，幡，二徐作書兒拭觚布也。慧琳所引釋義乃意引。

13. 雙足：《說文》：雙，二枚也。（卷七）

按，雙，二徐作雙鳥也。慧琳乃意引。

14. 嘁笑：《說文》作歗。又云：欻欻，戲笑皃也。從欠屮聲也。（卷七）

按，歗，二徐作呭歗，無懯。慧琳乃意引。

15. 端拱：《說文》：端，直也。從立耑聲也。（卷七）（卷九十二）

按，端，二徐作物初生之題也。慧琳所引乃意引。

16. 詭言：《說文》：詭，責也。或從心作恑，怪異也。（卷八）

按，恑，二徐作變也。慧琳乃意引。

17. 躊步：《說文》：躊躇，猶豫也。（卷八）躊躇：《說文》二字並從足，壽著皆聲也。（卷六十九）

按，躇，二徐作峙躇不前也。慧琳乃意引。

18. 揪鋤：《說文》：除田草木曰茠。（卷八）

　　　按，茠，二徐作拔去田艸也。慧琳乃意引。

19. 挹其：《說文》：挹，持也。從手邑聲。（卷十一）

　　　按，挹，二徐作抒也，慧琳乃意引。

20. 車釭：《說文》：車轂口上鐵也，或作軖，同。（卷十二）

　　　按，釭，二徐作車轂中鐵也。《說文古本考》認為古本當作車轂口鐵。慧
　　　　琳乃意引。

21. 淳備：《說文》：具也。從人葡聲也。（卷十二）

　　　按，備，二徐作愼也。慧琳所引乃意引。

22. 鈷拔：《說文》：犬走聲也。（卷十四）

　　　按，犮，二徐作走犬皃。慧琳乃意引。

23. 短命：《說文》：梪，祭器也。（卷十五）

　　　按，梪，二徐作木豆謂之梪。慧琳所引乃意引。

24. 澄晬：《說文》：澄，湛也。（卷十五）

　　　按，澄，二徐作澂，清也。湛，二徐作沒也。慧琳乃意引。

25. 躭緬：《說文》：樂也。《說文》：樂酒也。古文作醓。《說文》亦樂於酒。
　　　（卷二十六）

　　　按，醓，二徐作湎，沈於酒也。慧琳乃意引。

26. 和鳴：《說文》：音樂和調也。（卷二十七）

　　　按，和，二徐作相應也。龢，二徐作調也。慧琳所引乃意引。

27. 豪賢：《說文》：勢，健也。（卷二十七）

　　　按，勢，豪之俗字。豪，二徐作豪豕鬣如筆管者。慧琳所引乃其引申義。

28. 如來室：《說文》：室，實也。戶外爲堂，戶內爲室。（卷二十七）

　　　按，室，二徐作實也。從宀從至。至，所以止也。慧琳所引「戶外為堂，
　　　　戶內為室」乃意引。

29. 巨身：《說文》：大也。（卷二十七）

　　　按，巨，二徐作規巨也。《說文段注》作規矩也。慧琳所引乃意引。

30. 瘡胗：《三蒼》云瘋也，腫也。《說文》同。（卷二十七）
    按，胗，二徐作齂也，從肉尤聲。慧琳所引乃意引。

31. 鷹奪：《說文》：鷹，鷙鳥也。（卷二十九）（卷七十七）（卷七十八）
    按，鷹，二徐作癰鳥也，慧琳所引乃意引。

32. 鷹奪：《說文》：手持大鳥，失之曰奪。（卷二十九）
    按，奪，二徐作手持隹失之也。慧琳所引乃意引。

33. 讒搆（構）：《說文》讒猶譖己。（卷三十）
    按，讒，二徐作譖也，慧琳所引乃意引。

34. 攢茂：《說文》云攢謂叢生也。從木贊聲也。（卷三十）
    按，攢，二徐作積竹杖也。從木贊聲。一曰穿也，一曰叢木。慧琳所引
    乃意引。

35. 藿葦：《說文》：葦，蘆也。從草韋聲。（卷七十五）（卷三十一）（卷三
    十二）
    按，葦，二徐作大葭也，從艸韋聲。慧琳卷七十五所引釋義乃意引。

36. 冕旒：《說文》作瑬，冕之垂玉也。從玉流聲。（卷三十一）（卷九十三）
    按，瑬，二徐作垂玉也，冕飾，從玉流聲。慧琳所引乃意引。

37. 蚑蠭：《說文》：行也。《說文》：蠭，螫人行毒蟲也，從虫逢省聲，正字。
    （卷三十二）
    按，蠭，二徐作飛蟲螫人者。從虫逢聲。慧琳所引釋義乃意引。

38. 甬生：《說文》草木花盛甬甬也。從夕用聲。（卷三十二）
    按，甬，二徐作艸木華甬甬然也。慧琳所引蓋意引。

39. 彫鷲：《說文》：雕，鷲鳥之類也。（卷三十二）
    按，雕，二徐作鷻也，從隹周聲。慧琳所引乃意引。

40. 孺慕：《說文》云孺子，即稚子也。從子需聲。（卷九十二）（卷三十四）
    按，孺，二徐作乳子也，從子需聲。慧琳所引乃意引。

41. 齟齬：《說文》：齟齬，齒不相順值也。高下不齊平也。巉巖也。並從齒，
    形聲字也。（卷三十五）
    按，齬，二徐作齒不相值也。從齒吾聲。慧琳所引乃意引。

42. 延祺：《說文》：壽考如祺。從示其，形聲之字。（卷三十五）
　　按，祺，二徐作吉也，從示其聲。慧琳所引乃意引。

43. 寵遇：《說文》：位也，從宀龍聲。（卷三十六）
　　按，寵，二徐作尊居也，從宀龍聲。慧琳所引乃意引。

44. 脾腨：《說文》：股外也。（卷三十八）
　　按，腨，二徐作腓腸也。慧琳所引乃意引。

45. 嵐颲：《說文》云颲颲，風雨暴疾皃也。從風列聲。（卷三十八）（卷九
　　十九）
　　按，颲，二徐作烈風也，從風列聲。慧琳所引乃意引。

46. 猝暴：《說文》：疾有所趣也。從半從暴省聲也。（卷三十八）
　　按，暴，二徐作晞也。慧琳所引乃意引。

47. 瞻眺：《說文》曰不正視也。從目兆聲。（卷三十九）
　　按，眺，二徐作目不正也。從目兆聲。《說文校議》認為「目不正也」
　　　　下當有「一曰視也」之訓。「目不正視」蓋意引「目不正也」及「視
　　　　也」之訓。

48. 龜鼈：從它，龜頭與它頭同。天地之性，廣肩，無雄，龜鼈之類以它爲
　　雄也。象四足頭尾之形。（卷三十九）
　　按，龜，二徐作從它，龜頭與它頭同，天地之性，廣肩，無雄，龜鼈之
　　　　類，以它爲雄，象足甲尾之形。慧琳卷三十九所引「象四足頭尾之
　　　　形」與二徐不同，慧琳蓋意引。

49. 懈墮：《說文》：不敬也。從土隋聲。（卷四十一）
　　按，墮，二徐作敗城皀曰墮。懈，二徐作怠也。慧琳卷四十一所引蓋釋
　　　　「懈」字，且爲意引。

50. 勉勵：《說文》：勉亦勵也。強也，從力免聲也。（卷四十一）
　　按，勉，大徐作彊也，從力免聲。小徐作強也，從力免聲。「勵也」乃
　　　　慧琳意引。

51. 罪愆：《說文》：犯法也。古文作辠。（卷四十一）
　　按，愆，二徐作過也。從心衍聲。慧琳所引乃意引。

52. 交絡：《說文》云：交，合也。互也。象交形。（卷四十一）
　　按，交，二徐作交脛也。從大，象形。慧琳所引乃意引。

53. 偃仆：《說文》：傾頓也。形聲字也。（卷四十一）
　　按，仆，二徐作頓也，從人卜聲。《說文古本考》據玄應音義認為古本當
　　作前覆也。筆者認為二徐所作即為古本。慧琳乃意引。

54. 娱媚：《說文》：愛也。從女眉聲。（卷四十一）
　　按，媚，二徐作說也。從女眉聲。慧琳所引乃意引。

55. 持鍬：《說文》云臿頭金也。今江東人呼鍫為鍫。（卷四十二）
　　按，鍬，二徐作鍪，斛旁有鍪。一曰鍪，利也。慧琳乃意引。

56. 蟯蛕：《說文》云蟯，蛕，並腹中蟲也。並從虫，堯、有皆聲。（卷四十
　　二）（卷五十四）
　　按，蛕，二徐作腹中長蟲，蟯，二徐作腹中短蟲。慧琳蓋意引。

57. 闚覰：《說文》云闚，覰。從門規聲。（卷七十八）（卷七十七）（卷四十
　　三）（卷七十六）（卷八十六）
　　按，闚，二徐作閃也，從門規聲。覰，《玉篇》：窺也。慧琳所引乃意引。

58. 斁諸欲：《說文》云斁，毀也。從攴裹聲。（卷四十三）
　　按，斁，二徐作敗也。慧琳所引乃意引。

59. 轡制：《說文》：乘馬具也。從叀絲。（卷四十四）
　　按，轡，二徐作馬轡也，從絲從叀。慧琳所引乃意引。

60. 貲數：《說文》：貨也。從貝此聲也。（卷四十四）（卷六十）（卷七十八）
　　（卷九十二）
　　按，貲，二徐作小罰以財自贖也。從貝此聲。慧琳所引乃意引。

61. 原赦：《說文》：赦，寬免也。從攴赤聲也。（卷四十四）
　　按，赦，二徐作置也。慧琳所引乃意引。

62. 瓌琦：《說文》：珠圓好者也。從玉貴聲。（卷四十五）（卷七十五）
　　按，瓌，二徐作瑰，玫瑰，一曰圓好。慧琳蓋意引其說。

63. 爝火：《說文》以火拂除袄也。從火爵聲。（卷八十八）（卷五十）（卷八
　　十七）

按，爝，二徐作苣火袚也。從火爵聲。慧琳乃意引。

64. 幽梗：《說文》：山榆木，可爲无夷也。亦猶直也。從木更聲。（卷八十九）（卷五十）（卷八十）（卷九十二）（卷九十八）

按，梗，二徐作山枌榆，有束莢可為蕪萊者。從木更聲。慧琳所引乃意引。

65. 熏習：《說文》：火氣也。從火。（卷五十）

按，熏，二徐作火煙上出也。慧琳所引釋義乃意引。

66. 乒決：《說文》云中象人手乒相鉤握字意也。（卷五十一）

按，乒，二徐作互，可以收繩也。從竹，象形，中象人手所推握也。慧琳乃意引。

67. 包裹：《說文》包字從勺，象人曲身有所包裹也。（卷五十一）（卷八十三）

按，勺，二徐作裹也，象人曲形，有所包裹。慧琳所引乃意引。

68. 拼弓：《說文》：拼，彈也。從手并聲。（卷七十九）（卷七十七）（卷五十三）（卷七十五）

按，拼，二徐作拊手也。從手弁聲。慧琳所引乃意引。

69. 截剥：《說文》：割，從刀從彔。（卷五十三）

按，剥，二徐作裂也，從刀彔，彔亦聲。慧琳乃意引。

70. 將弭：《說文》云弭，弓末也，亦云弭，反也。從弓耳聲。（卷九十四）（卷五十四）（卷八十三）

按，弭，二徐作弓無緣可以解轡紛者。從弓耳聲。慧琳所引乃意引。

71. 儲偫：《說文》：具也，從人待聲。（卷五十四）

按，偫，大徐作待也，從人從待。小徐作從人待聲。與慧琳所引構形同。慧琳釋義有意引。

72. 密緻：《說文》作宓，安静也，從宀必聲。（卷五十四）

按，宓，二徐作安也。慧琳乃意引。

73. 湔洗：《說文》：湔，浣也。從水前聲。（卷五十七）

按，湔，二徐作手瀚之。慧琳乃意引。

74. 耽沔：《說文》云耽於酒也。從水丏聲。（卷六十八）（卷五十七）
    按，沔，二徐為水名。慧琳所引乃意引。

75. 髫年：《說文》：髫，毛也。從髟召聲。（卷八十四）（卷五十七）
    按，髫，二徐作小兒垂結也。從髟召聲。慧琳所引乃意引。

76. 衦成：《說文》云衦者，由（猶）如衦餅。（卷六十）
    按，衦，二徐作摩展衣。從衣干聲。慧琳乃意引。

77. 犡色：《說文》：白黑雜毛牛羊皆曰犡。從牛厲聲。（卷六十）
    按，犡，二徐作白黑雜毛牛。慧琳卷六十所引乃意引。

78. 饐饐：《說文》：飯傷熟也。（卷六十）
    按，饐，二徐作飯傷熱也。慧琳乃意引。

79. 鼗鼓：《說文》云鼗，小鼓也。（卷六十一）
    按，鼗，二徐作鞀，遼也。或從鼓兆。慧琳乃意引。

80. 瞻盼：《說文》：邪視也。從目分聲。（卷六十四）（卷六十二）（卷一百）
    按，瞻，二徐作臨視也。慧琳所引乃意引。

81. 芼扮：《說文》：芼擇之芼。從艸毛聲。（卷六十四）
    按，芼，二徐作艸覆蔓。從艸毛聲。慧琳乃意引。

82. 一剃：《說文》云翦髮也。從髟弟聲。（卷六十六）
    按，剃，二徐作鬀髮也。慧琳所引乃意引。

83. 蚌盦：《說文》又云牡蠣者，千歲駕鳥所化也。（卷六十六）
    按，盦，二徐作蜃屬，有三，皆生於海，千歲化為盦，秦謂之牡厲，又云百歲燕所化。慧琳所引乃意引。

84. 嗦翼：《說文》從走作趲，趲，飛也。（卷六十六）
    按，趲，二徐作趨進趲如也。慧琳所引乃意引。

85. 火焰：《說文》云火微行焰焰也。從炎舀聲。（卷六十七）
    按，焰，二徐作燗，火燗也。從火閻聲。慧琳所引乃意引。

86. 潵愛：《說文》：潵，欲飲也，從欠渴聲。（卷六十八）
    按，潵，二徐作欲歠歠也。慧琳乃意引。

87. 蠐螬：《說文》：蠐螬，即蝤蠐，木蠹蟲也。二字並從虫，齊曹皆聲也。
（卷六十八）
按，蠐，二徐作齏蠹。蠹，從蚰曹聲。慧琳所引乃意引。

88. 猶豫：《說文》：豫，獸名。從象矛（予）聲。（卷六十九）
按，豫，二徐作象之大者。慧琳所引乃意引。

89. 蹻足：《說文》：舉足高皃也。從足喬聲。（卷六十九）
按，蹻，二徐作舉足行高也。慧琳乃意引。

90. 淵澪：《說文》：瀅也。從水寧聲。（卷九十九）
按，澪，二徐作縈澪也，慧琳所引乃意引。

91. 膠粘：《說文》：粘，著也。糊也。從米占聲。（卷六十八）
按，粘，二徐作黏，黏也，從黍占聲，或從米作粘。慧琳所引乃意引。

92. 陴堄：《說文》從牒（𦥑），卑兒皆聲。（卷六十九）哀陴：《說文》城上
垣，陴倪也。從阝卑聲。（卷九十五）
按，陴，二徐作城上女牆俾倪也。慧琳乃意引。

93. 竹筥（筥）：《說文》：筥，箏（箸）也。（卷七十）
按，筥，二徐作笒也。慧琳乃意引。

94. 指韝：《說文》：指搢，韋搢也。（卷七十）
按，韝，二徐作搢，縫指搢也。一曰韋韜。慧琳乃意引。

95. 毒胏：《說文》：肉出也。（卷七十一）
按，胏，二徐作創肉反出也。慧琳乃意引。

96. 熙怡：《說文》：熙怡，和悅也。（卷七十一）
按，怡，二徐作和也。慧琳所引乃意引。

97. 手腋：《說文》云腋猶胳也。從肉夜聲也。（卷七十二）（卷七十五）
按，腋，二徐作人之臂亦也。慧琳所引乃意引。

98. 呬歎：《說文》：衒也。從口币聲。（卷七十八）（卷七十二）（卷九十九）
按，呬，二徐作周也，歎。二徐作吮也，慧琳所引乃意引。

99. 跱立：《說文》：跱，行步不前也。（卷七十四）
按，跱，二徐作峙，踞也。慧琳乃意引。

100. 袒裸：《說文》從亶從肉作膻，訓亦袒露也。（卷七十五）
按，膻，二徐作肉膻也。從肉亶聲。慧琳所引釋義乃意引。

101. 瞤動：《說文》：目搖也。（卷七十五）
按，瞤，二徐作目動也。慧琳所引意引。

102. 一穗：《蒼頡篇》：禾麥秀也。《說文》義同，從禾惠聲也。（卷七十五）
按，穗，二徐作禾成秀也。慧琳乃意引。

103. 己惑：《說文》：己但有屈曲。（卷七十六）
按，己，二徐作中宮也。象萬物辟藏詘形也。己承戊，象人腹。慧琳所引乃意引。

104. 爨炭：《說文》云所燒也。從火虌聲。（卷七十七）
按，爨，二徐作火所傷也。慧琳所引乃意引。

105. 亟於：爾雅：速也。《說文》義同也，從人從口從又從二。二，天地也，言人生天地間，口手最急，會意字也。（卷七十七）（卷八十八）（卷九十三）
按，亟，二徐作敏疾也，從人從口從又從二。二，天地也。慧琳所引乃意引。

106. 糟粕：許叔重注《淮南子》云粕，已盡糟也。《說文》義同。（卷七十七）
按，粕，二徐作糟粕，酒滓也。慧琳乃意引。

107. 開霍：《說文》：雲散。（卷七十八）（卷七十九）
按，開，二徐作張也，慧琳乃意引。

108. 啼唳：《說文》：聲也。從口戾聲。（卷七十九）
按，唳，二徐作鶴鳴也，慧琳乃意引。

109. 附之：《說文》：安也。從阜付聲。（卷七十九）
按，附，二徐作附婁，小土山也。慧琳乃意引。

110. 陶誘：《說文》：導也。從言秀聲。（卷八十）
按，誘，二徐作相訹呼也。慧琳乃意引。

111. 道囧：《說文》云窗牖間開明也。象形字也。（卷八十）
按，囧，二徐作窗牖麗廔闓明。慧琳所引乃意引。

112. 楷模：《說文》云：楷，即模也。從木皆聲也。（卷八十）（卷九十二）
　　　按，楷，二徐作木也，從木皆聲。慧琳所引乃意引。

113. 繁膌：《說文》：膌，物相贈而加也。（卷八十）
　　　按，膌，二徐作物相增加也。慧琳所引乃意引其說。

114. 刪削：《說文》：刪，剟也。剟，削也。從刀從冊。《說文》從刀從尚（肖）聲。（卷八十）
　　　按，剟，二徐作刊也。慧琳乃意引。

115. 田𥜽：《說文》云脫衣也。從衣㡜聲。（卷八十一）
　　　按，二徐褫，奪衣也。慧琳乃意引。

116. 絓諸：《說文》：繭滓頭作囊絮。從糸圭聲。（卷九十六）（卷八十一）（卷八十六）
　　　按，絓，二徐作繭滓絓頭也，慧琳乃意引。

117. 罹咎：《說文》：毀也。亦通。（卷八十二）
　　　按，咎，二徐作災也。慧琳乃意引。

118. 篡弒：《說文》云逆奪取曰篡。從厶算聲。《說文》亦云臣煞君也。從殺省式聲。（卷八十二）
　　　按，篡，二徐作屰而奪取曰篡。慧琳所引「逆」乃異體，弒，二徐作臣弒君也。慧琳所引乃意引。

119. 墊濕：《說文》：幽濕也。（卷八十二）
　　　按，濕，二徐作水名，慧琳所引乃意引。

120. 蹡蹡：《說文》：蹡蹡，盛皃也。從足將聲。（卷八十三）
　　　按，蹡，二徐作行皃，從足將聲。慧琳乃意引。

121. 不懌：《說文》：悅懌也。從心睪聲。（卷八十三）
　　　按，懌，二徐作說也。慧琳乃意引。

122. 確乎：《說文》：堅皃也，從石寉聲。（卷九十七）（卷八十三）
　　　按，確，二徐作确，磬也，慧琳乃意引。

123. 升鉉：《說文》鼎耳謂之鉉。從金玄聲。（卷八十三）
　　　按，鉉，二徐作舉鼎也，從金玄聲。慧琳所引乃意引。

124. 千楨：《說文》：堅木也。從木貞聲。（卷八十三）
　　按，楨，二徐作剛木也。慧琳所引乃意引。

125. 紐地維：《說文》：單繩也，非地維義也。（卷八十四）
　　按，維，二徐作車蓋維也。慧琳蓋意引。

126. 脫屣：《說文》：履也。（卷八十五）
　　按，屣，二徐作鞮，鞮屬，慧琳乃意引。

127. 氛祲：《說文》氣感不祥也。從礻侵省聲也。（卷八十五）
　　按，祲，二徐作精氣感祥。從示侵省聲。慧琳乃意引。

128. 闑衡：鄭注《禮記》、郭注《爾雅》並云闑，門中橛也。《說文》義同。
　　從門臬聲。（卷八十五）
　　按，闑，二徐作門梱也。慧琳乃意引其說。

129. 蒹葭：《說文》蒹葭，荻蘆未秀者也。蒹曰荻，葭曰蘆，並從草，兼叚皆
　　聲也。（卷九十七）（卷八十六）
　　按，葭，二徐作葦之未秀者。慧琳乃意引。

130. 薰蕕：《說文》：薰，香草也。蕕，臭草也。並從草，薰蕕亦聲。（卷九
　　十七）（卷八十六）
　　按，蕕，二徐作水邊艸也。慧琳乃意引。

131. 醨俗：《說文》：酢也。從酉离聲。（卷八十七）
　　按，醨，二徐作薄酒也。慧琳乃意引。

132. 雜遝：《說文》：及也。從辵眔聲。（卷八十八）
　　按，遝，二徐作迨也，從辵眔聲。慧琳乃意引。

133. 楚箠：《說文》：箠，以杖擊也。從竹。（卷八十八）
　　按，箠，二徐作擊馬也。慧琳乃意引。

134. 鎗鍠：《說文》云鎗鎗，金聲也。從金倉聲。（卷九十四）（卷八十九）
　　按，鎗，二徐作鐘聲也。慧琳所引乃意引。

135. 酬對：《說文》：獻也。從酉州聲。（卷八十九）
　　按，酬，二徐作主人進客也。慧琳乃意引。

136. 揙唱：《說文》云揙，覆斂也。從手弇聲。（卷八十九）
　　按，揙，二徐作覆也，慧琳乃意引。

137. 秉二兆：《說文》云秉禾也。從又持禾。會意字也。（卷八十九）
　　按，秉，二徐作禾束也，從又持禾。慧琳乃意引。

138. 摧衄：《說文》：恥也。（卷八十九）
　　按，衄，二徐作鼻出血也。慧琳乃意引。

139. 石礐：《說文》：墇裂也。破也。從缶虖聲。轉注字也。（卷九十一）
　　按，礐，二徐作裂也。慧琳乃意引。

140. 相紃：《說文》紃謂圓繞也，從糸川聲。（卷九十二）
　　按，紃，二徐作圓采也。慧琳乃意引。

141. 嵬然：《說文》：嵬而不平也。從山鬼聲也。（卷九十二）
　　按，嵬，二徐作高不平也。慧琳乃意引。

142. 炎薄：《說文》云炎，火行也。從重火。（卷九十二）
　　按，炎，二徐作火光上也。慧琳乃意引。

143. 擺撥：《說文》：揮手也。（卷九十三）
　　按，撥，二徐作兩手擊也。慧琳所引乃意引。

144. 明踰：《說文》度也。從足俞聲。（卷一百）（卷九十三）
　　按，踰，二徐作越也，慧琳乃意引。

145. 鐵鐓：《說文》云矛戟秘（柲）下銅鐏也。從金敦聲。（卷九十四）
　　按，鐓，二徐作下垂也。一曰千斤椎。慧琳所引釋義乃意引。

146. 畎澮：《說文》云澮，水流澮澮也。（卷九十四）
　　按，澮，二徐為水名。慧琳乃意引。

147. 吟嘯：《說文》云吟也。從欠肅聲。（卷九十四）
　　按，嘯，二徐作吹聲也。從口肅聲。籀文從欠。慧琳乃意引。

148. 菹醯：《說文》：菹，醋藏菜也。從草俎聲。（卷九十五）
　　按，菹，二徐作菹，酢菜也。慧琳乃意引。

149. 蜎飛：《說文》云小飛皃。（卷九十五）

按，飛，二徐作鳥翥也。慧琳乃意引。

150. 覜仰：郭璞云察視也。《說文》義同。從見兆聲。（卷九十六）
按，覜，二徐作視也。慧琳乃意引。

151. 韡熒：《說文》鮮明皃也。（卷九十六）
按，韡，二徐作輝，光也。熒，二徐作屋下鐙燭之光。慧琳所引乃意引。

152. 倭國：《說文》亦東海中國也。從人委聲。（卷九十七）
按，倭，二徐作順皃，從人委聲。慧琳乃意引。

153. 繫以：《說文》拘執也。從糸執聲。（卷九十七）
按，繫，二徐作絆馬也。《段注》作絆馬足也。慧琳乃意引。

154. 歉腹：《說文》：不飽也，從欠兼聲。（卷九十七）
按，歉，二徐作歉食不滿。慧琳乃意引。

155. 覬欲：《說文》：覬，望也。從見豈聲。（卷九十七）
按，覬，二徐作㰟幸也。慧琳乃意引。

156. 眠帊：《說文》亦幞也。從巾巴聲也。（卷九十七）
按，帊，二徐作帛三幅曰帊。慧琳乃意引。

157. 姈媼：《說文》女老稱也。並從女，尔昷皆聲。（卷九十九）
按，媼，二徐作母老稱也。慧琳乃意引。

158. 下迁：《說文》：迁，進也。從辵千聲。（卷九十九）
按，迁，二徐作登也。從辵屶聲。慧琳乃意引。

159. 敲銅鈸：《說文》云敲，擊也。從攴高聲。（卷一百）
按，敲，二徐作橫擿也。慧琳乃意引。

160. 以枹：《說文》擊鼓杖柄也。從木包聲。（卷一百）
按，枹，二徐作擊鼓杖也。《段注》作擊鼓柄也。《說文句讀》認為當作擊鼓杖，「諸鼓為鼓有柄」，《齊策》：援枹鼓之。鮑注亦云擊鼓杖。其說可從，蓋古本如是。慧琳乃意引。

161. 衷道：《說文》：衷，誠也。從衣中聲。（卷八十八）
按，衷，二徐作裏褻衣。慧琳乃意引。

162. 鬻賣：《說文》：正體作賣，衒也，賣也。從貝坴聲。（卷八十二）
按，賣，二徐作出物貨也。慧琳乃意引。

163. 穹隘：《說文》云塞也。（卷八十）
按，隘，二徐作陋也。慧琳所引乃意引。

164. 親紆：《說文》：縈，紆也。從糸于聲。（卷八十八）
按，紆，二徐作縈也。縈，二徐作收韏也。慧琳乃意引。

165. 菀蔣：《說文》：菀，藥也。（卷九十九）
按，菀，二徐作茈菀。慧琳乃意引。

166. 專弘：《說文》：弘，大也。《說文》從弓厶聲。（卷十九）
按，弘，二徐作弓聲也。慧琳乃意引。

167. 睡癮：《說文》夢中有所見曰寱。（卷二十九）
按，寱，二徐作寐而有覺也。慧琳所引乃意引。

168. 脣腭：《說文》云口上河也。（卷三十一）
按，脣，二徐作驚也，慧琳所引釋義乃意引。

169. 面齇：《說文》：齇，面黑色也。從皮干聲。（卷三十九）
按，齇，二徐作面黑氣也。從皮干聲。慧琳蓋意引。

170. 汎漲：《說文》：净也。從水凡聲。（卷四十一）
按，汎，二徐作浮皃。從水凡聲。慧琳蓋意引。

171. 氐羌：《說文》：從氐著一地也。《說文》云羌，西戎羌任也。（卷八十）
按，羌，二徐作西戎牧羊人也。從人從羊，羊亦聲。慧琳所引釋義乃意引。

172. 懸緪：《說文》云亟，自急敕也。從芉省從勹口，猶愼言也。（卷八十）
按，亟，二徐作敏疾也。慧琳乃意引。

173. 喁喁：《說文》：眾口上見也。從口禺聲。（卷七十七）（卷九十六）（卷九十八）
按，喁，二徐作魚口上見也。從口禺聲。慧琳乃意引。

174. 排俊：《集訓》云賢過於百人曰俊。《說文》訓與上同，從人夋聲。（卷八十一）

按，俊，大徐作材千人也。小徐作才過千人也。《段注》作材過千人也。
　　慧琳乃意引。

175. 查槮：《說文》積柴捕魚名罧。（卷九十六）
　　按，槮，二徐作木長皃。從木參聲。大徐作所今切，慧琳所引釋義乃意
　　引。

176. 階梯：《說文》：階也。從𨸏皆聲。（卷一百）
　　按，階，二徐作陛也。從𨸏皆聲。慧琳所引「階」字釋義乃意引。

177. 種植：《說文》：植，種也。從木直聲。（卷四）植種：《說文》從木直聲。
　　（卷三十四）
　　按，植，二徐作戶植也，慧琳乃意引。

178. 鷗鷺：《說文》：鷗，鴟也。（卷五）
　　按，鷗，二徐作鸏也。慧琳乃意引。

179. 欻然：《說文》：吹起也。（卷五）
　　按，欻，二徐作有所吹起。慧琳乃意引。

180. 攦帶：《說文》：帶，紳也。男子服革，婦女服絲，象繫佩之形而有巾，
　　故帶字從巾。（卷五）
　　按，帶，二徐本作紳也，男子鞶帶，婦人帶絲，象繫佩之形。佩必有巾。
　　　　從巾。慧琳乃意引。

181. 轂輞軸：《說文》：車轑。（卷八）轂輞：《說文》：車轑也。（卷二十九）
　　按，轂，二徐作輻所湊也。慧琳乃意引。

182. 犲狼：《說文》：狼屬也。從豸才聲也。《說文》：狼，似犬，銳頭，白額，
　　猛獸也。犲豹之屬也。（卷十二）
　　按，狼，二徐作似犬，銳頭，白頰，高前，廣後。慧琳乃意引。

183. 生涯：《說文》：水畔也。（卷十二）
　　按，涯，二徐作水邊也。慧琳乃意引。

184. 舐舕：《說文》：舌取食也。（卷十二）
　　按，舐，二徐作䑙，以舌取食也。慧琳乃意引。

185. 炙鼈：《說文》：從刀，象形，火魚尾。《說文》：水介蟲也。從黽敝聲也。
    （卷十四）
    按，炙，二徐作水蟲也，象形，魚尾與燕尾相似。與慧琳所引略異。鼈，
       二徐作甲蟲也，慧琳乃意引。

186. 歲星：《說文》：萬物之精，上爲列宿。其歲星越歷二十八宿，宣徧陰陽，
    十二月一次也。《玉篇》云律曆書名五星爲五步，所以歲字從步，戌爲聲
    也。（卷二十五）
    按，星，二徐作萬物之精，上為列星。歲，二徐作木星也，越歷二十八
       宿，宣徧陰陽，十二月一次。慧琳乃意引。

187. 瘈中：《說文》云瘈，羸也。從疒㢦聲。（卷三十七）（卷五十七）
    按，瘈，二徐作臞也，從疒㢦聲。慧琳乃意引。

188. 蛟龍：《說文》云鱗蟲之長，能幽能明，能巨能細，能短能長，春分而登
    天，秋分而潛淵。若飛之形，從肉從童省聲也。（卷三十八）
    按，龍，二徐作鱗蟲之長，能幽能明，能細能巨，能短能長，春分而登
       天，秋分而潛淵。從肉，飛之形，童省聲。慧琳乃意引。

189. 籧篨：方言：宋魏之間謂簟粗者爲籧篨也。《說文》義同，並從竹，遽除
    聲。（卷八十三）（卷八十）
    按，籧，二徐作粗竹席也。慧琳乃意引。

190. 硬石：《說文》石似玉也。（卷九十九）
    按，硬，二徐作石次玉者。慧琳乃意引。

191. 麵浞：《說文》：漬沃也。從水㱿聲。（卷三十八）（卷九十七）
    按，浞，大徐作浸沃也。從水㱿聲。小徐作浸沃也。《段注》作浸沃也。
       慧琳乃意引。

192. 飄散：《說文》：飛散也。從攴（攴）昔聲。（卷六十九）
    按，散，二徐作襍肉也。慧琳乃意引。

193. 朋友：《說文》：同門曰朋。（卷七十一）
    按，朋，二徐作神鳥也。鳳飛，羣鳥從以萬數。慧琳乃意引。

194. 懸餧：《說文》云亦餓也。從食委聲。（卷九十五）（卷九十七）
    按，餧，二徐作飢也，從食妥聲。慧琳乃意引。

195. 糞掃：《說文》：埽，除也。從土帚聲也。（卷六十四）
按，埽，二徐作棄也，從土從帚。慧琳所引釋義乃意引。

196. 如趍：《說文》：趍，走也。（卷十一）
按，趍，大徐作趣趙久也。小徐作趍趙久也。慧琳乃意引。

197. 稍微：淵微：《說文》：妙也。（卷七十七）
按，微，二徐作隱行也。從彳散聲也。慧琳乃意引。

四、慧琳所引二徐未見

所謂「二徐未見」，有可能是慧琳所引乃唐代俗體，有可能是慧琳誤引他書。

1. 交絡：《說文》云遶也。（卷四十一）
按，絡，二徐作絮也，一曰麻未漚也。慧琳所引，二徐未見。

2. 罣礙：《說文》：網礙也。從冈從圭省聲。（卷一）罣礙：《說文》：綱礙也。從冈從卦省聲也。（卷四十一）
按，罣，今二徐未見。

3. 扻摩：《說文》：從手文聲也。（卷一）
按，今二徐未見。

4. 憍舉：《說文》：從心喬聲也。（卷一）（卷六十八）
按，今二徐無此字。

5. 涎淚：《說文》：口液也。《說文》：淚，涕也。從水戾聲。（卷二）涕淚：《說文》從水戾聲也。（卷二十九）
按，淚，二徐未見。

6. 憍（撟）穢：《說文》：妄也。（卷二）
按，今二徐未見。

7. 曦赫：《說文》：氣也。從日兮，義聲也。（卷二）
按，曦，今二徐本未見。

8. 箭筈：《說文》：箭，矢也。從竹前聲也。《說文》：從竹從栝省聲也。（卷三）
按，筈，二徐未見。

9. 躺樂：《說文》從火。（卷三）
按，二徐未見。

10. 或痰：《說文》：從广炎聲。（卷五）
按，痰，二徐未見。

11. 矛欑：《說文》：從矛贊聲也。（卷五）
按，欑，二徐未見。

12. 痊除：《說文》：從广全聲。（卷六）
按，痊，二徐未見。

13. 勃虛：《說文》：夌，越也。從力夌聲也。（卷六）
按，勃，二徐未見。

14. 遷動：《說文》：登也。從辵罨聲。《說文》又從走作趈，並同。（卷六）
遷賀：《說文》：登也，從辵罨聲。（卷九十三）
按，趈，二徐未見。

15. 傾搖：《說文》作潰。（卷八）
按，二徐未見。

16. 邃蹟：《說文》：從臣責聲也。（卷八）
按，蹟，二徐未見。

17. 罣礙：《說文》：網礙也。從网（卷八）
按，二徐未見。

18. 銅鈸：《說文》：從金友聲也。（卷十一）
按，鈸，二徐未見。

19. 不嬈：《說文》作嬲也。（卷十一）
按，二徐收嬈字，作苛也，一曰擾戲弄也。一曰嬥也。嬲，二徐未見。

20. 相揩：《說文》：從手皆聲也。（卷十二）甄揩：《說文》云揩，摩也，拭也。從手皆聲。（卷六十二）（卷三十三）（卷五十三）（卷六十九）
按，揩，二徐未見。

21. 犁耬：《說文》從耒婁聲。（卷十五）
按，耬，二徐未見。

22. 鞴囊：《說文》：吹火具也。或從韋作鞴，亦作囊。（卷十五）
　　按，鞴，二徐未見。

23. 符坯：《說文》從瓦土聲。（卷十五）坯底：《說文》云似罃，長頸，受十
　　升。從瓦土聲。（卷六十二）
　　按，坯，二徐未見。

24. 抖藪：《說文》：上舉振之也。從手斗聲。（卷十七）
　　按，抖，二徐未見。

25. 蝡動：《莊子》：蝡蝡，蟲動也。《說文》亦同。《莊子》從虫耎聲。（卷
　　十七）蝡動：《說文》：蝡，亦動也。從虫耎聲。（卷三十三）
　　按，蝡，二徐未見。

26. 欺勊：《說文》作夌，夌，越也。從夊灻聲。灻，古文六字也。（卷十八）
　　勊踦：《說文》從力夌聲。（卷八十五）
　　按，勊，二徐未見。

27. 鷰麥：《說文》從鳥燕聲也。（卷十八）
　　按，鷰，二徐未見。

28. 蓖麻油：《說文》：蓖，留豆也。（卷十九）
　　按，蓖，二徐未見。

29. 熠妻：《說文》從火暜聲。（卷十九）餘熠：《說文》從火暜聲。（卷九十
　　七）
　　按，熠，二徐未見。

30. 酵煗：《說文》云：濁酒也。（卷二十六）
　　按，酵，二徐未見。

31. 羂索：《說文》网也，從网絹聲。（卷二十六）
　　按，羂，二徐未見。

32. 十方刹：《說文》作剢漬，略爲刹（卷二十七）
　　按，刹，二徐作柱也，慧琳所引二徐未見。待考。

33. 衣褉：《說文》：宗廟奏戒衣。從衣戒聲。（卷二十七）著褉：《說文》衣
　　領。從衣戒聲也。（卷三十二）衣褉：《說文》從衣戒聲也。（卷七十八）

按，褙，二徐未見。

34. 櫨掣：《說文》：齒不正。（卷二十七）
按，櫨、掣，二徐均不訓「齒不正」，此條待考。

35. 擒去：《說文》：擒，獲也。從手禽聲。（卷二十九）
按，擒，二徐未見。

36. 繽紛：《說文》：繁眾也。二字並皆從糸，賓分聲。（卷三十二）（卷四十二）
按，繽，二徐未見。

37. 有蟒：《說文》從虫莽聲。（卷三十二）（卷四十一）（卷五十七）
按，蟒，二徐未見。

38. 愜陀羅尼：《說文》：愜，快也，從心匧聲。（卷三十二）（卷七十三）（卷八十三）
按，愜，二徐未見。

39. 喎斜：《說文》從口咼聲也。（卷三十三）
按，喎，二徐未見。

40. 殞墜：《說文》從歹員聲。（卷三十三）（卷四十五）
按，殞，二徐未見。

41. 癱跛：《說文》從疒彎聲。（卷三十三）（卷五十四）
按，癱，二徐未見。

42. 有矗：《說文》：從壴桑聲。（卷三十三）
按，矗，二徐未見。

43. 螢火：《說文》從虫從熒省聲也。（卷三十三）
按，螢，二徐未見。

44. 指抓：《說文》：抓，刮也。從手爪聲也。（卷三十四）
按，抓，二徐未見。

45. 懊悔：《說文》從心奧聲。《說文》從心每聲也。（卷三十四）
按，懊，二徐未見。

46. 晡時：《說文》：從日甫聲也。（卷三十四）（卷四十五）
按，晡，二徐未見。

47. 急憋：《說文》云憋，惡也。（卷三十四）憋惡：《說文》從心敝聲。（卷五十四）
按，憋，二徐未見。

48. 麵飯：《說文》：從麥酋聲。（卷三十四）
按，麵，二徐未見。

49. 戰慄：《說文》：從心栗聲也。（卷三十四）（卷四十一）（卷八十四）
按，慄，二徐未見。

50. 痿瘁：《說文》從广卒聲。（卷三十四）（卷四十二）
按，瘁，二徐未見。

51. 皴去：《說文》從皮兗聲也。（卷三十四）
按，皴，二徐未見。

52. 甎土：《說文》：甄甎也。從瓦專聲也。（卷五十三）（卷三十四）（卷八十三）
按，甎，二徐未見。

53. 或鑞：《說文》：青金也。形聲字。（卷三十五）
按，鑞，二徐未見。

54. 敤崇：《說文》：恕也，正作敤，經作敦，俗字也（卷三十六）
按，敦，二徐作怒也。慧琳所引「恕」當作「怒」，形近而訛。

55. 摜於：《說文》云慣，習也。從手貫聲也。（卷三十六）
按，摜，二徐作習也。從手貫聲。慧琳所引「慣」當作「摜」，形近而訛。

56. 合捥：《說文》：從手從宛聲。（卷三十九）（卷八十）
按，捥，二徐未見。

57. 鎔火：《說文》云從金隊聲。（卷四十）
按，鎔，二徐未見。

58. 迴澓：《說文》：大小迴流而旋曰澓。從水復聲。（卷七十九）（卷四十一）

按，潊，二徐未見。

59. 影透：《說文》正體作趢。（卷四十一）

按，趢，二徐未見。

60. 孤惸：《說文》正作𢥧，從平從營省。（卷四十一）

按，二徐未見。

61. 在鏉：《說文》從金敖聲。（卷四十一）

按，鏉，二徐未見。

62. 汎漲：《說文》從水張聲也。（卷四十一）（卷八十四）

按，漲，二徐未見。

63. 廝下：《說文》從广斯聲。（卷四十一）（卷九十七）

按，二徐未見。

64. 賙給：《說文》從貝周聲。（卷四十一）

按，賙，二徐未見。

65. 憾恨：《說文》從心感聲。（卷四十一）

按，憾，二徐未見。

66. 庵屋：《說文》從广奄聲。（卷四十五）

按，庵，二徐未見。

67. 張攡：《說文》從手離聲。（卷四十五）

按，攡，二徐未見。

68. 瓆琦：《說文》從玉奇聲也。（卷四十五）

按，琦，二徐未見。

69. 皸忽：《說文》電皃也。（卷四十七）

按，皸、忽，二徐皆不訓「電皃」，蓋另有所本。

70. 靜薛：《說文》：薛字從艸從巾從𠂤從辛作薛。（卷十一）

按，薛，二徐未見。

71. 蒏摩：《說文》：從艸芻聲。（卷十九）

按，蒏，二徐未見。

72. 葦荻：《說文》並從草，狄皆聲。（卷三十一）
    按，荻，二徐未見。

73. 脝脹：《說文》從肉夆聲。（卷三十一）
    按，脝，二徐未見。

74. 藕膠：《說文》從黍离聲。（卷三十一）
    按，藕，二徐未見。

75. 瓊萼：《說文》從吅從屮從草。（卷三十九）
    按，萼，二徐未見。

76. 誼靜：《說文》：驚呼也。從言宣聲。（卷五十一）（卷四十五）（卷七十
    五）
    按，誼，二徐未見。

77. 鍮石：《說文》從金俞聲也。（卷四十七）鍮石：《說文》從金從偷省聲也。
    （卷八十）
    按，鍮，二徐未見。

78. 栖託：《說文》從木西聲。（卷四十七）
    按，栖，二徐未見。

79. 串習：《說文》：串，猶習也。（卷五十）
    按，串，二徐未見。

80. 皠粲：《說文》從白崔聲。（卷五十一）
    按，皠，二徐未見。

81. 所蜇：《說文》從虫旦聲。（卷五十一）
    按，蜇，二徐未見。

82. 觀矚：《說文》：視也，從目屬聲也。（卷五十三）（卷八十八）
    按，矚，二徐未見。

83. 麥麩：《說文》從麥弋聲。（卷五十三）
    按，麩，二徐未見。

84. 莅於：《說文》從艸位聲。（卷五十四）（卷九十二）（卷九十八）
    按，莅，二徐未見。

85. 迺如是：《說文》：從西從乚（卷五十四）迺下：《說文》從古乃西聲也。（卷七十七）迺眷：顧野王云往也。《說文》從西乚聲。（卷八十七）（卷九十）

按，迺，二徐未見。

86. 暐曄：《說文》：盛明也。（卷五十四）斐暐：《說文》云暐，盛明兒也。從日韋聲是也。（卷九十六）

按，暐，二徐未見。

87. 謵諰：《說文》從言咨聲。（卷五十四）

按，謵，二徐未見。

88. 瘭疽：《說文》從疒票聲。（卷五十五）

按，瘭，二徐未見。

89. 中這：《說文》：從辵言聲也。（卷五十七）（卷七十六）意這生：《說文》：春秋這公于野井，是也。從言辵。（卷七十五）

按，這，二徐未見。

90. 蜣蜋：《說文》並從虫，羌皆聲。（卷五十七）（卷八十四）

按，蜣，二徐未見。

91. 桮稍：《說文》：從木作（從）桮省聲也。（卷六十）

按，桮，二徐未見。

92. 枴行：《說文》並從丬，象形。（卷六十）

按，枴，二徐未見。

93. 衣櫃：《說文》：櫃，匣也。形聲字。（卷六十一）

按，櫃，二徐未見。

94. 竹籤：《說文》云銳也，貫也。從竹籤聲。（卷六十二）（卷六十三）

按，籤，二徐未見。

95. 流漣：《說文》亦漣，滑跌過也，從水達聲。（卷六十三）

按，漣，二徐未見。

96. 踡脚：《說文》：踡，謂行脊曲也，從足卷聲。（卷六十三）（卷九十）

按，踡，二徐未見。

97. 白氎：《說文》從毛疊聲。（卷六十四）
按，氎，二徐未見。

98. 禰禱：《說文》從示從厭。（卷六十四）
按，禰，二徐未見。

99. 瞳子：《說文》從目童聲。（卷六十八）（卷九十五）
按，瞳，二徐未見。

100. 唪食：《說文》：銜也。從口妄聲。（卷六十九）（卷七十九）
按，唪，二徐未見。

101. 頡尾：《說文》：圓器也。（卷七十）
按，頡，二徐未見。

102. 波吒釐：《說文》：是一花樹名。（卷七十一）
按，二徐未見。

103. 能袪：《說文》從衣去聲也。（卷七十二）（卷九十二）
按，袪，二徐未見。

104. 樺木：《說文》云樺，木也。從木華聲。（卷七十二）
按，樺，二徐未見。

105. 蚰蜒：《說文》：蚰蜒亦曰蠼蜒也，並從虫，由延皆聲。（卷七十二）
按，蚰，二徐未見。

106. 捔勝：《說文》云捔亦敲擊也。從手角聲。（卷七十二）
按，捔，二徐未見。

107. 飇飀：《說文》：從風，猋聲。（卷七十三）
按，飇，二徐未見。

108. 綩綖：《說文》：從糸從延。（卷七十四）
按，綖，二徐未見。

109. 胭肳：《說文》從肉從因。（卷七十四）
按，胭，二徐未見。

110. 揔猥：《說文》：聚束也。從手忽聲。（卷七十四）
　　按，揔，二徐未見。

111. 趚風：《說文》從走彖聲也。（卷七十五）
　　按，趚，二徐未見。

112. 琦瓄：《說文》從王奇聲。（卷七十五）
　　按，琦，二徐未見。

113. 蝖蜚：《說文》從虫宣聲。（卷七十五）
　　按，蝖，二徐未見。

114. 擎隥：《說文》從手敬聲。（卷七十六）
　　按，擎，二徐未見。

115. 悲悗：《說文》從心宛聲。（卷七十六）（卷八十一）（卷九十一）
　　按，悗，二徐未見。

116. 濺石：《說文》：相污灑也。從水賤聲。（卷七十六）
　　按，濺，二徐未見。

117. 炤灼：《說文》並從火，召、勺皆聲。（卷七十七）
　　按，炤，二徐未見。

118. 自敧：《說文》：敧，側也。從支奇聲。（卷九十）（卷七十七）
　　按，敧，二徐未見。

119. 磐石：《說文》從石般聲也。（卷七十七）（卷九十八）
　　按，磐，二徐未見。

120. 滬瀆口：《說文》從水扈聲。（卷七十七）
　　按，滬，二徐未見。

121. 衣裓：《說文》從衣戒聲也。（卷七十八）
　　按，裓，二徐未見。

122. 曒然：《說文》：從日敫聲。（卷七十九）（卷八十三）
　　按，曒，二徐未見。

123. 負捷：《說文》：正體從手連聲。（卷七十九）
按，捷，二徐未見。

124. 宗轄：《說文》從舛，兩相背，從鬲省。（卷八十）
按，二徐未見。

125. 燉煌：《說文》：燉煌二字皆從火，敦皇亦聲。（卷八十）
按，燉，二徐未見。

126. 悢悢：《說文》從心良聲。（卷八十一）
按，悢，二徐未見。

127. 憂惘：《說文》：象形。（卷八十三）
按，惘，二徐未見。憂，為形聲字。

128. 狷纛：《說文》從縣毒聲。（卷八十三）
按，纛，二徐未見。

129. 巖巘：《說文》從山獻聲。（卷八十三）
按，巘，二徐未見。

130. 巨觳：《說文》從卵殼聲。（卷八十三）胎觳：《說文》卵已孚也。從卵殼
聲也。（卷一百）
按，觳，二徐未見。

131. 巉嶮：《說文》：從山毚聲。（卷八十三）
按，巉，二徐未見。

132. 駐蹕：《說文》從足畢聲。（卷八十三）（卷八十八）（卷九十三）
按，蹕，二徐未見。

133. 駑駘：《說文》並從馬，奴台聲。（卷八十三）（卷九十八）
按，駑，二徐未見。

134. 偓齪：《說文》從人屋聲。《說文》齪，從足從齒聲也。（卷八十三）（卷
九十二）
按，齪，二徐未見。

135. 蓽門：《說文》從艸畢聲。（卷八十三）蓽門：《說文》從竹畢。（卷九十
二）

按，輂，二徐未見。

136. 嗫嗫：《說文》從口枼聲也。（卷八十四）
按，嗫，二徐未見。

137. 近壏：《說文》從鑒省聲。（卷八十四）
按，壏，二徐未見。

138. 葶艾：《說文》二字並從草，亭並聲也。（卷八十四）
按，葶，二徐未見。

139. 註誤：《說文》從心作忤，誤也。（卷八十四）
按，忤，二徐未見。

140. 桑椹：《說文》從木從甚聲。（卷八十四）
按，椹，二徐未見。

141. 旒冕：《說文》從於（扸）㐬聲。（卷八十四）（卷八十八）
按，旒，二徐未見。

142. 戰慄：《說文》從心栗聲。（卷八十四）
按，慄，二徐未見。

143. 獥：《說文》從犬巢聲。（卷八十四）
按，獥，二徐未見。

144. 哇聲：《說文》或從欠作欬。（卷八十五）
按，欬，二徐未見。

145. 鏘鏘：《說文》：馨聲也。形聲字。（卷八十五）
按，鏘，二徐未見。

146. 韞異：《說文》從韋。轉注字也。（卷八十五）
按，韞，二徐未見。

147. 碪鎚：《說文》從金追聲。（卷八十五）
按，鎚，二徐未見。

148. 汨灑：《說文》從水羅聲。（卷八十八）
按，灑，二徐未見。

149. 熇爐：二字並從火，育皆聲。（卷八十八）
按，熇，二徐未見。

150. 曖而：《說文》從日愛聲。（卷八十八）（卷九十五）
按，曖，二徐未見。

151. 姱節：《說文》從女夸聲。（卷八十八）
按，姱，二徐未見。

152. 秋蟒：《說文》從生莽聲。（卷八十八）
按，蟒，二徐未見。

153. 懂然：《說文》從心畫聲。（卷八十八）（卷九十八）
按，懂，二徐未見。

154. 濠上：《說文》從水豪聲。（卷八十八）（卷九十七）
按，濠，二徐未見。

155. 萬藾：《說文》從草頼聲。（卷八十八）
按，藾，二徐未見。

156. 莘莘：《說文》從草辛聲。（卷八十八）
按，莘，二徐未見。

157. 膚膝：《說文》從肉奏聲。（卷八十八）
按，膝，二徐未見。

158. 聳峙：《說文》從止寺聲。（卷八十九）鼎峙：《說文》從山寺聲。（卷九十七）
按，峙，二徐未見。

159. 開墢：《說文》考聲從土作墢。（卷八十九）
按，墢，二徐未見。

160. 聲頼：《說文》發言聲也。形聲字。語辭也。（卷九十）
按，聲，二徐未見。

161. 懍然：《說文》從心從稟聲。（卷九十二）（卷九十九）
按，懍，二徐未見。

162. 皭法師：《說文》：青白色。從爵從白。（卷九十三）
　　　按，皭，二徐未見。

163. 摺山离：《說文》云亦敗也。從手習聲。《說文》离，亦猛獸也。從禽頭從內屮聲。（卷九十三）
　　　按，离，二徐未見。

164. 高掞：《說文》從手炎聲也。（卷九十四）
　　　按，掞，二徐未見。

165. 及殄：《說文》從歹冬聲也。（卷九十四）
　　　按，殄，二徐未見。

166. 鄜州：《說文》從邑麁聲。（卷九十四）
　　　按，二徐未見。

167. 冈上：《說文》作冈，象交文也。（卷九十四）
　　　按，冈，二徐未見。

168. 又烙：《說文》亦從刀作刐。（卷九十四）
　　　按，刐，二徐未見。

169. 旃旗：《說文》二字并從於，令亦聲。（卷九十五）
　　　按，旃，二徐未見。

170. 偎人：《說文》從人畏聲也。（卷九十五）（卷九十七）
　　　按，偎，二徐未見。

171. 而慽乎：《說文》從心戌聲。（卷九十五）
　　　按，慽，二徐未見。

172. 遺慽：《說文》不安兒也，從心咸聲也。（卷九十六）
　　　按，慽，二徐未見。

173. 蕩花：《說文》從艸碭聲。（卷九十六）
　　　按，蕩，二徐未見。

174. 婼僈：《說文》從人曼聲。（卷九十六）
　　　按，僈，二徐未見。

175. 犎牛：《說文》從牛封聲。（卷九十六）
按，犎，二徐未見。

176. 湞泴：《說文》從水幸聲。（卷九十七）
按，泴，二徐未見。

177. 妻孥：《說文》從子奴聲。（卷九十七）
按，孥，二徐未見。

178. 蕞爾：《說文》：蕞爾，小國皃也，從草最聲。（卷九十七）蕞爾：《說文》：蕝，小皃也。從草取聲。（卷九十九）
按，蕞，二徐未見。

179. 剛愎：《說文》從心复聲。（卷九十七）
按，愎，二徐未見。

180. 賭貯：《說文》從貝居聲。（卷九十七）
按，賭，二徐未見。

181. 孟娵：《說文》從女取聲。（卷九十八）
按，娵，二徐未見。

182. 理擄：《說文》從手慮聲。（卷九十八）
按，擄，二徐未見。

183. 麗晞：《說文》從日弗聲也。（卷九十八）
按，晞，二徐未見。

184. 一簣：《說文》從竹貴聲。（卷九十八）
按，簣，二徐未見。

185. 慺慺：《說文》云慺謂謹敬皃也。從心婁聲。（卷九十八）
按，慺，二徐未見。

186. 就趔：《說文》從走列聲也。（卷九十八）
按，趔，二徐未見。

187. 緣跗：《說文》從足付聲。（卷九十八）
按，跗，二徐未見。

188. 跕屟：《說文》從足占聲。（卷九十九）

按，跕，二徐未見。

189. 蕭飈：《說文》從風必聲也。（卷九十九）

按，飈，二徐未見。

190. 撲掅：《說文》並從手，帝皆聲。（卷九十九）

按，掅，二徐未見。

191. 馪起：《說文》從香孛聲。（卷九十九）

按，馪，二徐未見。

192. 榛苀：《說文》亦草密也。從草仍聲。（卷九十九）

按，苀，二徐未見。

193. 玞石：《說文》從玉夫聲。（卷九十九）

按，玞，二徐未見。

194. 瞪對：《說文》從目登聲。（卷九十九）

按，瞪，二徐未見。

195. 剗貪：《說文》從刀戔聲。（卷九十九）

按，剗，二徐未見。

196. 硱磳：《說文》從石困曾皆聲。（卷九十九）

按，此二字二徐未見。

197. 磈硊：《說文》並從石，鬼危皆聲。（卷九十九）

按，此二字二徐未見。

198. 鷗香：《說文》鷗，水鴞也。一名鷖，從鳥區聲。（卷九十九）

按，鷗，二徐未見。

199. 鸊鷉：《說文》並從鳥，辟虒皆聲。（卷九十九）

按，此二字二徐未見。

200. 香馝：《說文》從香必聲也。（卷九十九）

按，馝，二徐未見。

201. 騤順：《說文》從馬束聲也。（卷九十九）
按，騤，二徐未見。

202. 蘭茝：《說文》：楚謂之蘺，晉謂之虈。（卷九十八）
按，茝，虈也。蘭，香草也。慧琳所引，二徐未見。

203. 倏忽：《說文》：青黑繒也。（卷八十）
按，倏，二徐作走也，忽，二徐作忘也，慧琳所引釋義，二徐未見。

204. 澄澄：《說文》：小水也。（卷八十）
按，澄，二徐作清也。慧琳所引釋義或另有所本。澄，二徐未見。

205. 霹靂：《說文》並從雨，辟歷皆聲。（卷七十七）
按，二徐皆未見。

206. 枘樹：《說文》：枘，斫桑也。從刀木，木亦聲。（卷九十七）
按，枘，二徐未見。

207. 恭恪：《說文》作愙，亦同。（卷十二）
按，愙，二徐未見。

208. 肇生：《說文》：始開也。（卷八十三）
按，肇，二徐未見。

209. 戎貊：《說文》從豸百聲。（卷九十七）
按，貊，二徐未見。

210. 擺挾：《說文》從手突聲。突，從穴從犬。（卷六十九）
按，挾，二徐未見。

211. 刉試：《說文》從刀從魚肉省。（卷七十六）
按，刉，二徐未見。

212. 病愈：《說文》：愈字從舟從巜，會意字也。（卷六）
按，愈，二徐未見。

五、慧琳有脫文

1. 隻千古：《說文》：一枚也。（卷一）
   按，二徐作隻，鳥一枚也。慧琳所引蓋脫「鳥」字。

2. 崇闡：《說文》：高也。從山宗聲也。《說文》：從門單聲也。（卷一）（卷五十一）（卷八十）
   按，今大徐作嵩高也。慧琳所引蓋脫「嵩」字。

3. 旡（无）累：《說文》：虛无也。（卷三）
   按，无，二徐作奇字，無通於无者，虛無道也。慧琳所引脫「道」字。

4. 紅碧：《說文》：帛赤白色也。《說文》：石之美者。從王從石白聲也。（卷三）
   按，碧，二徐作石之青美者。《說文古本考》認為「青」字不可少。慧琳卷三有脫文。

5. 軌範：《說文》：車轍也。《說文》：軷也，從車從笵省聲也。（卷四）
   按，範，二徐作範軷也，慧琳所引脫「範」字。

6. 碧綠：《說文》：石之美者也。故從玉從石白聲也。《說文》：帛青色。（卷五）
   按，碧，二徐作石之青美者。從玉石白聲。慧琳所引脫文。綠，二徐作帛青黃色。慧琳所引有脫文。

7. 溉灌：《說文》：溉亦灌也。（卷五）
   按，溉，二徐作一曰灌注也。慧琳所引脫「注」字。

8. 統攝：《說文》：持也。從手聶聲也。（卷二）
   按，二徐作引持也。慧琳所引蓋脫「引」字。

9. 顧忞：《說文》正體作吝。吝，恨也。從口文聲也。（卷七）
   按，吝，二徐作恨惜也。慧琳所引脫「惜」字。

10. 標式：《說文》：木也。從木票聲也。（卷十二）
    按，標，二徐作木杪末也。慧琳所引蓋脫「杪末」。

11. 涯際：《說文》作厓。山邊也。《說文》：會也。（卷十二）
　　按，際，二徐作壁會也。《說文段注》認為乃兩牆相合之縫也。慧琳所引
　　　或脫「壁」字。

12. 塵埃：《說文》：行揚土也。從麤從土。本作𪋭，古字也。從麤從土。《說
　　文》亦塵也。從土矣聲也。（卷十五）
　　按，𪋭，二徐作鹿行揚土也。從麤從土。慧琳所引或脫「鹿」字。

13. 沉輪：《說文》：濁也。（卷十八）
　　按，沉，二徐作濁黕也。黕，二徐作滓垢也。慧琳所引或脫字。

14. 靜謐：《說文》云謐，靜也。從言監聲。（卷九十四）（卷三十）（卷八十
　　三）
　　按，謐，二徐作靜語也，從言監聲。慧琳所引脫「語」字。

15. 蘆葦町：《說文》田處曰町也。從田丁聲也。（卷三十二）
　　按，町，二徐作田踐處曰町。從田丁聲。慧琳所引蓋脫「踐」字。

16. 迸石：《說文》：迸，散也。從辵并聲也。（卷三十三）
　　按，迸，二徐作散走也。從辵并聲。慧琳所引脫「走」字。

17. 齗腭：《說文》：齒肉也。從齒斤聲也。（卷三十五）（卷三十九）（卷六
　　十三）（卷八十一）
　　按，齗，二徐作齒本也，從齒斤聲。《說文古本考》認為古本當作「齒
　　　本肉也」。《說文段注》亦作「齒本肉也」。慧琳所引蓋脫「本」
　　　字。

18. 謿誂：《說文》：相呼也。從言兆聲。（卷三十五）
　　按，誂，二徐作相呼誘也。從言兆聲。慧琳所引脫「誘」字。

19. 渚島：《說文》云海中有山可依止曰島。從山鳥聲。（卷三十六）
　　按，島，二徐作海中往往有山可依止曰島，從山鳥聲。慧琳卷三十六所
　　　引脫「往往」二字。

20. 𦜏肬：《說文》：亦𦜏也。從肉乙聲。（卷三十七）
　　按，肬，二徐作𦜏骨也。慧琳所引脫「骨」字。

21. 繼嗣：《說文》：侯嗣國也。從口從冊司聲。或作孠，古字也。（卷六十九）（卷三十七）（卷四十五）（卷七十五）

　　按，嗣，二徐作諸侯嗣國也。從冊從口司聲。慧琳所引脫「諸」字。

22. 嘮誚：《說文》：嬈也。從言肖聲。（卷四十）（卷六十八）（卷八十）（卷八十四）（卷八十八）（卷九十五）

　　按，誚，二徐作譙，嬈譊也。從言肖聲。古文或從肖。慧琳蓋脫「譊」字。

23. 溷殽：《說文》云水豐流貌。《說文》云殽，相錯也。從殳肴聲。（卷四十九）（卷九十五）

　　按，溷，二徐作水濁皃。慧琳所引乃意引。殽，二徐作相雜錯也。慧琳所引脫「雜」字。

24. 啖圂蟲：《說文》啖亦噍也。從口炎聲。（卷五十七）（卷五十四）（卷六十七）

　　按，啖，二徐作噍啖也。慧琳所引有脫文。

25. 臭胜：《說文》犬膏也，從肉生聲。（卷五十五）（卷六十四）

　　按，胜，二徐作犬膏臭也。從肉生聲。慧琳所引脫「臭」字。

26. 几上：《說文》：几，踞也。象形字也。（卷五十七）（卷六十四）（卷六十五）（卷六十六）（卷九十）

　　按，几，二徐作踞几也。慧琳所引蓋脫「几」字。

27. 燌燌：《說文》：燌，燒也。（卷五十七）

　　按，燌，二徐作焚，燒田也。慧琳據俗體釋義，且有脫文。

28. 殯斂：《說文》：死在棺，將遷葬賓遇之也，從歺賓亦聲。（卷七十七）（卷五十七）（卷九十一）

　　按，殯，二徐作死在棺，將遷葬柩，賓遇之。從歺從賓，賓亦聲。慧琳所引脫「柩」字。

29. 畦稻：《說文》亦云五十畝爲畦也，從田圭聲。（卷八十三）（卷八十一）（卷七十七）（卷七十二）（卷六十）（卷六十一）（卷六十八）

　　按，畦，二徐作田五十畝曰畦。從田圭聲。慧琳所引脫「田」字。

30. 譏誚：《說文》：嬈也。從言焦聲。（卷六十一）（卷八十九）

按，譙，二徐作嬈譊也，從言焦聲。慧琳所引有脫文。

31. 小鱓：《說文》：鱓，魚。皮可以為鼓。從魚單聲。（卷六十一）（卷六十二）（卷八十六）（卷九十九）

按，鱓，二徐作魚名，皮可以為鼓。從魚單聲。慧琳卷六十一所引脫「名」字。

32. 樱難：《說文》云山榆，有刺莢者。從木更聲。（卷九十二）（卷六十二）（卷八十三）

按，樱，二徐作山枌榆，有束莢，可為蕪荑者。從木更聲。慧琳所引脫「枌」字。

33. 磽确：《說文》磽确，亦磬也。並從石，堯角皆聲也。（卷七十二）（卷六十二）（卷八十二）

按，磽，大徐作磬石也。從石堯聲。小徐作磬石也。與慧琳所引略同。蓋慧琳脫「石」字。

34. 屎尾：《說文》：小便也。從尾從水。（卷六十八）

按，尾，二徐作人小便也。慧琳所引脫「人」字。

35. 屎尿：《說文》云小便也。（卷七十五）

按，尿，二徐作人小便也，慧琳脫「人」字。

36. 頰頷：《說文》：頭頡也。從頁出聲也。（卷七十五）

按，頷，二徐作頭頡頷也。慧琳所引脫「頷」字。

37. 如澄瀞水：《說文》無垢也。從水靜聲。（卷七十六）

按，瀞，二徐作無垢薉也。慧琳脫「薉」字。

38. 撣指：《說文》：撣，持也，從手單聲也。（卷七十六）

按，撣，二徐作提持也。慧琳所引蓋脫「提」字。

39. 輣軻：《說文》從車咸聲也。《說文》：接軸也。從車可聲。（卷七十六）

按，軻，二徐作接軸車也。慧琳所引蓋脫「車」字。輣，二徐未見。

40. 訓馴：《說文》：順也。從馬川聲。（卷七十六）（卷八十八）

按，馴，二徐作馬順也，慧琳所引蓋脫「馬」字。

41. 聳搏：《說文》從耳從聲。（卷七十九）（卷八十八）（卷八十九）（卷九十一）

    按，聳，二徐作從耳從省聲，慧琳所引脫「省」字。

42. 洪濤：《說文》：水也。從水共聲。（卷八十三）（卷七十九）

    按，洪，二徐作洚水也，慧琳所引脫「洚」字。

43. 螟蟘：《說文》又云食穀葉者。從虫冥聲。（卷八十）（卷八十一）（卷九十五）

    按，螟，二徐作蟲食穀葉者。慧琳乃脫「蟲」字。

44. 褊衣：《說文》：小也。從衣扁聲。（卷九十四）（卷九十）（卷八十二）（卷八十）（卷八十七）（卷八十九）（卷九十一）（卷九十七）

    按，褊，二徐作衣小也，《說文古本考》認為古本作小衣，慧琳所引脫「衣」字。

45. 轒轀：《說文》云淮揚名車穹隆。從車從賁聲。（卷九十四）（卷八十三）

    按，轒，二徐作淮陽名車穹隆轒。慧琳所引蓋有脫文。

46. 絳色：《說文》絳亦赤也。從糸夆聲。（卷八十三）

    按，絳，二徐作大赤也。慧琳卷八十三所引脫「大」字。

47. 墠周：《說文》：墠，野也。從土單聲。（卷八十三）（卷九十六）（卷九十八）

    按，墠，二徐作野土也。慧琳所引蓋脫「土」字。

48. 陟屺：《說文》無草木曰屺。從山己聲。（卷八十三）

    按，屺，二徐作山無草木也。慧琳所引脫「山」字。

49. 豐碣：《說文》：特立石也。從石曷聲。（卷八十三）

    按，碣，二徐作特立之石，東海有碣石山。慧琳所引蓋脫「之」字。

50. 辛羴：《說文》云臭也。正從三羊。（卷八十四）

    按，羴，二徐作羊臭也。從三羊。慧琳所引蓋脫「羊」字。

51. 河湍：《說文》：湍，亦瀨也。從水耑聲。（卷八十五）

    按，湍，二徐作疾瀨也。慧琳所引脫「疾」字。

52. 甌甌：《說文》：甌，似瓵，大口而卑。（卷八十五）
按，甌，二徐作似小瓵，慧琳卷八十五所引脫「小」字。

53. 繡桷：《說文》云桷，枅上標也。從木而聲。（卷八十五）
按，桷，二徐作屋枅上標。慧琳所引蓋脫「屋」字。

54. 爐火：《說文》火被也，從火爵聲。（卷八十六）
按，爐，二徐作苣火被也。慧琳所引脫「苣」字。

55. 檐簦：《說文》：簦，蓋也，從竹登聲。（卷九十八）（卷八十六）
按，簦，二徐作笠蓋也。慧琳所引蓋脫「笠」字。

56. 父鍛：《說文》：鍛，遠也。從古叚聲。（卷八十九）
按，鍛，二徐作大遠也。慧琳所引脫「大」字。

57. 脫躧：《說文》躧，履也，從足麗聲也。（卷九十二）（卷八十九）（卷九十八）
按，躧，二徐作舞履也。慧琳所引脫「舞」字。

58. 氛禖：《說文》云禖，氣感祥也。從示侵省聲也。（卷九十四）
按，禖，二徐作精氣感祥。慧琳所引脫「精」字。

59. 奄曖：《說文》：覆也。大有餘。一曰久也。從大從电展。（卷九十五）
按，奄，二徐作覆也，大有餘也。又，欠也。從大從申。申，展也。慧琳所引脫「也」字，电，當作申，異體。

60. 三杒：《說文》云杒，木理也。從木力聲。（卷九十六）
按，杒，二徐作木之理也。從木力聲。慧琳所引蓋脫「之」字。

61. 退延：《說文》：行也。從辵正聲。（卷九十六）
按，延，二徐作正行也。慧琳所引脫「正」字。

62. 轞車：《說文》從車監聲。《說文》：櫳。圈也。（卷九十七）
按，轞，二徐作櫳也，從木監聲，一曰圈。慧琳乃據俗體為說。「櫳」後脫「也」字。

63. 爒火：《說文》：即苣火也。從火蟉聲。（卷九十七）
按，爒，二徐作苣火被也。慧琳乃脫「被」字。

64. 臠膽：《說文》：臠亦臠也。（卷九十七）
　　　按，臠，二徐作大臠也。臠，二徐作朧也。一曰切肉也。慧琳所引當為
　　　「臠」字，所引釋義脫「大」字。

65. 道嘔：《說文》：謳，歌也。（卷九十八）
　　　按，謳，二徐作齊歌也。慧琳所引蓋脫「齊」字。

66. 抵玉：《說文》：擊也。從手氐聲。（卷九十八）
　　　按，抵，二徐作側擊也。慧琳所引蓋脫「側」字。

67. 阽危：《說文》亦危也。從𨸏占聲。（卷九十八）
　　　按，阽，二徐作壁危也。慧琳所引蓋脫「壁」字。

68. 婓婓：《說文》：往婓婓也，從女非聲。（卷九十八）
　　　按，婓，二徐作往來婓婓也。慧琳所引蓋脫「來」字。

69. 能瘉：《說文》瘉，病也。（卷九十九）
　　　按，瘉，二徐作病瘳也。慧琳乃脫「瘳」字。

70. 渣沱：《說文》：渣，溢也。從水沓亦聲。（卷九十九）
　　　按，渣，二徐作涫溢也。慧琳所引蓋脫「涫」字。

71. 階梯：《說文》：階也。從𨸏皆聲。賈注《國語》云梯，階也。《說文》訓
　　　同賈逵，形聲字。（卷一百）
　　　按，階，二徐作陛也。從𨸏皆聲。梯，二徐作木階也。從木弟聲。慧琳
　　　　　所引乃脫「木」字。

72. 姚墟：《說文》云舜居姚墟，因以爲姓。並左右形聲字也。（卷八十五）
　　　按，姚，二徐作虞舜居姚虛，因以為姓。從女兆聲。慧琳脫「虞」字，
　　　　　虛、墟，古今字。

73. 骸枢：《說文》從匚久聲。（卷八十九）
　　　按，枢，二徐作從匚木，久聲。慧琳脫「木」字。

74. 巫覡：《說文》能齊肅事神也，在男曰覡，在女曰巫，從巫見聲。（卷九
　　　十七）
　　　按，覡，二徐作能齋肅事神明也。在男曰覡，在女曰巫，從巫見。覡，

《段注》在十六部，見，在十四部，慧琳所引構形不確。所引釋義蓋脫「明」字。

75. 菀蔣：《說文》：蔣，苽也。並從草，宛、將皆聲。（卷九十九）
按，蔣，二徐作苽蔣也。慧琳脫「蔣」字。

76. 世語：《說文》：會善言也。從言昏聲。《說文》音胡卦反。（卷十五）
按，語，二徐作合會善言也。大徐音胡快切。《說文古本考》認為古本當作會合善言也。慧琳所引或脫「合」字。

77. 敠敠：《說文》：敠敠，光流皃也。從白從放也。（卷九十九）
按，敠，二徐作光景流也。從白從放。慧琳所引蓋脫「景」字。

78. 盼鮒：《說文》亦魚也，從魚付聲。（卷九十六）
按，鮒，二徐作魚名。慧琳所引脫「名」字。

79. 天璪：《說文》：飾，如水藻也。從玉桌聲。（卷九十六）
按，璪，二徐作玉飾，如水藻之文。慧琳蓋脫「玉」「文」字。

80. 膏肓：《說文》從心上隔也。從月從亡聲。（卷八十七）
按，肓，二徐作心上鬲下也。慧琳蓋脫「下」字。

81. 趍趄：《說文》云不進皃也。趍趄二字並從走，次且皆聲。（卷八十九）（卷八十五）
按，趍，二徐作趍趄，行不進也。慧琳蓋脫「行」字。

82. 販賣：《說文》出物也，從出買聲也。（卷六十五）
按，賣，二徐作出物貨也，從出從買。慧琳所引釋義脫「貨」字。

83. 耘鉏：《說文》云耨斫也，從金從且聲。（卷三十八）
按，鉏，二徐作立薅所用也。從金且聲。《說文古本考》據《廣韻》所引認為古本當作「立薅斫也」。《段注》亦作「立薅斫也」。其說可從。慧琳所引有脫文。

84. 翰墨：《說文》：天雞羽也。從羽倝聲。（卷一）（卷八十三）
按，二徐作「天雞赤羽也」。慧琳蓋脫「赤」字。

六、形近可通

形近可通，分爲異體、構形可通、古今字三方面考察。

（一）異　體

1. 慨深：《說文》：深字從水，從罙（突）省也。〔註3〕（卷一）
   按，深，大徐作從水罙聲。小徐本作從水突聲。突、罙異體。

2. 臍中：《說文》：朡臍也。從肉齊聲也。（卷一）
   按，臍，二徐本作肶齎也。《說文》：肶，牛百葉也。肶或從比。肶、朡異體。

3. 等涌：《說文》從竹從寺。《說文》：縢也。從水甬聲。（卷一）
   按，涌，二徐本作縢也，從水甬聲。縢、滕異體。

4. 鵰鷲：《說文》：鵰，鷻（鵰）也。從鳥彫聲也。〔註4〕（卷二）
   按，鵰，二徐皆作雕。二者異體。

5. 鴻鴈：《說文》：鴈，鵝屬也。（卷四）
   按，鴈，二徐作䳆也。䳆、鵝異體。

6. 淳淨：《說文》：淥，從水臺聲。（卷四）
   按，淳，二徐作淥，從水享聲。淥、淥，異體。

7. 健行：《說文》：健，伉也。從人建聲。（卷四）
   按，健，二徐作伉也。伉、伉異體。

8. 翶翔：《說文》：翶翔，迴飛也。（卷五）
   按，翶，二徐作翶翔也，翔，二徐作回飛也。回、迴異體。

9. 慙恥：《說文》：慚，愧也。從心斬聲也。（卷八）
   按，慚，二徐作媿也，與慧琳所引爲異體。

10. 原隰：《說文》：阪下隰也。從阜㬎聲也。（卷八）
    按，隰，二徐作阪下溼也。溼、隰異體。

〔註3〕獅作突。
〔註4〕獅作鷻，頻作周

11. 縱橫：《說文》作從。《說文》：橫，闌木也。從木黃聲也。（卷十一）
    按，橫，二徐作闌木也。闌、欄異體。

12. 紆鬱：《說文》：屈也。（卷十二）紆屈：《說文》紆亦屈也。從糸亏聲。
    （卷九十七）
    按，紆，二徐作詘也。屈、詘異體。

13. 箭鏃：《說文》：箭，矢也。《說文》：鏑，矢鋒也。鏃，利也。從金族聲
    也。（卷十五）鋒鏑：《說文》矢鋒也，從金商聲。（卷八十九）
    按，鏑，二徐作矢鏠也，鏠、鋒異體。

14. 無垠：《說文》：垠，地圻也。從土艮聲。（卷三十）
    按，垠，二徐作地垠也，一曰岸也。從土艮聲。慧琳所引「圻」乃異
    體。

15. 媿惡：《說文》亦慚也，從心而聲。（卷三十一）（卷四十一）（卷八十一）
    （卷八十三）（卷八十四）（卷九十）（卷九十八）
    按，惡，二徐作慙也。從心而聲。卷三）（十一所引「慚」乃「慙」字異
    體。

16. 胳肩：《說文》：腋下也，從肉各聲也。（卷三十二）
    按，胳，二徐作亦下也。從肉各聲。卷三十二所引「腋」乃「亦」之異
    體。

17. 飄散：《說文》：迴風也。從風票聲。（卷六十九）（卷三十二）（卷七十
    二）
    按，飄，二徐作回風也。慧琳所引「迴」字乃異體。

18. 痿蹷：《說文》：痹也，從广委聲。（卷三十三）（卷三十四）（卷四十二）
    （卷七十七）（卷八十四）（卷九十四）
    按，痿，大徐作痹也，從广委聲。小徐作痹疾。《說文校錄》認為宋本
    及《五音韻譜》痹作痺，是也。《繫傳》《韻會》作痺疾，恐非。
    痹、痺異體。

19. 從燧：《說文》或從金作鐆。（卷三十三）鑽燧：《說文》從火遂聲。（卷
    五十）
    按，鐆，二徐作䥙字。二者異體。

20. 錫鑞：《說文》：錫鈗之間也。從金易聲。（卷三十九）

按，錫，二徐作銀鉛之間也。鈗、鉛異體。

21. 焜煌：《說文》：輝也，從火皇聲。（卷四十五）（卷五十五）（卷九十三）

按，煌，大徐作煌煇也。從火皇聲。小徐作煌煌，輝也。煇、輝異體。

22. 豪穳：《說文》並云糠也。從禾會聲。（卷一百）（卷九十六）（卷五十三）（卷七十七）

按，穳，二徐作穬也，從禾會聲。慧琳卷一百所引「糠」與「穬」異體。

23. 睥睨：《說文》：邪視也。從目，卑兒皆聲也。（卷七十五）（卷七十四）（卷五十三）（卷九十一）

按，睨，二徐作衺視也。從目兒聲。慧琳所引「邪」與「衺」異體。

24. 鶬鶴：《說文》：鶬鴰也，從鳥倉聲。（卷五十四）（卷八十六）

按，鶬，二徐作麋鴰也，從鳥倉聲。慧琳所引「鶬」乃「麋」字異體。

25. 愆咎：《說文》：灾也。古文尚書以為罪咎之字，從人從各。（卷六十）（卷八十二）

按，咎，二徐作災也。從人從各。灾、災異體。

26. 汙損：《說文》：塗也。從水于聲也。（卷六十二）（卷六十三）

按，汙，二徐作涂也，涂、塗異體。

27. 罝兔：《說文》：兔網也，從网且聲。（卷六十二）（卷七十三）

按，罝，二徐作兔网也。网、網異體。

28. 熱饋：《說文》云餐飯也。從食貴聲也。（卷六十三）

按，饋，二徐作滫飯也，餐、滫異體。

29. 韜真：《說文》：劍衣也。從韋舀聲。（卷六十四）（卷八十）（卷八十七）（卷九十五）（卷一百）

按，韜，二徐作劒衣也。劒、劍異體。

30. 胃膽：《說文》：穀腑也。從肉鹵，象形字。（卷六十八）

按，胃，二徐作穀府也。從肉鹵，象形。府、腑，異體。

31. 赤絮：《說文》：弊綿也。從糸如聲也。（卷七十五）

按，絮，二徐作敝緜也，從糸如聲。弊、敝異體。

32. 昭晰：《說文》：昭晰亦明也。從日折聲。（卷八十三）（卷九十六）（卷七十七）
按，晰，二徐作昭晰，明也。從日折聲。晰、晰異體。

33. 丹墀：《說文》：塗地也。《禮》：天子赤墀。從土犀聲。（卷八十一）
按，墀，二徐作涂地也。從土犀聲。涂、塗異體。

34. 赳赳：《說文》：輕勁有才，從走丩聲。（卷八十三）
按，赳，大徐作輕勁有才力也。小徐作輕勁有材力也。慧琳所引蓋脫「力」字，才、材異體。

35. 巾褐：《說文》：麤衣也。從衣曷聲。（卷八十六）（卷九十一）（卷九十九）（卷一百）
按，褐，二徐作麤衣也。麤、粗，異體。

36. 疾瘳：《說文》云病愈也。從广翏聲。（卷八十六）（卷九十）
按，瘳，二徐作病瘉也。瘉、愈異體。

37. 哇歌：《說文》：謅聲也。從口圭聲。（卷八十七）
按，哇，二徐作諂聲也。謅、諂異體。

38. 醋醿：《說文》：醋，王德布，大飲酒已。從酉甫聲。（卷八十七）
按，醋，二徐作王德布，大歔酒也。歔、飲異體。

39. 喟然：《說文》太息也。從口胃聲。（卷八十七）
按，喟，二徐作大息也。從口胃聲。太、大異體。

40. 鏗鍠：《說文》：從車從眞作輶，或作鈞字，皆聲也。《說文》：鍾聲也。（卷八十八）
按，鍠，二徐作鐘聲也。鐘、鍾異體。

41. 猶憭：《說文》：憭，惠也。從心竟聲。（卷九十）
按，憭，二徐作慧也。從心寮聲。惠、慧異體。

42. 安堵：《說文》：垣，五板為堵。從土者聲。（卷九十二）
按，堵，二徐作垣也，五版為一堵。版、板異體。慧琳所引脫「一」字。

43. 宗彝：《說文》云彝，車軸端鍵也。從舛相背，會意字也。（卷九十二）

按，轚，二徐作車軸耑鍵也。兩穿相背，從舛鬲省聲。慧琳所引乃意引。鬲、轚，《段注》皆在十五部。慧琳所引構形不確，當為省聲。端、耑異體。

44. 河涘：《說文》亦水涯也。從水矣聲。（卷九十三）（卷九十八）（卷九十九）
按，涘，二徐作水厓也。慧琳所引涯、厓異體。

45. 合卺：《說文》云䘏，蠡也，從已從丞亦聲也。會意字也。（卷九十四）
按，䘏，二徐作蠡也，從豆烝省聲。慧琳所引構形不確。蠡、蠡異體。

46. 巖隒：《說文》云厓也。從阜兼聲。（卷九十四）
按，隒，二徐作崖也。崖、厓異體。

47. 蜿蟺：《說文》云蟺，蚓蟺也，從虫亶聲。（卷九十五）
按，蟺，二徐作夗蟺也。蚓、夗異體。

48. 播殖：《說文》亦種也。一云布也。從手番聲。（卷九十六）
按，播，二徐作穜也。穜、種異體。

49. 鸑鷟：《廣雅》云鳳屬，神鳥也。《說文》義同。又云周之興也，鳴於歧山。江中有鸑鷟，似鳧而大，赤目。二字並從鳥，獄族皆聲。（卷九十六）
按，鸑，二徐作鸑鷟，鳳屬，神鳥也，從鳥獄聲。《春秋國語》曰周之興也，鸑鷟鳴於岐山。江中有鸑鷟，似鳧而大。赤目。與慧琳所引略同。岐、歧異體。

50. 翱翔：《說文》：迴飛也。（卷三）翱翔：《說文》迴飛也。二字並從羽皋羊皆聲。（卷九十六）（卷一百）
按，翱，二徐作回飛，《說文校錄》認為作迴乃俗字。回、迴異體。

51. 柾生：《說文》：從木王聲。（卷四）
按，柾，二徐作從木㞷聲。王、㞷異體。

52. 稱量：《說文》：稱，詮也。從禾再聲也。（卷七）
按，稱，二徐作銓也。銓、詮異體。

53. 勍敵：《說文》：強也。從力京聲也。（卷十二）（卷四十九）（卷六十九）
    （卷八十）（卷八十四）（卷八十九）（卷九十一）（卷九十三）
    按，勍，二徐作彊也，強、彊異體。

54. 鞍韉：《說文》作韉。（卷十四）
    按，韉，二徐作韉，韉、韉異體。

55. 測量：《說文》正體從童作量。（卷二十九）
    按，量，慧琳所引乃古文量字。量、量異體。

56. 隘陜：《說文》作𨻲。（卷四十一）
    按，𨻲，二徐為篆文。隘、𨻲異體。

57. 傍蟹：《說文》云蟹有二螯，螯，手也。八足旁行，非蛇蟺之穴無所庇者
    也。從虫解聲也。（卷五十三）
    按，蟹，有二敖，八足旁行，非它鮮之穴無所庇。從虫解聲。螯、敖異
        體。蛇、它異體。

58. 安垛：《說文》：堂塾也。從土朵聲。（卷六十二）
    按，垛，大徐作堂𡎐也。小徐與慧琳所引同。塾、𡎐異體。

59. 勁節：《說文》：勁，強也。從力巠聲。（卷八十三）
    按，勁，二徐作彊也，彊、強異體。

60. 數罟：《說文》罟亦罔也，從罔古聲。（卷九十五）
    按，罟，二徐作网也，從网古聲。罔、网異體。

61. 能紹：《說文》：緊糺也。（卷六）
    按，紹，二徐作緊糾也。糺、糾異體。

62. 啄噉：《說文》：鳥食也。從口豖聲也。《說文》作噉，或作啖，並通。（卷
    一）（卷五）
    按，噉，二徐作啗，亦有啖字，二者義近。噉、啗異體。

63. 蚯行：《說文》：蛙也。從虫氏聲。（卷六十九）
    按，蚯，二徐作畫也，畫、蛙異體。

（二）構形可通

1. 玄奘：《說文》：從大壯聲也。（卷一）（卷八十）（卷八十三）（卷九十一）

    按，大徐作奘，從大從壯，壯亦聲。小徐與慧琳所引同。二者皆可通。

2. 水陸：《說文》亦云高平地也。從阜坴聲。（卷二）

    按，陸，二徐作從阜從坴，坴亦聲。二者構形可通。

3. 喪失：《說文》：亡也。從哭，亡聲也。（卷三）

    按，喪，二徐作從哭從亡會意，亡亦聲。與慧琳所引構形可通。

4. 枌爲：《說文》：從扌從片。片，破木也。（卷五）

    按，枌，二徐作析，從木從斤。扌、木構形可通。

5. 欻作：《說文》：有所吹起也。從欠炎炎亦聲也。（卷七）

    按，欻，二徐作從欠炎聲。與慧琳所引略異。

6. 燓灼：《說文》：燒田也。從火棥聲也。《說文》：灸也。從火勺聲也。（卷十一）

    按，燓，二徐作從火棥，棥亦聲。構形可通。

7. 肉團：《說文》：圜也。外從口內專，專亦聲也。（卷十五）

    按，團，二徐作從口專聲，構形可通。

8. 枝柯：《說文》云水別生也。從木支聲也。《說文》：從半竹從又作支。（卷三十七）

    按，支，二徐作從手持半竹。構形可通。

9. 薄蝕：《說文》：從虫從飤。飤亦聲也。（卷四十二）（卷四十三）

    按，蝕，二徐作從虫人食，食亦聲。飤、食、蝕，《段注》皆在一部，慧琳及二徐所引皆可。

10. 木屧：《說文》作屟，云履中薦也。從履省枼聲。（卷四十）

    按，屟，二徐從尸枼聲。二者皆可從。

11. 手擥：《說文》：擥，撮持也。從手覽省聲。（卷五十三）

    按，擥，二徐作從手監聲。覽、擥，《段注》皆在八部。慧琳卷五十三所引構形亦可從。

12. 勞賚：賚，從來貝也，形聲字。（卷五十三）

按，賚，二徐作從貝來聲。構形可通。

13. 嘘唏：《說文》：從口希聲。（卷五十四）（卷七十七）

按，唏，大徐作從口稀省聲。小徐與慧琳所引同。唏、稀，《段注》皆
在十五部。大徐構形亦可從。

14. 整衣：《說文》：齊也。從敕正聲。（卷五十七）

按，整，二徐作從攴從束從正，正亦聲。構形可通。

15. 匿己：《說文》：匿，亡也，從乚從一覆之若聲。（卷七十二）

按，匿，二徐作亡也，從匚若聲。構形可通。

16. 支派：《說文》從半竹從又正也。（卷七十七）

按，支，二徐作從手持半竹。構形可通。

17. 塋域：《說文》：並從土從營省聲。（卷八十二）

按，塋，二徐作從土熒省聲。塋，《段注》在十一部，營，亦在十一部，
慧琳所引構形亦可通。

18. 遲君來：《說文》正遲字也，從牛從尾省聲。（卷八十九）

按，遲，二徐作徐行也，從辵犀聲。犀，二徐作從牛屍聲。犀，《段注》
在十五部，尾，亦在十五部，慧琳所引構形亦可從。

19. 苦澀：《說文》：澀，不滑也。從雨（兩）比（止），上二到下二正。（卷
三十二）（卷四十一）（卷五十）（卷五十四）（卷六十七）（卷七十二）
（卷九十二）

按，澀，二徐作不滑也。從四止。構形可通。

20. 翰墨：《說文》：書墨也。從土黑聲也。（卷一）（卷八十三）

按，墨，二徐作從土從黑黑亦聲。二者構形可通。

（三）古今字

1. 無斁：《說文》云斁，懈也。從攴睪聲。（卷九十二）（卷九十六）

按，斁，二徐作解也，解、懈古今字。

2. 饔飱：《說文》云饔，熟食也，從食雍聲。（卷九十二）（卷九十八）

按，饔，二徐作孰食也。孰、熟古今字。

3. 諱諱：《說文》：告曉之熟也。從言羣聲。（卷九十六）

按，諱，二徐作告曉之孰也。孰、熟古今字。

4. 慆耳：《說文》：悅也。從心舀聲。（卷九十九）

按，慆，二徐作說也，說、悅古今字。

5. 憙吏：《說文》亦云悅也。從心喜聲。（卷三十）（卷六十七）

按，憙，大徐作說也，從心從喜，喜亦聲。小徐作悅也。與慧琳所引同。
《說文段注》認為當作「說」，「悅」乃今字。二者古今字。

6. 偭跡：《說文》：偭，響也。（卷八十九）

按，偭，二徐作鄉也，鄉、響古今字。

7. 輤車：《說文》云輤，藩車下卑輪也。（卷八十一）

按，輤，二徐作輇，蕃車下庳輪也。蕃、藩，卑、庳，古今字。

8. 眼睞：《說文》目傍毛也。從目夾聲也。（卷四十九）（卷五十五）（卷七
十四）（卷七十五）

按，睞，二徐作目旁毛也。「旁」「傍」古今字。

9. 麵淓：《說文》：麥粖也。從麥丏聲。（卷三十八）

按，麵，二徐作麥末也。《段注》作麥屑末也。「屑」字依《類篇》補。
「末」「粖」古今字。

七、慧琳據經文俗體釋形義

慧琳多據《說文》爲當時俗寫釋形義。

1. 前蹤：《說文》：先也。正體從止從舟作歬。《說文》：不行而進謂之前，
止在舟上也。蔡邕加刂。刂，水也。《說文》：車迹也。從足從聲也。（卷
一）

按，蹤，二徐正作縱。慧琳乃據俗體釋形。

2. 膿爛：《說文》：腫血也。從肉農聲。《說文》：從火闌聲也。（卷一）淓
爛：《說文》闕。《說文》從火。（卷十八）

按，爛，二徐本作爤，從火蘭聲。慧琳乃據俗體爲說。

3. 伺求：《說文》：從二犬從臣作狱，訓亦同。（卷一）

> 按，據丁福保，二徐正文無伺字，伺即獄字，二徐列為新附字。慧琳乃
> 據俗體為說。

4. 脊骨：《說文》作𦟘，象形字也。（卷二）脊骸：《說文》從肉。（卷六十
一）
> 按，脊，二徐作從𡿜，從肉。慧琳乃據俗體為說。

5. 戒蘊：《說文》：從草緼聲也。（卷二）
> 按，蘊，二徐作薀，從艸溫聲，慧琳所釋乃俗體。

6. 窠穴：《說文》：通也。從身在穴中。《說文》：土室也。從宀八聲。（卷
三）
> 按，窠，二徐作穿，通也，從牙在穴中。慧琳乃據俗體為說。

7. 據傲：《說文》：倨也。從心敖聲。《說文》：從出從放。（卷四）
> 按，傲，二徐作傲，倨也。從人敖聲。慧琳乃據俗體為說。

8. 匲底：《說文》：鏡匲也。……從匚從僉，僉亦聲也。（卷四）匲子：《說
文》：鏡匲也。（卷七十）
> 按，籢，二徐作鏡籢也，從竹斂聲。匲，乃俗體。慧琳乃據俗體為說。

9. 鋒利：《說文》：兵刃端也。從金𠭆省聲也。（卷四）
> 按，鏠，二徐作兵耑也，從金逢聲。鋒，俗字。慧琳據俗體釋形。

10. 擁曲：《說文》：從手雍聲。（卷四）（卷二十九）
> 按，擁，二徐作㩨，抱也，從手雝聲。擁，俗字。慧琳據俗體釋形。

11. 如癰：《說文》：腫也。從疒維聲。（卷五）
> 按，維，二徐作雝。慧琳乃據俗體為說。

12. 淳熟：《說文》從灬孰聲也。（卷六）
> 按，熟，當作孰，慧琳乃據俗體為說。

13. 池沼：《說文》：池，陂也。從水從馳省聲也。《說文》：沼，池也。從水
召聲也。（卷六）
> 按，池，二徐作沱，江別流也。俗字為池。慧琳據俗體釋形義。

14. 鏵鐵：《說文》：兩刃臿。從金華省聲也。（卷八）
> 按，鏵，二徐作茉，慧琳據俗體釋形。

15. 摧鋒：《說文》：摧，折也。從手崔聲也。《說文》：兵刃端也。從金峯聲也。（卷十一）
     按，鋒，二徐作鏠，兵耑也。從金逢聲。鏠，《段注》在九部，慧琳據俗體釋形。

16. 擁篲：《說文》：抱也。從手雍聲也。（卷十一）
     按，擁，二徐作攤，慧琳據俗體釋形。

17. 門闑：《說文》從木作櫑，形聲字也。（卷十四）
     按，闑，二徐作梱。慧琳乃據俗體為說。

18. 沃石田：《說文》：溉灌也。從水夭聲。（卷十八）
     按，沃，二徐作茨，慧琳據俗體釋形。

19. 駛流：《說文》：從馬史聲。（卷十九）
     按，駛，二徐作從馬吏聲，慧琳據俗體釋形。

20. 不遐：《說文》云日行遲也。從日從反從辵，會意字也。（卷二十四）
     按，遐，二徐作夂，行遲曳夂夂。慧琳據俗體釋形。

21. 寶板：《說文》：從木從反。（卷二十四）
     按，板，二徐作版，從片反聲。慧琳據俗體釋形。

22. 鸜鵒：《說文》從鳥，瞿谷皆聲也。（卷二十四）
     按，鸜，二徐作鴝，慧琳據俗體釋形。

23. 鋤治：《說文》從金助聲。（卷二十四）
     按，鋤，二徐作耡，慧琳據俗體釋形。

24. 違忤：《說文》：逆也。從心午聲也。（卷二十四）
     按，忤，二徐作牾，從午吾聲，慧琳乃據俗體釋形。

25. 粳米：《說文》：粳，不黏稻也。從米亢聲。（卷二十四）
     按，粳，二徐作秔，稻屬。丁福保認為古本有「不黏稻」一說。慧琳據俗體釋形。

26. 破而聲嘶：《說文》：悲聲也。（卷二十五）
     按，嘶，二徐作澌。二者異體。慧琳乃據俗體為說。

27. 瓌異：《說文》：偉也。（卷二十五）

按，瓌，二徐作瑰，玫瑰，一曰圓好。傀，二徐作偉也。慧琳所訓乃傀
字。

28. 門閫：《說文》云門橛也。從門困聲。（卷二十八）（卷四十五）（卷九十
三）（卷九十四）
按，閫，二徐作梱，門橛也。從木困聲。慧琳所引所據俗體為說。

29. 愧恥：《說文》：恥，辱也。從耳止聲也。（卷二十九）
按，恥，二徐作恥，慧琳所引乃據俗體為說。

30. 愛戀：《說文》：慧也。從心旡夊聲，會意字也。《說文》：從心䜌聲。（卷
二十九）
按，愛，二徐作㤅，行皃，從夊㤅聲。㤅，二徐作惠也。從心旡聲。慧
琳所引「慧」，當作「惠」，音近可通。旡、㤅，《段注》皆在十五
部。當為形聲，慧琳作會意，不確。戀，二徐作䜌，慧琳所引乃據
俗體為說。

31. 飜騰：《說文》從飛番聲。（卷六十九）
按，飜，二徐作翻，慧琳據俗體為說。

32. 沃壤：《說文》云溉灌也。從水夭聲。（卷二十九）（卷四十一）
按，沃，二徐作浇，溉灌也，從水芺聲。慧琳所引乃俗體。《段注》認為
「沃」乃隸變字體。

33. 瘂羊：《說文》：從广亞聲。（卷三十）（卷七十二）
按，瘂，二徐作啞，笑也，從口亞聲。慧琳乃據俗體為說。

34. 祕賾：《說文》從臣賾聲。（卷三十）（卷八十三）（卷八十八）（卷九十
七）（卷九十七）
按，賾，慧琳據俗體為說。

35. 馨馥：《說文》：馨，香之遠聞也。從香殸聲。（卷三十）（卷四十五）（卷
八十三）
按，馨，二徐作從𪏻殸聲。慧琳所引乃據俗體為說。

36. 苔衣：《說文》：水衣也。從艸台聲。（卷三十一）
按，苔，二徐作菭，水衣，從艸治聲。慧琳所引乃據俗體。

37. 軒牕：《說文》云在牆曰牖，在屋曰牕。（卷三十二）
按，牕，二徐作囪，在牆曰牖，在屋曰囪。慧琳所引乃據俗體為說。

38. 煒曄：《說文》：曄，亦光也。從日業聲。（卷三十二）
按，曄，二徐作曅，慧琳所引乃據俗體為說。

39. 荷珮：《說文》：珮，所以象德也。從玉凧聲。（卷三十二）（卷九十四）
按，珮，二徐作佩，大帶佩也。從人凡巾。慧琳所引乃據俗體為說。

40. 生埋：《說文》：從土里聲。（卷三十三）
按，埋，為俗體，二徐正體作薶，慧琳據俗體為說。

41. 烝煮：《說文》煮猶烹也。濩也。從火者聲。（卷三十三）
按，煮，二徐作鬻，亨也。慧琳所引乃據俗體為說。

42. 倮形：《說文》：倮，亦脫衣露體也。從人果聲。今依《說文》從人作倮，餘皆不用也。（卷三十三）
按，倮，正體作裸，二徐作袒也。慧琳據俗體為說。

43. 金鉅：《說文》：大鋼也，從金巨聲也。（卷三十四）
按，鉅，二徐作大剛也。從金巨聲。《說文校錄》《說文校議》《說文古本考》認為古本皆無剛字，《說文校議》認為「鋼」為「剛」之俗體。

44. 挽我：《說文》從手免或聲也。（卷三十四）
按，挽，二徐作輓，慧琳所引乃據俗體為說。

45. 檛捶：《說文》：從木過聲也。（卷三十四）
按，檛，二徐作箠，慧琳據俗體為說。

46. 糟糠：《說文》亦穀皮也。從禾康聲。（卷三十四）（卷四十四）
按，糠，二徐作穅，穀之皮也。從禾米庚聲。慧琳所引脫「之」字，構形乃據俗體為說。

47. 抛其石子：《說文》：投也。從手尥聲。（卷三十五）
按，抛，二徐作棄也。從手尥聲。慧琳據俗體為說。

48. 打摑：《說文》：正體作敋。從支從格省聲也。（卷三十八）
按，敋，二徐作格，慧琳所引乃俗體。

49. 枷杻：《考聲》云枷，桍也。杻，桎也。《說文》義同。二字並從木，加、
丑皆聲。（卷三十八）
　　按，杻，二徐作杶，杶木也。從木屯聲。杻，乃「杶」字古文。慧琳所
　　　引乃據俗體為說。

50. 蓮蘂：《說文》云垂也。從草從糸從惢。（卷三十九）
　　按，蘂，二徐作繠，垂也。從糸從惢。慧琳據俗體為說。

51. 蟲蠟：《說文》作蠴。（卷四十一）（卷八十八）
　　按，蠴，二徐作蠟，慧琳所引乃俗體。

52. 罘網：《說文》：兔罟也。從网不聲。（卷四十一）（卷九十二）（卷九十
九）
　　按，罘，二徐作從网否聲。慧琳所引乃據俗體為說。

53. 噏取：《說文》云內息也。從口翕聲。亦作吸。（卷四十一）
　　按，噏，二徐作吸，慧琳據俗體為說。

54. 途跣：《說文》從辵余聲。（卷四十一）
　　按，途，二徐作塗，從土涂聲。慧琳所引據俗體為說。

55. 墋毒：《說文》：從土參聲。（卷四十一）
　　按，墋，二徐作堪，慧琳據俗體為說。

56. 徇圍：《說文》從彳旬聲。（卷四十五）
　　按，徇，二徐作侚，從人旬聲。慧琳乃據俗體為說。

57. 犂鎃：《說文》亦耕也。從牛称聲也。（卷四十五）
　　按，犂，二徐作犁，慧琳乃據俗體為說。

58. 敘獵：《說文》從攴魚聲。從水作漁，亦通。（卷四十五）
　　按，敘，二徐作漁，慧琳乃據俗體為說。

59. 嬈慢：《說文》從女葉聲。（卷四十七）
　　按，嬈，二徐作從女枼聲。慧琳據俗體為說。

60. 稊稗：《說文》作第，借用也。（卷五十）
　　按，稊，二徐作蕛字。慧琳乃據俗體為說。

61. 觕故：《說文》抵也。從角從牛也。（卷五十）

　　按，觕，二徐作觸，抵也，從角蜀聲。慧琳乃據俗體為說。

62. 蘊薾：《說文》並從艸，緼無皆聲。（卷五十一）（卷八十）（卷八十六）
　　（卷九十八）

　　按，蘊，二徐作從艸溫聲。蘊，乃俗字。慧琳乃據俗體為說。

63. 驚飇：《說文》：從風猋聲，或作飆。（卷五十一）

　　按，飆，二徐作飆，從風猋聲。慧琳據俗體為說。

64. 礭論：《說文》亦堅也。從石霍聲。（卷五十一）

　　按，礭，二徐作确，磬也。從石角聲。磬，二徐作堅也。慧琳乃據俗體
　　　　為說。

65. 善輭：《說文》：吉也。從羊從言。（卷五十一）

　　按，善，二徐作從誩羊。慧琳乃據俗體為說。

66. 不爛：《說文》云爛亦熟也。從火闌聲。（卷七十二）（卷五十一）

　　按，爛，二徐作火熟也。從火蘭聲。慧琳乃據俗體為說。

67. 狐貁：《說文》亦云：似狐，善睡獸也。從豸冗聲。（卷五十一）

　　按，貁，二徐作貉，北方豸種，從豸各聲。慧琳所引乃據俗體意引。

68. 慳人：《說文》從堅。（卷五十一）

　　按，慳，二徐作從水臤聲。俗作慳。慧琳據俗體為說。

69. 姦猾：《說文》從犬骨聲。（卷五十三）

　　按，猾，二徐作獪，慧琳所引乃據俗體。

70. 埽帚：《說文》從土帚聲。（卷五十三）

　　按，埽，二徐作帚，慧琳據俗體為說。

71. 繁稠：《說文》從糸從敏。（卷五十三）

　　按，繁，二徐作緐，慧琳據正體為說。

72. 持鈛：《說文》：鈛，長二丈，建於兵車也。（卷五十三）

　　按，鈛，二徐作矛，建於兵車，長二丈。慧琳據俗體為說。

73. 之廐：《說文》：馬舍也，從广既聲。（卷六十）

　　按，廐，二徐作廄，馬舍也，從广㱿聲。慧琳據俗體為說。

74. 瓌偉：《說文》作儽，云偉也。從人褱聲。（卷六十二）
按，儽，二徐作傀，從人鬼聲，慧琳乃據俗體為說。

75. 去繀：《說文》云繀，織餘也。從糸匵聲。（卷六十二）（卷六十三）
按，繀，二徐作繢，慧琳據俗體釋形。

76. 廄馬：《說文》：廄，馬舍也，廄有僕夫，從广既聲。（卷六十二）
按，廄，二徐作廄，慧琳乃據俗字為說。

77. 隧隥：《說文》從𨸏遂聲。（卷六十八）
按，隧，二徐作從𨸏㒸聲。慧琳據俗體為說。

78. 耘耨：《說文》從耒云聲。（卷六十八）
按，耘，二徐作蕓，慧琳據俗體為說。

79. 皴皮：《說文》從皮夋聲。（卷六十九）
按，二徐作皴，慧琳乃據俗體。

80. 矜誶：《說文》從言卒聲。（卷六十九）（卷八十六）
按，誶，二徐作從言夲聲。慧琳據俗體為說。

81. 弶取：《說文》從弓京聲。（卷六十九）置弶：《說文》從弓從掠省聲。（卷七十二）
按，弶，二徐作彊，慧琳乃據俗體為說。

82. 沙潬：《說文》從水單聲。（卷六十九）
按，潬，二徐作灘。慧琳據俗體為說。

83. 攞挨：《說文》：兩手擊也。從手罷聲。（卷六十九）
按，攞，二徐作捭，慧琳乃據俗體釋形。

84. 羞赦：《說文》：面慚赤，從皮赤聲。（卷六十九）（卷八十四）
按，赦，二徐作面慙赤也。從赤㞈聲。慧琳乃據俗體釋形。

85. 菱花：《說文》云菱，可以香口也。從草夋聲也。（卷七十二）
按，菱，二徐作葰，薑屬，可以香口，從艸俊聲。慧琳據俗體為說。

86. 蛾蚊：《說文》從虫民聲。（卷七十二）
按，蚊，二徐作䗇，或從蟲，俗從蚊。慧琳據俗體為說。

87. 塞澀：《說文》：不滑也，從水從四止，上二止倒書下二止正書，是澀字之意也。會意字。（卷七十五）（卷七十六）（卷七十七）（卷七十八）
　　按，澀，二徐作歰，不滑也，從四止。慧琳乃據俗體為說。

88. 著喉：《說文》從草從者。（卷七十五）
　　按，著，二徐作箸，從竹者聲。慧琳乃據俗體為說。

89. 大較：《說文》從車交聲也。（卷七十五）（卷八十三）（卷八十八）（卷九十六）
　　按，較，二徐作從車爻聲。慧琳乃據俗體為說。

90. 諜計：《說文》軍中反間也。從言枼聲。（卷七十五）
　　按，諜，二徐作諜，從言枼聲。慧琳乃據俗體為說。

91. 賴耨：《說文》：薅器也。從耒辱聲也。（卷七十六）
　　按，耨，二徐作槈，薅器也。慧琳據俗體為說。

92. 疏窱：《說文》：穿也，從穴窔聲。（卷七十七）
　　按，窱，二徐作窔，從穴窔聲。慧琳乃據俗體為說。

93. 畢喇：《說文》：從口束聲也。（卷七十九）（卷八十四）
　　按，喇，二徐作欶，慧琳據俗體為說。

94. 滂沱：《說文》：滂沱，二字並從水，㠯皆聲。（卷八十）
　　按，沱，二徐作沱，從水它聲。慧琳乃據俗體為說。

95. 去其帽：《說文》從巾冒聲也。（卷八十二）（卷八十三）
　　按，帽，二徐作冒，慧琳乃據俗體為說。

96. 基趾：《說文》從足止聲。（卷八十三）
　　按，趾，：《二徐為止，慧琳所引乃俗體。

97. 跬步：《說文》從足圭聲。（卷八十三）
　　按，跬，二徐作趌，慧琳所引乃俗體。

98. 益疢：《說文》從广久聲。（卷八十三）
　　按，疢，二徐作從疒久聲。慧琳乃據俗體為說。

99. 捃摭：《說文》亦拾也。從手君聲。（卷八十八）（卷八十三）（卷九十一）
　　按，捃，二徐作攈，拾也。從手麇聲。慧琳乃據俗體為說。

100. 驙騹:《說文》從馬展聲。(卷八十四)
　　　按,騹,二徐作從馬亶聲。慧琳乃據俗體為說。

101. 借稍:《說文》從矛肖聲。(卷八十四)
　　　按,稍,二徐作槊,慧琳乃據俗體為說。

102. 標牓:《說文》從片旁聲。(卷八十四)
　　　按,牓,二徐作榜,慧琳乃據俗體為說。

103. 睞毛:《說文》云目旁毛也。從目妾聲。(卷八十五)
　　　按,睞,二徐作從目夾聲。慧琳乃據俗體為說。

104. 言玷:《說文》從玉占聲也。(卷八十六)
　　　按,玷,二徐作刮,慧琳乃據俗體為說。

105. 璇璣:《說文》璇璣二字並從玉,旋皆聲。(卷八十六)
　　　按,璇,二徐作璿,慧琳乃據俗體為說。

106. 跬步:《說文》從足圭聲。(卷八十七)
　　　按,跬,二徐作蹞,慧琳乃據俗體為說。

107. 憫殤:《說文》從心閔聲。(卷八十七)
　　　按,憫,二徐作閔,從門文聲。慧琳乃據俗體為說。

108. 狴牢:《說文》:牢也,所以拘非,從陛省聲也。(卷八十七)
　　　按,狴,二徐作陛,慧琳乃據俗體為說。

109. 發洩:《說文》:從水曳聲。(卷八十七)
　　　按,洩,二徐作泄,慧琳乃據俗體為說。

110. 悚慴:《說文》:正作慴,從心雙聲。(卷八十八)
　　　按,慴,二徐作慴,從心雙省聲,慧琳乃據俗體為說。

111. 稊稗:《說文》從禾弟聲。(卷八十八)
　　　按,稊,二徐作稊,慧琳乃據俗體為說。

112. 簪紱:《說文》從糸友聲。(卷八十八)(卷九十八)
　　　按,紱,二徐作紱,慧琳乃據俗體為說。

113. 襭衣:《說文》從衣畾聲。(卷八十八)
　　　按,襭,二徐正作襭,慧琳乃據俗體為說。

114. 扙扴：《說文》云拊手箎也。從手卞聲。（卷八十八）
　　　按，扴，二徐作拊手也。從手弁聲。慧琳乃據俗體為說。又慧琳衍「箎」
　　　　字。

115. 馳騖：《說文》云駝，大驢也。從馬它聲。（卷八十九）
　　　按，駝，二徐作佗，負何也。慧琳乃據俗體為說。

116. 昞有：《說文》明也。從日丙聲。（卷九十）（卷一百）
　　　按，昞，二徐作炳，明也，從火丙聲。慧琳乃據俗體為說。

117. 彗孛：《說文》從生從子。（卷九十）
　　　按，孛，二徐作從宋從子。慧琳所引構形乃據俗體為說。

118. 撤懸：《說文》從手徹省聲。（卷九十）
　　　按，撤，二徐作㩉，慧琳乃據俗體為說。

119. 竚對：《說文》從立宁聲。（卷九十一）
　　　按，竚，二徐作宁，慧琳乃據俗體為說。

120. 疾瘉：《說文》云癒，病瘳也，從广俞聲也。（卷九十二）
　　　按，癒，二徐作瘉，釋義與慧琳所引同。癒，乃俗體。慧琳據俗體為說。

121. 睍爾：《說文》從目兒聲。（卷九十三）
　　　按，睍，二徐作睨，慧琳乃據俗體為說。

122. 牟強：《說文》：奢也，從大牛聲。（卷九十六）（卷九十三）
　　　按，牟，二徐作夸，奢也，從大于聲。慧琳乃據俗體為說。

123. 詫乎：《說文》從言宅聲也。（卷九十五）
　　　按，詫，二徐作吒，慧琳據俗體為說。

124. 刲剢：《說文》：刲，刺也，二字並從刀，圭聲。（卷九十五）
　　　按，剢，二徐作剒，慧琳乃據俗體為說。

125. 之爇：《說文》云燒也。（卷九十六）
　　　按，爇，二徐作然，慧琳乃據俗體為說。

126. 瑉似：《說文》從玉昏聲。（卷九十六）
　　　按，瑉，二徐作珉，從玉民聲，慧琳乃據俗體為說。

127. 侒倖：《說文》從人幸聲。（卷九十七）
按，倖，二徐作幸，慧琳乃據俗體為說。

128. 㯓緤：《說文》緤，謂西胡毳布也。從糸毘聲。（卷九十七）
按，緤，二徐作緤，慧琳乃據俗體釋形。

129. 寬弛：《說文》從弓钜聲。（卷九十七）
按，弛，二徐作弛，從弓從也。慧琳乃據俗體為說。

130. 揔論：《說文》從手悤聲。（卷九十七）
按，揔，二徐作揔，慧琳乃據俗體為說。

131. 硌硌：《說文》從石各聲也。（卷九十七）
按，硌，二徐作礫，慧琳乃據俗體為說。

132. 嗤往：《說文》嗤，笑也。從口蚩亦聲。（卷九十八）
按，嗤，二徐作㰦，㰦㰦戲笑皃。慧琳所引蓋節引，且據俗體為說。

133. 睟容：《說文》從目卒聲。（卷九十八）
按，睟，二徐作睟。慧琳乃據俗體為說。

134. 隤陀：《說文》：墜下也。（卷九十九）
按，陀，二徐作阤。慧琳乃據俗體為說。

135. 忄凤悎：《說文》作罜。籀文作网。（卷一百）
按，罜，二徐作罔。即网字。慧琳所引乃俗體。

136. 廓然：《說文》從广郭聲。（卷一百）
按，廓，二徐作從霩，從雨郭聲。慧琳所引乃俗體。

137. 倣前：《說文》從人作仿，相似也。從人放聲。（卷一百）
按，倣，二徐作仿，從人方聲。慧琳乃據俗體釋形。

138. 隤陀：《說文》從皀它，它亦聲。（卷九十九）
按，陀，二徐作阤，從皀也聲。慧琳乃據俗體為說。

139. 舟航：《說文》從方作舫，從舟亢聲。（卷二十九）（卷八十三）（卷八十八）
按，航，二徐作從方亢聲，慧琳乃據俗體釋形。

140. 峆崡：《說文》從山肴聲。《說文》從弓曰聲。（卷九十二）

按，峆，二徐作殽，慧琳乃據俗體為說。

141. 嬴皼：《說文》從豈從支。（卷三十一）

按，皼，當為鼓字。慧琳據俗體釋形。

142. 馳驢：《說文》從馬它聲。（卷三十一）

按，馳，二徐作佗，《段注》認為駝、馱為俗字。「佗」隸變為「他」，用為彼之稱。慧琳據俗體釋形。

143. 掉舉：《說文》：從手與聲也。（卷五）

按，舉，二徐作擧，從手輿聲，與慧琳所引不同。慧琳乃據俗體為說。

144. 蹔捨：《說文》：不久也。從斬聲也。（卷三）

按，蹔，二徐作暫。《說文拈字》謂蹔、暫正俗字。慧琳據俗體釋形。

八、慧琳所引釋義可從

慧琳所引釋義，經後代學者考察，多近古本。

1. 水伙：《說文》：沒水也。從人從水。（卷三十五）

按，伙，大徐作沒也，從水從人。小徐與慧琳所引同。蓋古本如是。

2. 藏隈：《說文》：水之曲也。從阜畏聲。（卷三十八）

按，隈，二徐作水曲隩也。從阜畏聲。《段注》據《西都賦》《海賦》定為「水曲也」。《說文古本考》認為當作「水曲隩也」。慧琳與《段注》所引同，蓋古本如是。

3. 哽噎：《說文》：語塞為舌所介礙也，從口更聲，或從骨作骾。《說文》：飯窒也。從口壹聲。（卷十八）

按，哽，二徐作語為舌所介也。丁福保認為慧琳所引為古本。

4. 脬胃：《說文》：膀胱，水器也。從肉孚省聲也。《說文》：穀府也。從肉象形字也。（卷二）

按，脬，二徐作膀光也，從肉孚聲。丁福保據慧琳所引，認為二徐當補「水器也」。慧琳所引為古本。

5. 桂生：《說文》：江南香木也，百藥之長。從木圭聲也。（卷一）

按，丁福保據《慧琳音義》，認為古本如是。考《韻會》引小徐作江南衆木，衆係香之誤，今二徐奪香字，宜補。

6. 沇其：《說文》：流也。從水玄聲。（卷一）（卷四十七）（卷三十七）
按，大徐作潛流也。《說文句讀》：「小徐作沇潛流水，皆不可解。祗當云流也。」與慧琳所引同，蓋古本如是。

7. 兩膝：《說文》：脛頭骨節也。（卷一）
按，今大徐作脛頭卩也。小徐作脛頭也。慧琳所引蓋為古本。二徐有脫文。

8. 腰脅：《說文》：肚兩傍也。從肉。（卷一）
按，丁福保認為慧琳所引為古本，二徐奪「肚」字，其說可從。

9. 謝法：《說文》：辭也。從言射聲也。《說文》：刑也。（卷三）
按，謝，二徐作辭去也。《說文古本考》認為慧琳所引當為古本。二徐蓋衍「去」字。

10. 折伏：《說文》：伏，伺也。犬伺人便即伏，故從人從犬，會意字也。（卷三）潛伏：《說文》：伺也。犬伺人，故從人從犬，會意字。（卷三）
按，伏，大徐作司也。小徐作伺也，與慧琳所引同。蓋古本如是。

11. 餘殃：《說文》：凶也。从歹央聲。（卷三）
按，殃，二徐作咎也。丁福保據慧琳所引，認為二徐奪「凶也」之訓。

12. 任持：《說文》：保也。從人壬聲（卷四）
按，任，大徐作符也，小徐作保也。小徐與慧琳同。《說文古本考》認為作「保也」乃古本。

13. 有翅：《說文》：鳥翼也。（卷六）
按，翅，二徐作翼也，丁福保據慧琳所引，認為二徐脫字，慧琳為古本。

14. 蟣蝨：《說文》：蝨子也。《說文》：蝨字從卂從蚰。（卷六）
按，蝨，大徐作從蚰卂聲。小徐作與慧琳所引同。蓋古本如是。

15. 呵諫：《說文》：諫，正也。從言柬聲也。（卷六）
按，諫，二徐作証也，丁福保認為慧琳所引為古本。

16. 潛伏：《說文》：涉水也。從水朁聲。《說文》：伏，伺也。故從人從犬，

會意字也。（卷六）

按，伏，二徐作司也，丁福保認為當據慧琳改為伺，可從。

17. 霑彼：《說文》：霑，霂也。從雨占聲也。（卷七）

按，霑，二徐作雨霂也，從雨沾聲。丁福保據慧琳所引認為二徐衍雨字。慧琳沾，誤作占。

18. 滯礙：《說文》：滯，礙也。從水帶聲也。《說文》：礙，止也。從石疑聲也。（卷七）

按，滯，二徐作凝也，丁福保認為慧琳所引當為古本。

19. 如衝：《說文》：交道四出也。從行童聲也。（卷八）衝天：《說文》從行童聲。（卷八十四）

按，衝，二徐作通道也。丁福保認為慧琳所引乃古本。

20. 霑濡：《說文》：霑，霂。（卷八）

按，霑，二徐作雨霂，丁福保認為二徐衍「雨」字。慧琳所引為古本。

21. 刃稍：《說文》：刃，堅也。象刀有刃之形也。（卷八）

按，刃，二徐作刀堅也。《說文古本考》認為古本當如慧琳所引。

22. 被帶：《說文》：寢衣也。長一身有半，從衣皮聲也。《說文》：紳也。男子服革，婦人絲。象繫佩之形而有巾，故帶字從巾。（卷八）

按，帶，男子服革，婦人帶，二徐作男子鞶帶，婦人帶絲。丁福保認為二徐有所竄改。

23. 口銜：《說文》：馬口中勒也。從金從行，會意字也。（卷十一）

按，銜，二徐作馬勒口中。丁福保認為慧琳所引為古本，二徐本倒置。

24. 盈儲：《說文》：器滿也。從皿從及及聲也。（卷十二）

按，盈，二徐作器滿也，從皿及，丁福保認為慧琳所引當為古本。

25. 臧賕：《說文》：臧，善也。從臣戕聲也。或作贓。《說文》：以財枉法相謝也。從貝求聲也。（卷十二）（卷九十七）

按，賕，二徐作以財物枉法相謝也。《說文古本考》《說文校錄》認為慧琳所引當是。

26. 刖手：《說文》：刖，絕也。截手足也。從刀月聲也。（卷十二）

按，刖，絕也，從刀月聲。丁福保認為二徐奪「截手足也」四字。

27. 襁褓：《說文》：負兒衣也。從衣強聲。（卷十四）（卷六十二）（卷八十五）（卷九十四）（卷九十七）

按，襁，捈纇也，從糸強聲。褓，二徐作小兒衣也。慧琳所引「負兒衣也」較為完備，蓋為古本。

28. 纏裹：《說文》：約也。從糸𡊅聲也。《說文》：纏也。上下從衣，中間從果聲也。（卷十四）

按，纏，二徐作繞也，丁福保據慧琳所引，認為應有「約也」一訓。

29. 寬壙：《說文》：寬，屋大也。從宀莧聲也。（卷十五）

按，寬，二徐作屋寬大也。《韻會》引作屋大也。慧琳所引或為古本。

30. 毀呰：《說文》：呵也。（卷十五）毀呰：《說文》：呰（呰），呵也。（卷二十七）（卷七十）呰懱：《說文》：呵也。從口此聲。（卷五十三）

按，呰，二徐作苛也。丁福保認為古本作訶，呵即訶之別體。

31. 騾驢：《說文》：騾者，驢父馬母所生也。又云：似馬長耳。（卷十七）

按，騾，二徐作羸，驢父馬母。慧琳所引較為完備，蓋古本如是。

32. 潦溢：《說文》：雨水也。從水尞聲。（卷十九）

按，潦，二徐作雨水大皃。丁福保據慧琳所引，認為二徐本「大皃」乃衍文。

33. 侁侁：《說文》：侁侁，往來行皃也。（卷十九）

按，侁，二徐作行皃。《玉篇》作往來侁侁行聲。《說文古本考》認為古本當作往來行皃也。

34. 頓面：《說文》：頓，傾頭也。（卷十九）

按，頓，二徐作傾首也。《說文古本考》認為古本為傾頭。

35. 多含：《說文》云送終口中之玉也。（卷二十五）

按，含，當作琀，二徐作送死口中玉也。丁福保認為慧琳所引當為古本。

36. 箏：《說文》云鼓絲筑爭樂也。（卷二十六）

按，箏，二徐作鼓弦竹身樂也。丁福保認為慧琳所引為古本。

37. 車：《說文》：輿輪之總名也。夏后氏奚仲所作，古音居。古者車如居，言行所以居人也。今曰居，舍也，言行者所處如舍之居。象形字。（卷

二十七）

按，車，二徐作輿論之總名。夏后時奚仲所造。慧琳所引較為完備，蓋古本如是。

38. 妻：《說文》婦與己齊者，從𠀎從女也。（卷二十七）

按，妻，大徐作婦與夫齊者也。小徐作婦與己齊者也。從女從屮從又。慧琳所引釋義與小徐同，蓋古本如是。《風俗通》：妻者，齊於己。構形與二徐皆異。

39. 傭賃：《說文》賃亦傭也。（卷二十七）

按，賃，二徐作庸也。《說文校錄》認為作「傭」字不誤。《說文古本考》認為古本作「傭」字。庸，二徐作用也。傭，二徐作均直也。《段注》認為二字為古今字。

40. 仁往：《說文》從二人聲。言行無二曰仁。（卷二十七）

按，仁，大徐作親也，從人從二。小徐作形聲，與慧琳所引同。蓋古本如是。「言行無二曰仁」屬對「仁」字訓釋。

41. 所祈：《說文》：祈，求福祭也。從示斤聲。（卷二十九）（卷七十七）

按，祈，二徐作求福也，從示斤聲。丁福保據慧琳所引，認為當作求福也，祭也。

42. 微適：《說文》：水欒注也。（卷四十九）

按，適，二徐作滴，水注也。丁福保認為慧琳所引當為古本。

43. 稗莠：《說文》禾粟下陽生曰莠也，從艸秀聲也。（卷三十二）（卷五十一）

按，莠，二徐作禾粟下生莠。從艸秀聲。丁福保據慧琳所引認為二徐奪「陽」字。

44. 作城：《說文》：城，所以盛民也。從土成聲。（卷三十三）（卷九十三）

按，城，二徐作以盛民也。從土從成，成亦聲。《說文古本考》認為古本當為「所以盛民也」，二徐所引有奪文。

45. 被帔：《說文》弘農人謂帬曰帔也，從巾皮聲。（卷六十三）（卷三十三）

按，帔，二徐作弘農謂帬帔也。慧琳所引較為完備。

46. 誣撗：《說文》：加言也。從言巫聲。（卷七十八）（卷八十一）（卷三十四）（卷八十九）
按，誣，二徐作加也，從言巫聲。《說文校錄》《說文古本考》認為當有「言」字。

47. 牙齗：《說文》云壯齒也。象上下相錯之形。（卷三十五）
按，谷，二徐作牡齒也。象上下相錯之形。《說文古本考》據《九經字樣》認為古本作壯齒，與慧琳所引同，蓋古本如是。

48. 轎屬：《說文》：履也。從履省，喬聲也。（卷三十五）（卷六十三）（卷九十二）（卷九十七）
按，屬，大徐作屨也，從履省，喬聲。小徐與慧琳所引同，作履也。《說文段注》認為當作履也。

49. 謹孎：《說文》云謹順皃也。從女屬聲。（卷三十六）
按，孎，二徐作謹也。丁福保認為慧琳所引當是。

50. 瘍癬：《說文》：瘍，頭瘡也。從广易（易）聲。（卷三十七）（卷四十）
按，瘍，大徐作頭創也。從广易聲。小徐與慧琳所引同，蓋古本如是。

51. 腓腨：《說文》：腓，腨腸也。（卷三十七）
按，腓，二徐作脛腨也。丁福保據慧琳所引認為當作「腨腸」。

52. 幔幕：《說文》帷在上曰幕。幕猶覆也。從巾莫聲也。（卷三十八）
按，幕，大徐曰帷在上曰幕。覆食案。亦曰幕。從巾莫聲。小徐作帷在上曰幕。丁福保認為慧琳所引為古本。

53. 柯葉：《說文》云樹枝也，從木可聲。（卷四十）
按，柯，二徐作斧柄也。從木可聲。丁福保認為慧琳所引釋義乃《說文》「一曰」之奪文。

54. 瓜蔓：《說文》云瓜，蓏也。象形。（卷四十）
按，瓜，大徐作㼌也，象形。小徐與慧琳所引同。《說文古本考》認為古本當作「蓏也」，《段注》亦作「蓏也」，蓋古本如是。

55. 洪濤：《說文》：濤，潮水涌起也。從水壽聲。（卷八十三）（卷四十一）
按，濤，二徐新附作大波也。從水壽聲。丁福保認為不應列入新附，古本當有「濤」字。

56. 鐵㭍：《說文》：杕也。從木厥聲。（卷四十二）
　　按，㭍，二徐作弋也。《韻會》《廣韻》與慧琳所引同，蓋古本如是。

57. 訐露：《說文》：面相庍罪相訐也，從言干聲也。（卷四十二）
　　按，訐，大徐作面相斥罪相告訐也。小徐作面相斥罪相告訐。《說文古本
　　考》認為小徐當為古本。

58. 闌圈：《說文》：養畜閑也。閑，闌也。（卷四十三）
　　按，圈，二徐作養畜之閑也。《說文古本考》認為古本無「之」字，其說
　　可從。

59. 眂其：《說文》視字。視，瞻也。從目氏聲。（卷四十五）
　　按，眂，大徐作眂兒。從目氏聲。小徐作視兒。慧琳所引與小徐略同。
　　蓋古本如是。

60. 燔燎：《說文》燔，燒也。並從火，番皆聲。（卷四十五）（卷五十七）（卷
　　九十六）（卷九十九）
　　按，燔，二徐作爇也，從火番聲。《說文古本考》認為古本不作爇，當作
　　燒。其說可從。

61. 枝掖：《說文》以手持人臂也。一曰臂下也。從手夜聲。（卷四十五）（卷
　　八十一）（卷九十九）
　　按，掖，二徐作以手持人臂投地也。從手夜聲。一曰臂下也。《說文古本
　　考》據《左傳音義》認為當作「以手持人臂也」，與慧琳所引同。

62. 盆瓫：《說文》云大甖也。從瓦公聲。（卷四十七）
　　按，瓫，二徐作甖也。從瓦公聲。《玉篇》注與慧琳所引同，蓋古本如是。

63. 太賒遠：《說文》貰賣也。從貝余聲。（卷四十九）
　　按，賒，二徐作貰買也。從貝余聲。慧琳所引「貰賣」當為古本。

64. 紅茜：《說文》云茜，茅蒐也。可以染絳色也，人血所生，從草西聲。（卷
　　六十三）（卷五十一）
　　按，茜，二徐作茅蒐也，從艸西聲。丁福保認為二徐本有脫文。

65. 兩髀：《說文》：髀，股外也。從骨。（卷五十一）
　　按，髀，二徐作髀，股也。從骨卑聲。《段注》與慧琳所引同。「股外曰
　　髀，髀上曰髖。」蓋古本如是。

66. 燕雀：《說文》：玄鳥也，籋口布翅披尾，象形也。（卷五十三）

按，燕，「披尾」，二徐作「枝尾」，蓋古本如是，披、枝形近而訛。

67. 鬃髮：《說文》頂上毛也。從髟犬（犮）聲。（卷六十四）

按，髮，二徐作根也，《段注》據《廣雅》釋名》作頭上毛也，與慧琳所引同，蓋古本如是。

68. 鎇謬：《說文》：迒也，從辵督聲。（卷六十九）

按，大徐作跡迒也。從辵昔聲。小徐作跡道也。《段注》舉《廣韻》《玉篇》作迒道也。與慧琳所引略同，蓋古本作迒道也。

69. 侮蔑：《說文》：侮，傷也。（卷七十一）

按，侮，二徐作傷也。《段注》據徐鍇「侮慢易字也」，改為「傷」字，其說可從，與慧琳卷七十一所引同，慧琳所引為古本。

70. 著甲：《說文》：大一經日頭宜為甲。（卷七十三）

按，甲，慧琳所引與小徐同，小徐作大一經日頭玄為甲，甲為人頭。蓋古本如是。

71. 蝝蟲：《說文》：蝝，蟲在牛馬皮中也。從虫翁聲。（卷七十八）（卷七十六）

按，蝝，二徐作蟲在牛馬皮者。《玉篇》與慧琳所引略同，蓋古本作「蟲在牛馬皮中」。

72. 如蝟：《說文》：形毛似豪豬而小也，從虫胃聲。（卷七十七）

按，蝟，二徐作蟲似豪豬者。《段注》據《廣韻》作似豪豬而小，與慧琳略異，蓋慧琳所引為古本。

73. 譌也：《說文》譌言也，從言為聲。（卷七十七）（卷九十）

按，譌，二徐作譌言也。《段注》認為當作偽言，「偽」作「譌」，形近而訛。慧琳所引當是古本。

74. 玼瑱：《說文》云新色鮮也。從玉從此聲。（卷八十）

按，玼，二徐作玉色鮮也。從玉此聲。《段注》據《詩》音義，認為玼本新玉色，引申為凡新色。與慧琳所引同。蓋古本如是。

75. 貜犴：《說文》胡犬野狗。從豸干聲。（卷八十三）

按，犴，二徐作胡地野狗，《段注》據《禮記・玉藻》《周禮・巾車》注，認為犴，胡犬也。與慧琳所引同，蓋古本如是。

76. 楠櫟：《說文》：楠，松心也。《說文》二字並從木，萬樂並聲。（卷八十四）

按，楠，二徐作松心木。從木萬聲。《段注》據《廣韻》，認為當作松心，與慧琳所引同，蓋古本如是。

77. 碑誄：《說文》：誄，諡也。從言耒聲。（卷八十五）（卷九十）

按，誄，二徐作諡也，《段注》與慧琳所引同，蓋古本如是。

78. 臨淄：《說文》：臨，監也。從臥品聲。（卷九十）

按，臨，二徐作監臨也。《段注》與慧琳所引同。蓋古本如是。

79. 汪濊：《說文》云濊，疑（礙）流也，從水歲聲。（卷九十三）

按，濊，二徐作水多皃。從水歲聲。《段注》據毛詩正義，與慧琳所引同，蓋古本一曰之訓。慧琳所引為古本。

80. 有蕈：《說文》云蕈，桑菌也。從草覃聲。（卷九十四）

按，蕈，二徐作桑蕈，丁福保據慧琳所引認為二徐「蕈」當作「菌」，其說可從。慧琳所引為古本。

81. 雞𪐄：《說文》：豕，後蹄癈謂之𪐄。從彐從比矢聲。（卷九十五）

按，𪐄，大徐作豕也，後蹏發謂之𪐄。從彐矢聲從二匕。小徐作豕也，後蹏癈謂之𪐄。與《段注》、慧琳所引同，蓋古本如是。

82. 蘿蔦傍：《說文》：蔦，寄生草也。從草鳥聲。《說文》：傍，附行也。從彳旁聲。（卷九十九）

按，蔦，二徐作寄生也。《段注》據《毛詩音義》及《韻會》作寄生草也。與慧琳所引同，蓋古本如是。

83. 脬膒：《說文》：脬，傍光水器也。（卷五）

按，脬，二徐作膀光也。丁福保據慧琳認為當有「水器」之訓。慧琳所引為古本。

84. 轡勒：《說文》：馬頭絡鑣銜也。從革力聲也。（卷八）

按，勒，二徐作馬頭絡銜也。《說文古本考》據《華嚴經音義》認為當作馬頭鑣銜也。筆者認為慧琳所引較為完備，當為古本。

85. 狐貓：《說文》：似狐而小，善睡也。《說文》，古今正字，典說並從舟作貓，總誤也。（卷十四）

按，貓，二徐作貓，似狐，善睡獸。從豸舟聲。徐鉉認為舟非聲。小徐與慧琳所引略同，蓋古本如是。

86. 文辭：《說文》：解訟也，從㗊從辛，㗊辛猶理罪也。（卷十五）

按，辭，大徐作訟也。小徐作辭訟也。《說文段注》認為當作說也。說者，釋也。則慧琳所引亦近古本。

87. 晧昊：《說文》：日初出皃。從日告聲。或從白作皓。《說文》大日暤也。從大。古文作臯，今時用從日從天，俗字也。（卷十九）

按，晧，二徐作日出皃也。丁福保認為二徐本脫「初」字。慧琳所引為古本。臯，二徐作大白澤也。《說文段注》作大白也，認為「澤」乃誤衍。筆者認為慧琳所引較為接近古本。

88. 決擇：《說文》：簡選也。從手。（卷二）

按，擇，大徐本作柬選也，小徐本與慧琳所引同。《說文段注》認為「簡」乃譌字。筆者認為慧琳所引釋義可從。

89. 肅穆：《說文》：穆，和也。從禾㣎聲也。《說文》從白小，從彡。（卷六）

按，穆，二徐作禾也，丁福保據慧琳所引認為當作和字。慧琳所引當為古本。

90. 病悆：《說文》：悆，豫也。從心余聲也。（卷六）

按，悆，二徐作忘也，嘾也。丁福保認為慧琳所引乃古本。

九、慧琳所引構形可從

1. 差跌：《說文》云貳，差不相值。從左丞聲。（卷六十四）（卷六十四）

按，差，二徐作從左從丞。差、丞，《段注》皆在十七部，當為形聲。卷六十四所引「丞」訛作「傘」，構形可從。

2. 皮膚：《說文》作臚，身皮也。從肉從盧。籀文從肉從盧省聲。（卷十二）

按，臚，大徐作皮也。從肉盧聲。小徐作從肉盧省。小徐與慧琳所引略近。臚，《段注》在五部，盧，亦五部，慧琳所引構形可從。

3. 漂浸（溲）：《說文》：漂，浮也。《說文》從旻（冥）聲也。（卷十四）
  按，溲，二徐作從水從冥，沒，《段注》在十五部，冥，亦十五部，慧
  琳引構形可從。

4. 規範：《說文》：從車從笵省聲也（卷五）
  按，範，二徐作從車笵省聲。與慧琳所引略異。

5. 規範：《說文》：從車從宄省聲。（卷五）
  按，軌，二徐從車九聲，軌，《段注》在三部，宄，亦在三部，慧琳所
  引構形可從。

6. 決擇：《說文》：水行流也。從水夬聲。（卷二）
  按，決，二徐作行流也，從水從夬。決，《段注》在十五部，夬，亦在
  十五部，慧琳所引構形可從。

7. 四踝：《說文》：足踝。從足從稞省聲。（卷一）
  按，今二徐本皆作從足果聲。踝，《段注》在十七部，稞，亦在十七部，
  慧琳卷一所引構形可從。

8. 胷臆：《說文》：胷，膺也。《說文》：臆，亦胷骨也。從肉從億省聲也。
  （卷一）
  按，臆，大徐作胷骨也，小徐作胷肉也。《說文校議》、《說文段注》認
  為當作胷骨，《說文古本考》認為當作胷也。筆者認為慧琳所引當
  為古本。「從肉從億省聲」，二徐作從意。臆，《段注》在一部，
  億，亦在一部，慧琳所引構形可從。

9. 頰頟：《說文》：從頁從格省聲也。（卷一）
  按，頟，二徐本作從頁各聲。頟，《段注》在五部，格，亦在五部，慧
  琳所引構形可從。

10. 糠穧：《說文》：穀皮也。從禾康聲。《說文》：從禾會聲。（卷一）
  按，穄，二徐作從禾從米庚聲。穄，《段注》在十部，康，亦在十五部，
  慧琳所引構形可從。

11. 寶玩：《說文》：從王從甂省聲也。（卷二）
  按，玩，二徐作從玉元聲，玩，《段注》在十四部，甂，亦在十四部，慧
  琳引構形可從。

12. 皓白：《說文》：皓字，從白從浩省聲也。（卷二）

　　按，二徐本皆作從日告聲，皓，《段注》在三部，浩，亦在三部，慧琳所引構形亦可從。

13. 詰責：《說文》：責，求也。問罪也。從貝從策省聲。（卷二）

　　按，責，二徐作求也，從貝朿聲。慧琳所引「問罪也」乃推衍其說。責，《段注》在十六部，策，亦在十六部，慧琳卷二所引構形可從。

14. 芳馥：《說文》：從屮作芳。石經從草。（卷二）

　　按，芳，二徐本作從艸方聲。芳，《段注》在十五部，方，在十部，二者韻遠，不當為形聲，慧琳所引構形可從。

15. 繫縛：《說文》：從糸轂聲也。《說文》：束也。從糸從博省聲也。（卷三）

　　按，縛，二徐作從糸尃聲。縛，《段注》在五部，博，亦在五部，慧琳卷三所引構形可從。

16. 姊妹：《說文》：從女市聲也。（卷三）

　　按，姊，二徐作姊，從女朿聲。姊、朿，《段注》在十五部，市，亦在十五部，慧琳所引乃據俗體為說，構形亦可從。

17. 焦炷：《說文》：從隹從火。（卷五）

　　按，焦，二徐作爰，從火雥聲。或省作焦。爰，《段注》在二部，隹，在十五部。慧琳構形可從。

18. 與趺：《說文》：從舁与聲。或作与，古字也。《說文》：正體從付作跗。（卷六）

　　按，與，二徐作從舁從与。《說文段注》認為舁与皆亦聲。與，《段注》在五部，与，亦在五部，慧琳所引構形可從。

19. 災橫：《說文》：從火巛聲。《說文》：從木黃聲也。（卷六）

　　按，災，二徐作籀文從巛。災，《段注》在一部，巛，當為巜，巜，在一部。可為形聲。

20. 怯畏：《說文》：多畏也。《說文》：畏，惡也。從爪而虎爪可畏也。從人從鬼省聲也。（卷七）

　　按，畏，二徐作從甶虎省。畏，《段注》在十五部，鬼，亦在十五部，慧琳卷七所引構形可從。

21. 歐熱血：《說文》：歐，吐也。從欠謳省聲也。《說文》：熱，溫也。從火
執（埶）聲也。（卷七）

按，歐，二徐作吐也，從欠區聲。歐，《段注》在四部，謳，亦在四部，
慧琳卷七所引構形可從。

22. 磣毒：《說文》：害人之草也。從屮毒（毒）聲也。（卷八）

按，毒，二徐作從屮從毒。與慧琳所引構形不同。毒，《段注》在三部，
毒，在一部，二者合韻，慧琳卷八所引構形可從。

23. 蘆葦：《說文》：蘆字從艸從皿虍聲也。（卷八）

按，蘆，二徐作從艸盧聲。蘆，《段注》在五部，盧，亦在五部，盧，
從皿虍聲，虍，當亦在五部，慧琳卷八所引構形可從。

24. 藪澤：《說文》：大澤也。從艸數聲。《說文》：光潤。從水從擇省聲。（卷
八）

按，澤，二徐作從水睪聲。澤，《段注》在五部，擇，亦在五部，二者
可為形聲，卷八所引構形可從。

25. 憒吏：《說文》：憒，亂也。《說文》從心從潰省聲也。《說文》從市從人
作吏，會意字也。〔註5〕（卷十一）

按，憒，二徐作從心貴聲。憒，《段注》在十五部，潰，亦在十五部，
慧琳所引構形可從。

26. 衒賣：《說文》：出物也。從出買聲也。買字，《說文》從冈也。（卷十
四）

按，賣，二徐作出物貨也。從出從買。買，二徐作市也，從网貝。賣，
《段注》在十六，買，亦十六部，慧琳卷十四所引構形可從。

27. 準繩：《說文》：平也。從氺隼聲。《說文》：索也。從糸從黽省聲也。（卷
十五）

按，繩，二徐作從糸蠅省聲。繩，《段注》在十部，黽，亦十部，慧琳
卷十五所引構形可從。

28. 法靴：《說文》從革兆聲。（卷十九）

〔註 5〕獅作擾。

按，靴，二徐作從革從兆，靴，《段注》在二部，兆，在二部，慧琳所
引構形可從。

29. 酒聖：《說文》古文乃字從彡（辵）西聲也。西（酒），古文乃字也。（卷
十九）

按，卤，從乃省西聲。乃，弓，古文乃字也。慧琳所引亦可通。

30. 最勝：《說文》任也。從力從勝省聲，勝字從女券意也。（卷二十九）

按，勝，二徐作任也，從力朕聲。勝，《段注》在六部，朕，亦六部，
慧琳所引構形可從。

31. 畋獵：《說文》：平田也。從攴田聲。（卷三十二）（卷四十一）（卷八十
三）（卷九十二）

按，畋，二徐作從攴田。丁福保認為慧琳所引為古本。畋、田，《段注》
皆在十二部，慧琳所引構形可從。

32. 粟秫：《說文》從禾朮聲。（卷三十四）

按，秫，二徐作從禾朮。秫、朮，《段注》皆在十五部。慧琳所引構形
可從。

33. 手罯：《說文》：罯，覆也。從暗省聲也。（卷三十五）

按，罯，二徐作覆也，從网音聲。罯、音、暗，《段注》皆在七部。慧
琳所引省聲亦可。

34. 馺馺：《說文》云馺馺，行相及也。從馬及聲也。（卷三十七）（卷四十）
（卷八十四）（卷九十七）

按，馺，大徐作馬行相及也。從馬從及。小徐釋義與大徐同，構形與慧
琳所引同，作從馬及聲。丁福保認為二徐所引「馬乃馺字之壞，奪
其半耳」。馺、及，《段注》皆在七部，當為形聲，大徐所引會意
不確。

35. 茅齋：《說文》：戒潔也。從示齊聲也。（卷三十八）

按，齋，二徐作戒潔也，從示齊省聲。慧琳所引與小徐同。齋、齊，《段
注》皆在十五部。宜為形聲。慧琳所引構形可從。

36. 鑹斸：《說文》：斫屬也。從斤蜀聲。（卷四十）

按，斸，大徐作斫也。從斤蜀。小徐作斫也。從斤蜀聲。小徐與慧琳所

引構形同。劗，《段注》在三部。甽，《段注》在四部。二者韻部近，可以為形聲。慧琳所引構形可從。

37. 禽獸：《說文》：守備也。從犬嘼亦聲。（卷四十）（卷五十七）（卷一百）
按，獸，大徐作守備者，從嘼從犬。小徐與慧琳所引同。獸、嘼，《段注》皆在三部。當為形聲。慧琳所引構形可從。

38. 乂蒸：《說文》從草從灬承聲也。（卷四十一）
按，蒸，二徐作從艸烝聲。蒸，《段注》在六部。承，亦在六部。慧琳所引構形可從。

39. 領袖：《考聲》云衣袂端也。《說文》亦同。從衣從岫省聲也。（卷四十一）
按，袖，乃褎字俗體。《段注》在三部。岫，《段注》亦在三部，慧琳所引構形可從。

40. 貶黜：《說文》亦損也。從貝乏聲。（卷四十一）（卷七十）（卷八十四）（卷八十五）
按，貶，二徐作損也，從貝從乏。貶，古韻在談部。乏，在葉部。二者對轉。可作形聲。慧琳所引構形可從。

41. 游泳：《說文》從水斿聲。（卷四十一）
按，游，二徐作從斿汓聲。汓、游、斿，古音皆在三部。慧琳及二徐所作構形皆可。

42. 瞿然：《說文》從隹從䀠從又作矍。（卷四十二）
按，矍，二徐構形作從又持之矍矍也。《段注》作從又持志瞿瞿也。《段注》可從。慧琳亦可從。

43. 膚黶：《說文》從豊從大從血。（卷四十四）
按，黶，二徐作從豊盇聲。盇，《段注》在十五部。黶，《段注》在八部。二字韻遠，不當形聲。慧琳所引構形可從。

44. 鞌勒：《說文》：鞍，馬莊具也。從革安聲也。（卷四十四）
按，鞍，大徐作馬鞁具也。從革從安。小徐作從革安聲。小徐與慧琳所引同。鞍、安，《段注》皆在十四部，當為形聲。大徐作會意，不確。慧琳所引「莊」字不確，當作「鞁」字，鞁，二徐作車駕具也。慧琳所引構形可從。

45. 茖蒸：《說文》從艸從格省聲也。（卷四十五）

按，茖，二徐作從艸各聲。茖、格、各，《段注》皆在五部。慧琳所引構形可從。

46. 貫邑：《說文》從貝毌聲。（卷四十五）

按，貫，二徐作從貝毌，貫、毌《段注》皆十四部。慧琳所引構形可從。

47. 刈者：《說文》從刀乂聲。（卷四十七）

按，刈、乂，《段注》皆在十五部，當為形聲。慧琳所引構形可從。

48. 閱眾：《說文》人具數於門中謂之閱。從門從兌聲也。（卷四十九）（卷五十四）

按，閱，二徐作具數於門中也。從門說省聲。閱、閱、兌，《段注》皆在十五部。慧琳所引構形可從。

49. 細滑：《說文》：微也。從糸從囟。（卷五十七）

按，細，二徐作從糸囟聲。囟，《段注》在十二部，細，《段注》在十五部。二者韻遠，不當為形聲。慧琳所引構形可從。

50. 禮賂：《說文》從貝路省聲。（卷五十七）

按，賂，二徐作從貝各聲。路、賂，《段注》皆在五部，慧琳所引構形可從。

51. 傂額：《說文》從頁從格省。（卷六十）

按，額，二徐作額，從頁各聲。額、格，《段注》皆在五部，慧琳所引構形亦可從。

52. 哆唇：《說文》張口也。從口從侈省聲也。（卷六十）

按，哆，二徐作張口也，從口多聲。哆、侈，《段注》皆在十七部，慧琳所引構形可從。

53. 整旆：《說文》云繼旐之旗也，沛然而垂也。從㫃從沛省聲也。（卷六十一）

按，旆，二徐作從㫃宋聲。旆、沛，《段注》皆在十五部，慧琳所引構形亦可從。

54. 齵齒：《說文》：齒不正也。從齒從偶省聲也。（卷六十一）

按，齵，二徐作從齒禺聲。齵、偶，《段注》皆在四部。慧琳所引構形
可從。

55. 抉目：《說文》：抉，挑也。從手夬聲。（卷六十二）抉口：《說文》云抉，
挑也。從手從決省聲。（卷六十二）
按，抉，二徐與慧琳卷六十二所引同。抉、決，《段注》皆在十五部。
慧琳所引構形亦可從。

56. 絪氎：《說文》從糸從囡。（卷六十四）
按，絪，二徐作從糸囡聲。絪，《段注》在十五部，囡，在十二部，二
者韻遠，不當為形聲。慧琳所引構形可從。

57. 糞掃：《說文》：埽，除也。從土帚聲也。（卷六十四）
按，埽，二徐作棄也，從土從帚。埽、帚，《段注》皆在三部，當為形
聲，慧琳所引構形可從。

58. 販賣：《說文》出物也，從出買聲也。（卷六十五）
按，賣，二徐作出物貨也，從出從買。賣、賣，《段注》皆在十六部，
二者可為形聲，慧琳所引構形可從。

59. 蠹紫：《說文》從昏蚰聲。（卷六十七）
按，蠹，二徐作從蚰民聲。蠹、蚰，《段注》皆在十三部，慧琳所引構
形亦可從。

60. 怯劣：《說文》：劣，弱也，從少力，會意字。（卷六十八）
按，劣，二徐作從力少聲。劣，《段注》在十五部，劣，《段注》在二部，
二者韻遠，慧琳所引構形可從。

61. 陰尻：《說文》：從皀從云今聲。（卷七十六）
按，陰，二徐作從皀侌聲。今、陰、侌，《段注》皆在七部，慧琳所引
構形可從。

62. 髦鬣：《說文》云髮也。從髟毛聲。（卷七十七）（卷八十）（卷八十二）
（卷八十四）（卷九十二）
按，髦，二徐作髮也，從髟毛。髦、毛，《段注》皆在二部，二者可為
形聲，慧琳所引構形可從。

63. 飼鷹：《說文》作飤，從人食聲。（卷七十七）

　　按，飤，二徐從人食，飤、食，《段注》皆在一部，可為形聲。慧琳所
　　　引構形可從。

64. 浣染：《說文》作浣，從水完聲。（卷七十八）

　　按，浣，二徐作從完，浣、完，《段注》皆在十四部，二者可為形聲。
　　　慧琳所引構形可從。

65. 挽身：《說文》：生子免身也。從子免聲。（卷七十九）

　　按，挽，二徐作從子免。挽、免，古音皆在元部，可為形聲。慧琳所引
　　　構形可從。

66. 疇隴：《說文》：耕治田也。形聲字也。（卷八十二）

　　按，疇，二徐作耕治之田也。疇，二徐為會意。疇，《段注》在三部，
　　　壽，亦在三部，二者可為形聲，慧琳所引構形可從。

67. 鑾輿：《說文》從金鑾聲。（卷八十三）

　　按，鑾，二徐作從金鸞省。鑾、鸞，《段注》皆在十四部，慧琳所引構
　　　形可從。

68. 俎醢：《說文》從半肉在且上，象形字也。《說文》從酉盍聲。（卷八十四）
　　（卷九十七）

　　按，醢，二徐作從酉盍。醢、盍，《段注》皆在一部，慧琳所引構形可
　　　從。

69. 玉迻：《說文》：遷也。從辵移省聲。（卷八十五）（卷九十八）

　　按，迻，二徐作遷徙也。從辵多聲。迻，《段注》在十七部，移，《段注》
　　　在十六部，二者韻近，慧琳卷八十五所引構形可從。

70. 皋繇：《說文》皋字從白半聲也。（卷八十六）

　　按，皋，二徐作從白本。皋，《段注》在三部，本，在二部，韻近，可
　　　為形聲。慧琳所引構形可從。

71. 不窋：《說文》從穴出聲。（卷八十六）

　　按，窋，二徐作從穴中出。窋，《段注》在十五部。出，亦在十五部。
　　　二者為形聲。慧琳所引構形可從。

72. 絕臚：《說文》從肉旅聲。（卷八十七）

　　按，臚，二徐作從肉從旅。臚、旅，《段注》皆在五部，慧琳所引構形可從。

73. 濫觴：《說文》云觴，觶也。實曰觴，虛曰觶。從角易聲。（卷八十七）

　　按，觴，大徐作觶實曰觴，虛曰觶。從角煬省聲。小徐與慧琳所引略同。觴、易，《段注》在十部，慧琳所引構形亦可。

74. 愧怍：《說文》云怍，慚也。從心乍聲。（卷八十八）

　　按，怍，二徐作慙也。從心作省聲。慙、慚異體。怍，《段注》在五部，乍，亦在五部，慧琳所引構形可從。

75. 操筆：《說文》從竹聿聲。（卷八十九）

　　按，筆，二徐作從聿從竹。筆，《段注》在十五部，聿，亦在十五部，二者可為形聲。慧琳所引構形可從。

76. 彭豳：《說文》：從山豩聲也。（卷九十）

　　按，豳，二徐作從山豩。豳，《段注》在十三部，豩，亦在十三部，二者可為形聲，慧琳所引構形可從。

77. 戛石：《說文》：戟也。從戈從頁省聲。（卷九十）

　　按，戛，二徐作從戈頁。戛，《段注》在十五部，頁，亦在十五部，慧琳所引構形可從。

78. 江瀆：《說文》從水賣。（卷九十一）

　　按，瀆，二徐作從水賣聲。瀆，《段注》在十三部，賣，在十五部，二者韻遠，不當為形聲，慧琳所引構形可從。

79. 隨漢：《說文》從辵隋聲。（卷九十二）

　　按，隨，二徐作從辵，墮省聲。隨，《段注》在十七部，隋，亦在十七部。慧琳所引構形亦可從。

80. 藏妻：《說文》云婦也。《說文》從女從又從屮聲。（卷九十四）

　　按，妻，二徐作從女從屮從又。妻，《段注》在十五部，屮，亦在十五部。慧琳所引構形可從。

81. 緊靭：《說文》：緊，纏絲急也。從絲從臤聲。《說文》從韋從刃聲也。（卷九十四）

按，緊，二徐作從臤從絲省。緊，《段注》在十二部，臤，亦在十二部，慧琳所引構形可從。

82. 朏然：《說文》云朏，月未盛之明也。從月出聲。（卷九十五）（卷九十九）

按，朏，二徐作月未盛之明。從月出。朏，《段注》在十五部，出，亦在十五部。二者可為形聲，慧琳所引構形可從。

83. 橫馗：《說文》云馗，九達道，似龜背，故謂之馗。從九首聲。（卷九十六）

按，馗，二徐作從九從首。馗，古音在幽部，首，亦在幽部，可為形聲。慧琳所引構形可從。

84. 嗑齒：《說文》從口盍。（卷九十六）

按，嗑，二徐作從口盍聲。嗑，《段注》在八部，盍，《段注》在十五部，二者韻遠，不當為形聲。慧琳所引構形可從。

85. 鰥絕：《說文》從魚環省聲。（卷九十六）

按，鰥，二徐作從魚罒聲。鰥，《段注》在十三部。環，在十四部，韻近，可為形聲。慧琳所引構形可從。

86. 酣酱：《說文》：酱，酳也，酳，酱醉也。從酉熒省聲。（卷九十七）

按，酱，二徐作從酉熒省聲。酱，《段注》在十一部，熒，亦在十一部，慧琳所引構形可從。

87. 斗杓：《說文》亦斗柄也。從木勺聲。（卷九十八）

按，杓，二徐作枓柄也。從木從勺。杓，《段注》在二部，勺，亦在二部，可為形聲，慧琳所引構形可從。

88. 覢往：《說文》：覢，謂邪視也。從見辰聲。（卷九十九）

按，覢，二徐作衺視也。從見辰。覢，《段注》在十六部，辰，亦在十六部，慧琳所引構形可從。

89. 大侈：《說文》：奢也，從人從哆省。（卷八十二）

按，侈，二徐作從人多聲，侈，《段注》在十七部，哆，亦在十七部，慧琳所引構形可從。

90. 輕奭：《說文》：從而從大。又古作𡚝。（卷一）

　　按，奭，今二徐作奊，從大而聲。奊，《段注》在十四部，而，在一部，二者韻遠，不當為形聲，慧琳所引構形可從。

91. 延裔：《說文》：長行也。從丿從延延亦聲也。（卷十二）

　　按，延，二徐作從延丿聲。裔，二徐作從衣冏聲。延，《段注》在十四部，延，亦十四部，丿，在十五部，慧琳所引構形可從。

92. 鼅鼄：《說文》：鼅鼄，蟊也，從黽智省聲。鼄，從黽朱聲。（卷四十）（卷三十一）

　　按，鼅，二徐作鼄鼅，蟊也。從黽𥎯省聲。鼅、𥎯，《段注》皆十六部，智，亦十六部，慧琳所引構形可從。

93. 喪丂：《說文》：亾也。從哭亾聲。（卷四十一）

　　按，喪，大徐作亡也，從哭從亡。亡亦聲。小徐與慧琳所引同。喪、亡，《段注》皆在十部。當為形聲，大徐構形不確。慧琳所引構形可從。

94. 曩實：《說文》從日襄聲。（卷八十三）

　　按，曩，二徐作從曐省，襄省聲。曩、襄，《段注》皆十部，慧琳所引構形亦可從。

95. 喁喁：《說文》：衆口上見也。從口禺聲。（卷七十七）（卷九十六）（卷九十八）

　　按，喁、禺，《段注》在四部，慧琳所引構形可從。

96. 熾盛：《說文》：從火職省聲也。《說文》：從皿成聲也。（卷一）

　　按，熾，二徐作從火戠聲。熾，《段注》在一部，職，亦在一部。慧琳所引構形可從。

97. 無縛無解：《說文》：束也。從糸從博省聲也。《說文》：判也，從刀牛角也。（卷一）

　　按，縛，二徐作從糸專聲，縛，《段注》在五部，博，亦在五部。慧琳所引構形可從。

十、慧琳有節引

《說文》釋為「A，BC 也」。《慧琳》引作「A，B 也」或者「A，C 也」。

1. 伎樂：《說文》：五聲八音總名也。象鼓鞞之形。（卷一）
   按，樂，二徐本作五聲八音總名，象鼓鞞木虡也，慧琳乃節引。

2. 夢境：《說文》：寐覺也。（卷一）
   按，寤，二徐作寐覺而有信曰寤。慧琳所釋當為寤字，且有節引。

3. 苦惱：《說文》：痛恨也。（卷十五）
   按，惱，大徐作嫋，有所恨也。小徐作有所恨痛也。小徐本較完備，慧琳、大徐有所節引。

4. 欻然：《說文》：吹起也。（卷十二）
   按，欻，二徐作有所吹起。慧琳乃節引。

5. 鵰鳥：《說文》：隹亦鳥也。（卷十五）
   按，隹，二徐作鳥之短尾總名也。慧琳所引乃節引。

6. 談話：《說文》：善言也。（卷十五）
   按，話，二徐作合會善言也。慧琳所引乃節引。

7. 吹笙：《說文》：物生，故象物貫地而生，故謂之笙。大者十九簧，小者十三簧。（卷十九）
   按，笙，二徐較為完備，慧琳乃節引。

8. 醇醲：《說文》：醇，不澆也。從酉𦎧聲。《說文》：醲，厚也，從酉農聲。（卷十九）
   按，醇，二徐作不澆酒也。醲，二徐作厚酒也。慧琳乃節引。

9. 屋舍室宅：《說文》：屋，居也。《說文》：宅，託也。（卷二十五）
   按，宅，大徐作所託也。小徐作所託居也。《說文段注》作人所託居也，較為完備。慧琳乃節引。

10. 鞾衣：《說文》：毳毳飾也。《說文》云：茸，草也。（卷二十六）
    按，茸，二徐作艸茸茸皃。慧琳乃節引其說。

11. 舟航：《說文》：船（船）也。刳木為舟，以濟不通，象形字。（卷二十九）

按，舟，二徐作船也，古者共鼓貨狄刳木為舟，剡木為楫，以濟不通。象形。慧琳所引有節引。

12. 穰𪎮：《說文》亦黍梨也。從禾襄聲。（卷三十）（卷七十六）
按，穰，二徐作黍梨已治者。慧琳所引乃節引。

13. 澍灋雨：《說文》云灋，平如水，廌所以不直而去之，會意字也。（卷三十四）
按，灋，二徐作刑也，平之如水，從水廌。所以觸不直者去之。慧琳所以乃節引。

14. 欠欳：《說文》：氣悟。（卷三十五）
按，欠，二徐作張口气悟也。慧琳所引乃節引。

15. 八十朶：《說文》樹木垂朶。（卷三十八）
按，朶，二徐作樹木垂朶朶也。慧琳所引乃節引。

16. 直豎：《說文》：立也。從臤豆聲。（卷四十）（卷六十一）
按，豎，二徐作豎立也。慧琳所引乃節引。

17. 鈇鉞：《說文》：鈇，剉也。從金夫聲。（卷四十一）
按，鈇，二徐作莝斫刀也。從金夫聲。慧琳所引乃節引。

18. 隓殄：《說文》：敗也。從𨸏㚋聲。（卷四十二）
按，隓，二徐作敗城𨸏曰隓。從𨸏㚋聲。慧琳乃節引。

19. 旋環：《說文》：周旋，麾指也。（卷四十三）
按，旋，二徐作周旋，旌旗之指麾也。慧琳所引乃節引。

20. 紡織：《說文》：絲也。（卷五十一）
按，織，二徐作作布帛之總名也。紡，二徐作網絲也。慧琳所引乃節引其說。

21. 纖長：《說文》：長，久也，從兀從化從倒亡。（卷五十三）
按，長，二徐作久遠也。從兀從匕亡聲。慧琳所引構形不確。所引釋義乃節引。

22. 蠓蚋：《說文》云蠛蠓也。從虫蒙聲也。（卷六十六）（卷六十九）
按，蠛，二徐作蠛蠓也，細蟲也。慧琳所引乃節引。

23. 欑躰：《說文》：積也。從木贊聲。（卷六十九）
　　按，欑，二徐作積竹杖也。從木贊聲。慧琳乃節引。

24. 不腆：《說文》云膳多也。從肉典聲。（卷七十八）
　　按，腆，二徐作設膳腆腆多也。慧琳乃節引。

25. 箋其：《說文》云表識也。從竹戔聲。（卷七十八）
　　按，箋，二徐作表識書也。慧琳乃節引。

26. 臨沂：《說文》：沂，水。出東太山南入泗，從水斤聲也。（卷八十）
　　按，沂，二徐作水，出東海費東，西入泗。一曰沂水，出泰山蓋，青州
　　　浸。慧琳所引乃雜合二說。

27. 貪惏：《說文》：河北謂貪曰惏。從心林聲。（卷八十一）
　　按，惏，二徐作河內之北謂貪曰惏。從心林聲。慧琳乃節引。

28. 鬼蜮：《說文》三足，以氣射害人，從虫或聲。（卷八十二）
　　按，蜮，二徐作短狐也，似鼈，三足，以氣射害人。慧琳乃節引其說。

29. 東鰈：《說文》魚也，或從去。（卷八十五）
　　按，鰈，二徐作比目魚也。慧琳乃節引。

30. 不稂：《說文》禾粟生而不成，謂之童稂。從艸郎聲。（卷八十七）
　　按，稂，二徐作禾粟之采，生而不成者，謂之童蓈。慧琳乃節引其說。

31. 恨懡：《說文》亦慚也。從心典聲。《說文》從犬作默，云大（犬）憖（暫）
　　逐人。從犬黑聲。（卷九十）
　　按，恨，二徐作青徐謂憖為恨。慧琳乃節引其說。

32. 編韋：《說文》：獸皮之韋，可以束枉矢（戾）也。從舛口聲。（卷九十
　　一）
　　按，韋，二徐作相背也。從舛口聲。獸皮之韋，可以束枉戾相韋背。慧
　　　琳有節引。

33. 用祛：《說文》云用，行也。從卜中。（卷九十二）
　　按，用，二徐作可施行也。從卜從中。慧琳乃節引。

34. 蟲豸：《說文》云豸，獸長脊行曰豸，象形字。（卷九十四）
　　按，豸，二徐作獸長脊，行豸豸然也。慧琳乃節引。

35. 禹禼：《說文》：高辛氏之子，殷之先也。從人契聲。（卷九十七）

　　按，禼，二徐作高辛氏之子，堯司徒，殷之先。慧琳乃節引。

36. 旭日：《說文》太陽精，象形字也。（卷四十一）

　　按，日，二徐作實也，太陽之精。慧琳所引乃節引。

37. 恭恪：《說文》：給也。從心從共共聲也。《說文》作愻，亦同。（卷十二）

　　按，恭，二徐作肅也。從心共聲。供，二徐作設也，一曰供給。慧琳乃節引。

十一、慧琳乃推衍其說

《說文》釋作「A，B也。」慧琳推衍爲「A，CD也。」

1. 失魄：《說文》：月始生魄然也。承大月二日，承小月三日。《古今正字》：魂魄二字並從鬼，形聲字也。（卷十八）

　　按，魄，二徐作陰神也。從鬼白聲。慧琳乃推衍其說。

2. 腫疱：《說文》：腫，癰也。從肉重聲也。《說文》：面上風氣瘡也。從广包聲也。（卷七）肉疱：《說文》：面氣生瘡也。（卷六十二）

　　按，疱，二徐作面生氣也。從皮包聲。慧琳所引乃推衍其說。

3. 杖塊：《說文》：手持木也。從木丈聲。（卷四）

　　按，杖，二徐作持也，丁福保認爲慧琳所引爲古本。筆者認爲慧琳乃推衍其說。

4. 馳驢：《說文》：似馬而小，長耳牛尾。從馬盧聲也。（卷六）

　　按，驢，二徐作似馬長耳，慧琳蓋推衍其說。

5. 誼雜：《說文》：集五彩之衣曰雜。從衣集聲也。（卷十一）

　　按，雜，二徐作五彩相合。慧琳乃推衍其說。

6. 珊瑚：《說文》：珊瑚謂赤色寶，生於海底，或出山石中也。（卷二十五）

　　按，珊，二徐作珊瑚，色赤，生於海，或生於山。慧琳所乃乃推演其說。

7. 周墇：《說文》：擁塞也。從土。《說文》：隔也。（卷二十七）

按，墇，二徐作擁也。從土章聲。塞，二徐作隔也。慧琳所引乃推衍其
說。

8. 累染：《說文》增加也。從糸。（卷二十九）
按，累，二徐作絫，增也。從厽從糸。慧琳所引乃》：推衍其說。

9. 蝪蜥：《說文》云在屋壁曰守宮，在草澤曰蝪蜥。其鳴自呼，口中吐卵而
生。並形聲字。（卷三十六）
按，蝪，二徐作易，蜥易，蝘蜓，守宮也。慧琳所引乃推衍其說。

10. 南庌：《說文》：堂下周屋曰廡。（卷四十三）
按，庌，二徐作廡也。慧琳卷四十三所引乃推衍其說。

11. 劋刺：《說文》云劋，斷也。針刺也。一云劋也，剗也。從刀喿聲。（卷
五十三）
按，劋，二徐無「針刺也」之訓，蓋慧琳推衍其說。

12. 謗讟：《說文》言其惡也。（卷六十）
按，謗，二徐作毀也。慧琳所引乃推衍其說。

13. 厌足：《說文》：傾側不正也。從人在厂下。（卷六十一）
按，厌，二徐作側傾也。從人在厂下。慧琳乃推衍其說。

14. 畋遊：《說文》作田，云獵取禽狩，爲田除害也。象四口，十者阡陌之制
也。（卷六十二）
按，田，二徐作陳也，樹穀曰田，象四口，十，阡陌之制也。畋，二徐
作平田也。慧琳所引「獵取禽狩」乃慧琳推衍其說。

15. 樗皮：《說文》：山木也。其皮以爲燭，從木雩聲。（卷六十八）
按，樗，二徐作木也，以其皮裹松脂。慧琳乃推衍其說。

16. 蜥蜴：《說文》云蝘蜓，在草曰蜥蜴也。從虫。（卷六十九）
按，蜥，二徐作蜥蜴也。蜴，二徐作蝘蜓。慧琳所引乃推衍其說。

17. 相磕：《說文》：磕，石聲也。今江南凡言打物破碎爲磕破，亦大聲也。
（卷七十）
按，磕，二徐作石聲。慧琳乃推衍其說。

18. 坑窖：《說文》：地藏也。穿地爲室，藏五穀也。（卷七十五）（卷七十）

按，窖，二徐作地藏也，慧琳後段所引乃推衍其說。

19. 薟苦：《說文》：薟，白薟也。蔓生於野者也。（卷七十）

按，薟，二徐作白薟也。慧琳後段所引乃推衍其說。

20. 如噎：《說文》：食在喉不下也。又云飯窒也。從口壹聲。（卷八十）（卷七十五）（卷七十）（卷七十七）（卷七十九）（卷八十）（卷八十四）（卷九十四）

按，噎，二徐作飯窒也，從口壹聲。慧琳所引「食在喉不下也」乃推衍其說。

21. 文字：《說文》：昔（昔）蒼頡造書，依類象形，故謂之文。其後形聲相益，即謂之字。字，生也，孳乳浸多。（卷七十）

按，文，二徐作錯畫也，象交文。慧琳所引乃推衍其說。字，二徐作乳也。慧琳乃推衍其說。

22. 衰耄：《說文》：瘴，滅（減）也。損也。（卷七十一）

按，瘴，二徐作減也。「損也」之訓乃推衍其說。

23. 夷悅：《說文》：夷，平也。亦明也，常也，悅，樂也。（卷七十一）

按，夷，二徐作平也。慧琳所引乃推衍其說。

24. 深愆（愆）：《說文》：愆（愆），過也。失也。（卷七十一）

按，愆，二徐作愆，過也。慧琳卷七十一後段所引乃推衍其說。

25. 筳炎：《說文》：筳筳，束草蓺火以照之也。（卷七十四）

按，筳，二徐作苣，束葦燒也。慧琳所引乃推衍其說。

26. 猭鬢髮：《說文》：頰耳間髮也。從髟賓聲。（卷七十五）

按，鬢，二徐作頰髮也。慧琳所引乃推衍其說。

27. 顫疧：《說文》云疧，顫，搖頭病也。從广又聲也。（卷七十五）

按，疧，二徐作顫也。慧琳所引「搖頭病也」乃推衍其說。

28. 鹿猋：《說文》云猋，犬群走皃也。（卷七十五）

按，猋，二徐作犬走皃。慧琳所引乃推衍其說。

29. 鷗鳥：《說文》：鳶鳥之屬。形聲字。（卷七十七）（卷八十四）

按，鷗，二徐作雖也。慧琳乃推衍其說。

30. 犇而：《說文》：牛群走也。從三牛會意字也。（卷七十八）

按，犇，二徐作奔，走也。慧琳乃推衍其說。

31. 愔漠：《說文》：漠，北方幽冥沙漠也，從水莫聲也。（卷八十九）（卷七十八）（卷九十五）

按，漠，二徐作北方流沙也。從水莫聲。慧琳乃推衍其說。

32. 剡木：《說文》：銳使其利。形聲字。（卷八十一）

按，剡，二徐作銳利也。從刀炎聲。慧琳乃推衍其說。

33. 櫨枓：《說文》云枓，柱頭上方木如斗。（卷八十一）

按，枓，二徐作勺也。慧琳乃推衍其說。

34. 剽掠：《說文》云剽謂劫奪人財物也。（卷八十一）

按，剽，二徐作劫也。慧琳乃推衍其說。

35. 靮珽：《說文》云珽，大圭也。長三尺。古用八寸尺即今二尺四寸也。從玉廷聲也。（卷八十一）（卷九十八）

按，珽，二徐作大圭，長三尺。抒上，終葵首。從玉廷聲。慧琳所引「古用八寸尺即今二尺四寸也」乃推衍其說。

36. 八楞：《說文》云楞有隅抓（柧）角也。（卷八十一）

按，楞，二徐作柧也。慧琳乃推衍其說。

37. 梭櫚：《說文》又謂之栟櫚，梭之別名也。（卷八十一）

按，梭，二徐作栟櫚也。「梭之別名也」乃慧琳推衍其說。

38. 靮麈尿：《說文》云麈，鹿屬也，大而一角。從鹿主聲。（卷一百）（卷八十九）（卷八十四）

按，麈，二徐作麋屬，從鹿主聲。慧琳乃推衍其說。

39. 戡戳：《說文》殺也。《說文》：戳，滅也。除也，從戈晉聲。（卷八十五）

按，戡，二徐作刺也。慧琳乃意引。慧琳所引「除也」乃推衍其說。

40. 止簣：《論語》云為山九仞，功虧一簣。《說文》義同。從草貴聲。（卷八十七）

按，簣，二徐作艸器也。從艸貴聲。慧琳所引釋義乃推衍其說。

41. 瀺灂：《說文》云水滴下小聲也。並從水，毚爵皆聲也。（卷八十八）

按，潛，二徐作水小聲，慧琳乃推衍其說。

42. 譔聞：《說文》：流言也。又語不實也。從言夐聲。（卷八十八）
　　按，譔，二徐作流言也。「又語不實也」恐慧琳推衍其說。

43. 悃愊：《說文》云憤至誠，謂之悃愊。二字並從心，畐皆聲也。（卷八十九）
　　按，愊，二徐作誠至也。《段注》作悃愊也。《說文古本考》認為古本當作至誠也，慧琳蓋推衍其說。

44. 砥礪：《說文》：磨斂細磨石也。（卷九十一）
　　按，砥，二徐作柔石也。慧琳乃推衍其說。

45. 野媼：《說文》云媼，女人長老稱也。從女昷聲。（卷九十二）
　　按，媼，大徐作女老偁也。小徐作母老稱也。《段注》與《繫傳》所引同，《說文校錄》據《韻會》及《玉篇》《廣韻》注，認為當作女老稱。蓋古本如是。慧琳乃推衍其說。

46. 琬琰：《說文》云玉圭長九寸，執以為信，以征不義也。（卷九十三）
　　按，琬，二徐作圭有琬者。慧琳乃推衍其說。

47. 欠賸：《說文》：賸，以財送人也。從貝朕聲。一曰賸，以物增加也。（卷九十四）
　　按，賸，二徐作物相增加也。從貝朕聲。一曰送也，副也。慧琳乃推衍其說。

48. 女媧：《說文》古之神人聖女曰媧，變化萬物者也，從女咼聲。（卷九十七）
　　按，媧，二徐作古之神聖女，化萬物者也。慧琳乃推衍其說。

49. 溯泳：《說文》謂无舟檝渡河也。（卷九十九）
　　按，溯，二徐作無舟渡河也。慧琳乃推衍其說。

50. 企懷：《說文》舉踵而望也。從人止聲。（卷一百）
　　按，企，二徐作舉踵也。慧琳乃推衍其說。

51. 秉法炬：《說文》：束竹箬以燒之曰炬。（卷七）
　　按，炬，二徐作束葦燒。慧琳所釋乃推衍其說。徐鉉認為炬，乃俗字。

十二、慧琳有衍文

衍文，這裡主要集中在構形上。也有部分體現在釋義上。

1. 侵害：《說文》：傷也。從宀從口。從丰省聲也。（卷四十一）
   按，害，二徐作從宀從口丰聲。慧琳所引衍「省」字。

2. 脬胃：《說文》：膀胱，水器也。從肉孚省聲也。《說文》：穀府也。從肉象形字也。（卷二）
   按，脬，二徐作膀光也，從肉孚聲。慧琳衍「省」字。

3. 放牧：《說文》：養牛馬人也。從攴從牛。（卷六）
   按，牧，二徐作養牛人也，慧琳恐衍文。

4. 邃古：《說文》：亡也。會意也。從辵家聲也。（卷一）
   按，今二徐並作從辵家聲，無「會意也」。慧琳所引有衍文。

5. 兩脛：《說文》：足腨也。從肉從巠省聲。（卷一）
   按，今二徐作腨也，從肉巠聲。脛，《段注》在十一部，巠，慧琳所引構形不確。所引釋義乃衍「足」字。

6. 聾者：《說文》：無聞聲也。（卷一）
   按，聾，今二徐無「聲」字。慧琳蓋衍「聲」字。

7. 炬熾：《說文》：火盛也。（卷一）
   按，熾，今二徐作盛也，慧琳所引恐衍「火」字。

8. 怯怖：《說文》：多畏也。《說文》：怖猶惶恐也。從心布聲也。（卷五）
   按，怖，二徐作惶也，慧琳所引有衍文。

9. 堆阜：《說文》作陮。陮隗，京也，從阜隹省聲。《說文》：山無石曰阜。（卷六）
   按，二徐作陮，陮隗，高也，從阜隹聲。丁福保認為「高」古本當作「京」。卷六所引衍「省」字。

10. 昧鈍：《說文》：從日從抹省聲也。《說文》：鈍，錭，頑鈍也。從金屯聲也。（卷六）檮昧：《說文》云從日未聲也。（卷四十）
    按，昧，二徐作從日未聲。昧，《段注》在十五部，抹，在十二部，二者韻遠，不當為省聲，慧琳卷六所引構形不確。鈍，二徐作錭也。

慧琳所釋恐衍文。

11. 訶責：《說文》：責，求也。從貝從朿省聲也。《說文》作責，古字也。
　　（卷七）
　　按，責，二徐作從貝朿聲。慧琳所引衍「省」字。

12. 翅羽：《說文》：翄，翼也。從羽支（支）省聲也。（卷七）
　　按，翄，二徐作從羽支聲。慧琳所引衍「省」字。

13. 徵詰：《說文》：象也。案事有象可驗曰徵。從壬從微省聲也。《說文》：
　　詰，問也。從言吉省聲也。（卷八）
　　按，徵，二徐作召也，從微省壬為徵行與微而文達者即徵之。與慧琳所
　　　　引略異。詰，二徐作從言吉聲，慧琳衍「省」字。

14. 根株：《說文》：木根也。從木朱省聲也。（卷十二）蹶株：《說文》云木
　　根也。從木未（朱）聲也。（卷七十五）
　　按，株，二徐作從木朱聲，慧琳卷十二所引衍「省」字。

15. 濃厚：《說文》：露水多也。或從酉作醲，《說文》：厚酒也。形聲字也
　　（卷十五）
　　按，濃，二徐作露多也。慧琳所引衍「水」字。

16. 成胚：《說文》：婦孕一月為胚。從肉不省聲也。（卷十五）
　　按，胚，二徐作從肉不聲，慧琳所引衍「省」字。

17. 學架：《說文》：上所施，下所效也。《說文》：斅字從攴學省。（卷十八）
　　按，教，二徐作上所施下所效也。學，篆文斅省，慧琳所引衍「省」
　　　　字。

18. 推山：《說文》從手從隹省聲也。（卷十九）
　　按，推，二徐作從手隹聲。慧琳所引衍「省」字。

19. 搵取：《說文》：搵，沒也。從手從㬜省聲也。（卷十九）
　　按，搵，二徐作從手㬜聲，慧琳所引衍「省」字。

20. 谷響：《說文》泉水出通川為谷。從水半見，出於谷口，象形字。（卷二
　　十九）

按，谷，二徐作泉出通川為谷。從水半見，出於口。慧琳所引衍「水」「谷」字。

21. 膚過：《說文》：膚，皮也。或作肤，從肉盧省聲。（卷三十）（卷四十四）
按，膚，二徐作皮也，從肉盧聲。籒文臚作膚。慧琳所引乃據籒文為說。又卷三十所引構形衍「省」字。

22. 鍛磨：《說文》作礴也，從石靡省聲也。（卷三十一）
按，礴，二徐作從石靡聲，慧琳所引衍「省」字。

23. 鍵鑰：《說文》：闟，插關下牡也。從門龠聲。（卷八十）（卷三十二）（卷四十）
按，闟，二徐作關下牡也。從門龠聲。慧琳所引衍「插」字。

24. 黔首：《說文》：黔，黑黎也。從黑今聲。（卷三十四）（卷八十八）（卷九十七）
按，黔，二徐作黎也，從黑今聲。慧琳所引衍「黑」字。

25. 腰印：《說文》：人身中也。《說文》作要（小篆字形），從臼從交省聲也。籒文作要，從女從票省聲也。今變籒文用。（卷三十六）
按，要，二徐作身中也。象人要自臼之形。從臼交省聲。慧琳所引衍「人」字。

26. 饋遺：《說文》餉物也。從食賁聲。（卷三十八）
按，饋，二徐作餉也，從食貴聲。慧琳所引衍「物」字。

27. 吼詬：《說文》：詬，恥辱也。從言奚聲。（卷三十九）
按，詬，二徐作恥也，從言奚聲。慧琳所引衍「辱」字。

28. 窨惡：《說文》云地室者也。從穴音聲。《說文》音去聲。（卷四十）
按，窨，二徐作地室也。從穴音聲。慧琳所引蓋衍「者」字。

29. 孤惸：《說文》無父孤。從子從瓜省聲也。（卷四十一）
按，孤，二徐作無父也，從子瓜聲。慧琳衍「孤」「省」字。

30. 摎項：《說文》：摎，縛殺之也。（卷四十二）（卷四十三）
按，摎，二徐作縛殺也。慧琳所引蓋衍「之」字。

31. 俱眴：《說文》：目搖動也。從目旬聲。（卷四十五）
　　按，眴，二徐作目搖也。慧琳衍「動」字。

32. 兩杈：《說文》：木杈枝也。（卷四十五）
　　按，杈，大徐作枝也，從木叉聲。小徐、《段注》作杈枝也。慧琳與小
　　　　徐、《段注》所引略同，蓋古本當作「杈枝也」，慧琳衍「木」字。

33. 忝心：《說文》：忝，縱心也。從心次聲。（卷四十五）
　　按，忝，二徐、《段注》皆作縱也。從心次聲。慧琳所引蓋衍「心」字。

34. 懷婾謟想：《說文》巧黠也，從女從俞省聲也。（卷四十五）
　　按，婾，二徐作從女俞聲。慧琳卷四十五所引衍「省」字。

35. 咫尺：《說文》云中形婦人手長八寸謂之咫。周尺也。從尺只聲。《說文》
　　云十寸也。（卷四十九）
　　按，咫，二徐作中婦人手長八寸謂之咫。從尺只聲。慧琳所引衍「形」
　　　　字。

36. 睽違：《說文》云睽，目不相聽從也。從目癸聲也。（卷四十九）
　　按，睽，二徐作目不相聽也。從目癸聲。慧琳所引蓋衍「從」字。

37. 道軼：《說文》車相出也。從車失省聲。（卷五十一）
　　按，軼，二徐作車相出也。從車失聲。慧琳卷五十一衍「省」字。

38. 差跌：《說文》足踢（踢）也。一云越也。從足失聲。（卷五十三）（卷
　　六十二）（卷六十四）
　　按，跌，二徐作踢也，一曰越也。從足失聲。慧琳所引衍「足」字。

39. 投捭：《說文》：兩手撝擊也，從手卑聲。（卷五十四）
　　按，捭，二徐作兩手擊也。從手卑聲。慧琳所引衍「撝」字。

40. 反斾而歸：《說文》云繼旐之旗，沛然垂下。從㫃（𣃓）從市（巿）省聲
　　也。（卷六十）
　　按，斾，二徐作繼旐之旗，沛然而垂。從㫃巿聲。慧琳衍「省」字。

41. 船艎：《說文》：桜，船之總名也。從木夌聲也。（卷六十一）（卷八十三）
　　按，桜，二徐作船總名。慧琳所引衍「之」字。

42. 燒殯：《說文》云殯，死在棺，將遷葬尸柩，賓遇之也。夏后氏殯於阼階，殷人殯於兩楹之間，周人殯於賓階也，從歹賓亦聲也。（卷六十二）（卷九十三）

　　按，殯，二徐作死在棺，將遷葬柩，賓遇之。從歹從賓，賓亦聲，夏后殯於阼階，殷人殯於兩楹之間，周人殯於賓階。慧琳所引衍「尸」字、「也」字。

43. 髭鬢：《說文》云頰邊髮也。從賓聲。（卷六十二）

　　按，鬢，二徐作頰髮也，慧琳所引衍「邊」字。

44. 憂懆：《說文》：愁不安心。從心喿聲。（卷六十二）

　　按，懆，二徐作愁不安也。慧琳所引衍「心」字。

45. 軾座：《說文》：車前木也。從車式聲。（卷六十三）

　　按，軾，二徐作車前也。慧琳所引衍「木」字。

46. 釃酒：《說文》下酒也。從酉麗省聲也。（卷六十四）

　　按，釃，二徐作從酉麗聲。慧琳所引衍「省」字。

47. 輗治：《說文》：輗，車轅也。（卷六十四）

　　按，輗，二徐作轅也，慧琳衍「車」字。

48. 龕堀：《說文》云堀，窟突也，從土屈聲也。（卷六十六）

　　按，堀，二徐作突也。從土屈省聲。慧琳所引衍「窟」字，「省」字。

49. 鑽之：《說文》所以穿者也。從金贊聲。（卷八十三）（卷六十八）

　　按，鑽，二徐作所以穿也。慧琳所引衍「者」字。

50. 盜跖：《說文》私利財物也。從次從皿。《說文》：足下也。（卷八十五）（卷七十）

　　按，盜，二徐作私利物也。慧琳衍「財」字。

51. 犎胡：《說文》：胡，牛頷垂下也。（卷七十）

　　按，胡，大徐作牛顄垂也。小徐作牛領垂也。與慧琳所引略同，卷七十所引乃衍「下」字。

52. 屋宇：《說文》：宇，屋邊擔也。（卷七十一）

　　按，宇，二徐作屋邊也。慧琳所引乃衍「擔」字。

53. 齗齒：《說文》：齒相切也。（卷七十一）齟齗：《說文》：齒相切怒也。從齒介聲。（卷七十六）

按，齗，二徐與慧琳卷七十一所引同，卷七十六所引衍「怒」字。

54. 哮呼：《說文》云豕驚散聲也。從口孝聲。（卷七十七）（卷九十三）

按，哮，二徐作豕驚聲也。慧琳所引衍「散」字。

55. 冠幘：《說文》：幘，髮中有巾曰幘，從巾責聲。（卷七十七）

按，幘，大徐作髮有巾曰幘。小徐作幘也，髮有巾曰幘。與慧琳所引略同，卷七十七所引衍「中」字。

56. 排抗：《說文》：拒扞也。從手亢聲也。（卷七十七）（卷八十四）（卷九十九）

按，抗，二徐作扞也。慧琳衍「拒」字。

57. 蠻獠：《說文》：南蠻人，蛇種也。從虫䜌聲。《說文》從犬尞聲。（卷七十七）

按，蠻，二徐作南蠻，蛇種。慧琳所引衍「人」字。

58. 蔡𦵔：《說文》云草也。可食。從草祭聲。（卷八十）

按，蔡，二徐作艸也，從艸祭聲。慧琳所引釋義衍「可食」二字。

59. 籤牓：《說文》云籤謂驗人也。（卷八十）

按，籤，二徐作驗也，慧琳所引衍「人」字。

60. 溳水：《說文》云溳，水。出南陽郡葵陽縣，負東入夏口也。從水員聲也。（卷八十一）

按，溳，二徐作水，出南陽蔡陽，東入夏水。慧琳所引「葵」當作「蔡」，形近而訛。慧琳所引衍「負」字。

61. 門鏬：《說文》云鏬，墭裂也。從缶虖聲。（卷八十一）

按，鏬，二徐作裂也。從缶虖聲。慧琳衍「墭」字。

62. 日旰：《說文》：日晚也，從日干聲。（卷八十一）

按，旰，二徐作日晚也。從日干聲。慧琳所引衍「日」字。

63. 植㮕：《說文》：果名也。從木示聲。（卷八十四）

按，㮕，二徐作果也，從木示聲。慧琳所引衍「名」字。

64. 枳園寺：《說文》：木也，似橘。從木只聲。（卷八十四）

按，枳，二徐作木，似橘，從木只聲。慧琳蓋衍「也」字。

65. 盜跖：《說文》私利財物也。從次從皿。（卷八十五）（卷八十九）

按，盜，二徐作私利物也。慧琳所引衍「財」字。

66. 操觚：《說文》：觚，獸毫毛也。可以作筆，故謂文筆爲札觚。從毛幹聲。
（卷八十六）

按，觚，二徐作獸豪也。從毛倝聲。慧琳所引構形不確，所引釋義乃衍
「毛」字。

67. 晊晊：《說文》光美兒也。從日往，往聲也。（卷九十）

按，晊，二徐作光美也。慧琳所引蓋衍「兒」字。

68. 繟師：《說文》：繟，猶帶緩也。從糸單聲。（卷九十二）

按，繟，二徐作帶緩也。慧琳衍「猶」字。

69. 接踵：《說文》云相繼跡也。從彳從重聲。（卷九十四）

按，踵，二徐作相跡也。慧琳蓋衍「繼」字。

70. 眠瞤：《說文》云視兒也。（卷九十五）

按，眠，二徐作古文視也，慧琳或衍「兒」字。

71. 礿祀：《說文》云夏祭名也，從示勺聲。（卷九十五）（卷九十七）

按，礿，二徐作夏祭也。慧琳所引蓋衍「名」字。

72. 椿菌：司馬彪云夭芝也。天陰生糞上。《說文》義與郭同，從⁺⁺囷省聲。
（卷九十六）

按，菌，二徐作地蕈也。從艸囷聲。所引構形衍「省」字。

73. 隆崛：《說文》：山短高兒也。從山屈聲。（卷九十七）

按，崛，二徐作嵍，山短高也。慧琳所引蓋衍「兒」字。

74. 匏瓜：《說文》從夸從包，取其固可包藏物也。包亦聲。（卷九十七）

按，匏，二徐無「固」字，慧琳乃衍文。

75. 暈虧：《說文》：暈謂日月傍氣也。《說文》從日軍聲也。（卷九十八）

按，暈，二徐作日月氣也。從日軍聲。慧琳所引蓋衍「傍」字。

76. 舳艫：《說文》從舟由省聲。（卷九十九）

按，舳，二徐作從舟由聲。慧琳所引乃衍「省」字。

77. 颱颱：《說文》大風皃也。從風日聲。（卷九十九）

按，颱，二徐作大風也。慧琳所引蓋衍「皃」字。

78. 氣讋：《說文》失氣而言也。從言讋省聲。（卷九十九）

按，讋，二徐作失氣言。慧琳所引蓋衍「而」字。

79. 瀑河：《說文》疾雨水。又云瀑，霝也。（卷四十一）

按，瀑，二徐作疾雨也。一曰沫也。一曰瀑，霝也。從水暴聲。慧琳所引衍「水」字。

80. 贇賈：《說文》云兆從人，自擁蔽也，左右象蔽形也。（卷六十二）（卷六十三）

按，兆，二徐作癱蔽也，從人，象左右皆蔽形。慧琳所引釋義有倒置。且衍「自」字。

81. 姓：說受（文）：人所生也。古之神人聖人母感天雨生子，故稱天子。（卷二十七）

按，姓，二徐作，人所生也，古之神聖母感天而生子，故稱天子。慧琳所引「神」後衍「人」字。

82. 幡鐸：《說文》：大鈴也。從金睪聲也。軍法五人爲伍，五伍爲兩，兩司馬執鐸金鈴也。（卷七）

按，鐸，「兩司馬執鐸金鈴也」，二徐無「金鈴」二字，慧琳蓋衍文。

83. 蚑蠡：《說文》：行也。《說文》：蠡，螫人行毒蟲也，從虫逢省聲，正字。（卷三十二）

按，蠡，二徐作飛蟲螫人者。從虫逢聲。慧琳所引衍「省」字。

84. 栽櫼：春秋傳云楚圍蔡里而栽植也。《說文》義同。從木弋聲。（卷六十七）（卷六十六）

按，栽，二徐作築牆長版也。《春秋傳》曰楚圍蔡里而栽。慧琳衍「植」字。

85. 成霾：《說文》：霾，風雨而土也。從雨貍聲。（卷四十二）（卷五十一）（卷九十四）

按，霾，二徐作風雨土也。從雨貍聲。慧琳所引衍「而」字。

86. 緤裹：《說文》：纏裹也。（卷十一）
按，裹，二徐作纏也。慧琳蓋衍「裹」字。

87. 癲癇：《說文》：風病也。從广從間聲也。（卷六）
按，癇，二徐作病也。慧琳蓋衍「風」字。

88. 稽留：《說文》：止田也。從田𠧩聲也。（卷八）
按，留，二徐作止也，慧琳衍「田」字。

89. 草莛：《說文》：莛，草莖也。從草廷聲。（卷二十四）
按，莛，二徐作莖也。慧琳衍「草」字。

90. 禽獸：《說文》：走獸之總名也。頭象形，從内今聲。（卷四十）（卷三十
三）
按，禽，二徐作走獸總名。慧琳衍「之」。

91. 鋒利：《說文》：兵刃端也。從金夆省聲也。（卷四）
按，鏠，二徐作兵耑也，從金逢聲。慧琳釋義蓋衍「刃」字。

92. 閱眾：《說文》人具數於門中謂之閱。從門從兌聲也。（卷四十九）（卷
五十四）
按，閱，二徐作具數於門中也。慧琳所引釋義衍「人」字。

十三、慧琳乃誤引

1. 多賷：《說文》：持拖（物）於道行也。從貝齊聲也。（卷八）
按，賷，二徐作持遺也。慧琳所引恐誤引

2. 佷戾：《說文》：佷謂不聽從也。（卷十八）
按，佷，二徐作卻也，一曰行遲也。慧琳所引恐誤引。

3. 捻箭：《說文》作撚。又訓：撚，拈也，從手取聲。（卷十八）
按，撖，二徐作夜戒守有所擊。從手取聲。慧琳所引恐誤引。

4. 痳瀝：《說文》：水瀎也。（卷二十六）
按，瀝，二徐作浚也。一曰水下滴瀝。慧琳所引恐誤引。

5. 無央：《說文》：頸靼。（卷二十七）

按，央，二徐作中央也。慧琳所引恐誤引。

6. 如珂：《說文》：接軸也。（卷二十七）

按，珂，二徐作玉也。慧琳所引乃誤引。

7. 謿諢：《說文》：善言也。（卷十五）

按，諢，二徐本作譁也。謿，二徐作嘲，謔也。慧琳蓋誤引。

8. 椽梠：《說文》：梠，桷，通語也。（卷二十七）

按，梠，二徐作楣也，從木呂聲。桷，二徐作榱也。椽，二徐作榱也。楣，二徐作秦名屋櫋聯也。齊謂之檐，楚謂之梠。梠，為門楣，桷，為棱角，二者義不同。慧琳蓋誤引。

9. 薦席：《說文》：廣多也。（卷二十七）

按，薦、席，二徐皆無「廣多」訓，蓋誤引。

10. 攘烖：《說文》云天火曰烖，從火弐聲。《說文》云巛，壅也，從一，一，土也。（卷三十七）

按，烖，二徐作天火曰烖，從火弐聲。與慧琳所引構形略同。巛，二徐作害也，從一雝川。慧琳所引釋義誤將構形混入。

11. 鴆酒：《說文》：毒鳥也。一曰運毒。從鳥尢聲也。（卷四十二）（卷九十六）（卷九十七）

按，鴆，二徐作毒鳥也，一曰運日。慧琳諸卷所引「運毒」當作「運日」。蓋誤引。

12. 必勦：《說文》從力從巢。（卷五十四）

按，勦，二徐作從力巢聲。勦、勦，《段注》皆在二部，當為形聲。慧琳蓋誤引。

13. 門闑：《說文》：門切也，從門臬聲。（卷七十九）

按，闑，二徐作門梱也，從門臬聲。慧琳蓋誤引。

14. 盱衡：《說文》云盱以憂病也。從目于聲。（卷九十二）（卷八十三）

按，盱，二徐作張目也。慧琳所引乃誤引。

15. 鎔鈞：《說文》云：十斤曰鈞。從金從勻聲。（卷九十）

按，鈞，二徐作三十斤也。慧琳所引釋義有誤。

16. 峭峻：《說文》判也。從卩肖聲。（卷九十六）
    按，峭，二徐作陵也，慧琳所引釋義不確。

17. 爨藻：《說文》闢，不說也。（卷七十五）
    按，爨，二徐作擬，度也。藻，二徐作水艸也。慧琳所引釋義不確。

18. 欺紿：《說文》：紿，疑也，從糸台聲。（卷九十九）（卷九十五）
    按，紿，二徐作絲勞即紿。慧琳所引釋義蓋誤引。

19. 紅莓：《說文》馬莓也。（卷九十九）
    按，莓，二徐作艸盛上出也。慧琳蓋誤引。

20. 開霍：《說文》：隹鳥也。（卷七十八）（卷七十九）
    按，霍，二徐作飛聲也。慧琳所引有誤。

21. 無復：《說文》云古文奇字作无也。通於无者，虛无道也。（卷二十七）
    按，無，大徐作通於元者，小徐與慧琳所引同。《說文古本考》認為古本
    當作通於元者，虛無道也。《說文段注》認為當作通於元者，虛無道
    也。則慧琳所引有誤。

22. 瞞陀：《說文》：平視也。（卷七十）
    按，噎，二徐作飯窒也，從口壹聲。慧琳所引有誤。

十四、音近而訛

1. 安撫：《說文》：案也。從手無聲也。（卷二）
   按，撫，二徐作安也，當是。慧琳作案，音近而訛。

2. 角力：《說文》：狩角也，象形。角如刀。（卷六十一）
   按，角，二徐作獸角也，象形，角與刀、魚相似。狩，當作獸，音近而
   訛。

3. 青綏：《說文》謂繼冠纓也。紫青色也，從糸委聲也。（卷九十九）
   按，綏，二徐作系冠纓也。慧琳所引「繼」當作「系」，繼，《段注》
   在十五部，系，在十六部，音近而訛。

4. 虇葦：《說文》從草虇聲。（卷七十五）（卷三十一）（卷三十二）

　　按，虇，大徐作小爵也，從虇□□聲。小徐作從萑□□聲。小徐可從。慧琳所引「虇」當作「□□」。音近而訛。

5. 旋旍：《說文》作旌，云遊車載旌，旗羽注旄首也，所以精進士卒。從㫃生聲也。（卷六十二）

　　按，旌，二徐作游車載旌，析羽注旄首，所以精進士卒。從㫃生聲。慧琳所引「旗羽」當作「析羽」，音近而訛。

6. 穊秕：《說文》云秕穀不稱粟也。從禾比聲。（卷六十六）（卷八十）

　　按，秕二徐作不成粟也，從禾比聲。慧琳所引乃意引，「稱」當作「成」，音近而訛。

7. 擪在：《說文》以指按也。從手厭聲。（卷八十一）

　　按，擪，二徐作一指按也。從手厭聲。慧琳所引「以」當作「一」，音近而訛。

8. 鉗鏁：《說文》：以鐵結束也。從金甘聲。（卷八十三）

　　按，鉗，二徐作以鐵有所劫束。慧琳所引有節引，「結」當作「劫」，音近而訛。

9. 鼢鼠：《說文》百勞所化也。從鼠分聲。（卷九十八）

　　按，鼢，二徐作地行鼠，伯勞所作也。伯、百音近而訛。

10. 瘜肉：《說文》：奇肉也。（卷二十六）

　　按，瘜，二徐作寄肉也。丁福保認為慧琳所引為古本。《說文古本考》認為古本當作寄　肉。筆者認為二徐所引當為古本，慧琳所引奇，當作寄，音近而訛。

十五、義得兩通

不同於意引，這裡主要表現為詞語倒置。

1. 儵尔：《說文》：儵忽，亦疾皃也。從黑攸聲。（卷二十六）

　　按，儵，二徐作青黑繒縫白色也。倏，二徐作疾跳也。一曰急也。從犬㝵聲。慧琳所引訓釋義得兩通。

2. 梟鴈：《說文》：鴈，鵝屬。（卷八）
　　按，鴈，二徐作鵝也。義得兩通。

3. 烏馬：《說文》：三歲一乳。象形字也。（卷十五）
　　按，烏，二徐作象，三年一乳。義得兩通。

4. 屬有：《說文》：屬，聯也。（卷十八）
　　按，屬，二徐作連也。連、聯義得兩通。

5. 彶彶：《說文》：急行皃也。從彳及聲。（卷十九）
　　按，彶，二徐作急行也。義得兩通。

6. 婢：《說文》：婢者，女之卑稱。（卷二十七）
　　按，婢，二徐作女之卑者也。義得兩通。

7. 黯如：《說文》：黯，深黑皃也。從黑音聲也。（卷三十三）
　　按，黯，二徐作深黑也，從黑音聲。義得兩通。

8. 癈痕：《說文》：癈，固疾也。從广發聲。（卷三十三）
　　按，癈，大徐作固病也。小徐作固疾也。慧琳所引與小徐同。義得兩通。

9. 麳麥：《說文》：來麥麳也。亦瑞麥也。從麥𡿒聲。（卷三十四）（卷八十
　　七）
　　按，麳，二徐作來麳麥也。《說文古本考》認為古本無「麥」字。《說文
　　段注》認為當作來麳，麥也。筆者認為二者義得兩通。

10. 懷挾：《說文》正字作裹。裹，挾也。從衣罙聲。（卷三十四）
　　按，裹，二徐作俠也，從衣罙聲。《段注》認為當作夾字。義得兩通。

11. 蟲窠：《說文》：窠，空也。在穴曰窠，樹上曰巢。從穴果聲。（卷三十
　　六）
　　按，窠，二徐作空也，穴中曰窠，樹上曰巢。從穴果聲。義得兩通。

12. 閃爍：《說文》：闚頭門中皃。會意亦形聲字也。從人闚門中也。（卷三
　　十八）
　　按，閃，二徐作闚頭門中也。從人在門中。義得兩通。

13. 圈牛：《說文》養畜闌也。從囗卷聲。（卷三十九）（卷六十八）

按，圈，二徐作養畜之閑也。從囗卷聲。《說文古本考》認為古本無「之」字。閑，闌也。義得兩通。

14. 婬女：《說文》：長好皃也。從女巠聲。（卷三十九）
按，婬，二徐作長好也。義得兩通。

15. 斟一杓：《說文》云斟，酌也。從斗甚聲。《說文》作勺。（卷四十二）
按，斟，二徐作勺也。從斗甚聲。《段注》認為斟、勺古通用。義近可通。

16. 有音：《說文》：音，聲也。生於心，有節於外，謂之音也。宮商角徵羽，聲也。又金石絲竹匏土革木也。從言含一。《說文》齊宋之間謂兒泣不止曰喑。（卷四十四）
按，音，與二徐所引略同。二徐作「絲竹金石」，慧琳作「金石絲竹」，義得兩通。

17. 鬪諍：《說文》：兩士相對，兵仗其後，象形欲相鬥也。從丮（ 丮）厈（ 厈）相對爲鬥，亦會意字也。（卷四十四）
按，鬪，二徐作鬭，遇也。從門斲聲。鬥，二徐作兩士相對，兵杖在後，象鬥之形。義得兩通。

18. 芔木：郭注爾雅：百草總名也。《說文》義同。從三屮。（卷四十五）（卷六十）
按，芔，二徐作艸之總名也。義得兩通。

19. 褎師：《說文》亦博裾也。從衣采聲。（卷五十四）（卷八十四）（卷八十四）
按，褎，大徐作衣博裾也。從衣保省聲。小徐與慧琳所引同。《段注》同於大徐。二者義得兩通。

20. 派演：《說文》云演，長流皃也。從水寅聲也。（卷七十二）（卷五十五）
按，演，二徐作長流也。義得兩通。

21. 嗇然：《說文》云愛歰也。從來從㐭，會意字也。（卷五十五）
按，嗇，二徐作愛濇也。濇、歰義近可通。

22. 誇讚：《說文》：誇，誕也，從言夸聲。（卷六十二）（卷六十）
按，誇，二徐作譀也。從言夸聲。譀、誕義近可通。

23. 屍骸：《說文》云屍，死也。從尸從死。（卷六十二）
    按，屍，二徐作終主，從尸從死。二者義得兩通。

24. 欻粥：《說文》：粥，糜也。（卷六十二）
    按，粥，二徐作鬻，䭈也。義得兩通。

25. 繡綾：《說文》云五色備也。從糸肅聲也。（卷六十六）（卷八十五）
    按，繡，二徐作五采備也。與慧琳所引義近可通。

26. 農夫：《說文》正作農，耕也。（卷七十）
    按，農，二徐作耕也。《段注》據《玄應音義》作耕人也。二者義得兩
    通。

27. 依洫：《說文》云十里爲地，地廣八尺，深八尺謂之洫，從水血聲。（卷
    七十五）（卷八十六）
    按，洫，二徐作十里為成，成間廣八尺深八尺謂之洫。從水血聲。慧琳
    所引「地」當作「成」，其義可通。

28. 卓犖：《考聲》云卓犖猶高皃。《說文》義同，從牛從勞省聲。（卷八十）
    （卷七十六）（卷八十九）
    按，犖，二徐作駁牛也。卓，二徐作高也。慧琳所引釋義乃「卓」字。
    義得兩通。

29. 顒顒：《說文》：大頭皃也。從頁禺聲。（卷七十八）
    按，顒，二徐作大頭也，義得兩通。

30. 蠣蟲：《說文》：似蚌，出江海中甲蟲也。（卷七十八）
    按，蠣，二徐作蚌屬，似螊，微大，出海中。義得兩通。

31. 商榷：《說文》：以外知內也。從冏從章省聲也。（卷八十二）
    按，商，二徐作從外知內也。義得兩通。

32. 且斁：《說文》：終也，解也。從攴睪聲。（卷八十八）
    按，斁，二徐作解也。一曰終也。義得兩通。

33. 絺綌：《說文》並葛也。細曰絺，又作𢁝。絺，從糸希聲。綌，從糸谷
    聲。（卷九十五）
    按，絺，二徐作細葛也。從糸希聲。二者義得兩通。

34. 蘭畹：《說文》或三十畝爲畹也。從田宛聲。（卷九十八）

　　按，畹，二徐作田三十畝也。義得兩通。

35. 笛：《說文》：七孔笛也。（卷二十六）

　　按，笛，二徐作七孔箛也。《說文古本考》認爲當作七孔籥。三者義近可通。

36. 重𦠄：《說文》肉少也。從肉瞿聲。（卷九十八）

　　按，臞，二徐作少肉也。慧琳所引義得兩通。

37. 莞席：《說文》：莞，草也。可以爲席也，從艸完聲。（卷九十七）（卷八十四）

　　按，莞，二徐作艸也，可以作席，從艸完聲。慧琳所引「爲」，與「作」義得兩通。

38. 春蛙：《說文》：蛙，蝦蟇也。（卷八十八）

　　按，蛙，二徐作蝦蟇屬，慧琳所引「也」當作「屬」。義得兩通。

39. 市廛：《說文》云買賣之所也。（卷九十一）

　　按，市，二徐作買賣所之也。義得兩通。

40. 仄陋：《說文》云仄，傾側也。從人在厂。（卷六十二）

　　按，仄，二徐作側傾也。義得兩通。

十六、音近可通

1. 將寶：《說文》：率也。從寸從𦥯省聲也。（卷四）

　　按，將，二徐作帥也。帥、率，《段注》皆在十五部，音近可通。

2. 形貌：《說文》作皃，容儀也，從人白，象人面。（卷七）

　　按，皃，二徐作頌儀也。《玉篇》與慧琳所引同。惠棟認爲頌、容古字通。蓋二者音近可通。

3. 蝙蝠：《說文》蝙蝠，即伏翼也。並從虫，扁畐皆聲也。（卷九十八）（卷四十五）

　　按，蝠，二徐作蝙蝠，服翼也。慧琳所引與二徐音近可通。

4. 鷙鳥：《說文》：擊煞鳥也，從鳥執聲。（卷七十七）

按，鷙，二徐作擊殺鳥也。殺、煞音近可通。

5. 鷦鷯：《說文》作鷦䳜，音訛聲轉也。（卷六十二）

按，鷦、䳜，古音皆在宵部，䳜，古音在明母，鷦，古音在精母，二者
疊韻。音近假借。

6. 覆燾：《說文》：普覆照也。（卷八十二）

按，燾，二徐作溥覆照也。慧琳所引「普」與「溥」音近可通。

十七、慧琳引《說文》音

慧琳引《說文》音不多，僅有 12 例，其中與二徐同有 10 例，與二徐異
有 2 例。

（一）與二徐音同

與二徐相同部分有 10 例，基本反映了隋唐語音特徵。

1. 阤：《說文》：文爾反。山崩也，從𠂤也聲。《說文》《切韻》：奪衣。
從衣虒聲。（卷二十七）

按，阤，二徐作小崩也。從𠂤也聲。大徐作文爾切。小徐作池倚切。慧
琳所引音切與大徐同。

2. 頜瘁：上《說文》：口沒反。（卷二十七）

按，頜，大徐作苦骨切，小徐作誇訥反。三者音同。

3. 壓油：上《說文》：於甲反。《說文》：柙，檻也。（卷二十七）

按，二徐作烏狎切。與慧琳所引音切同。

4. 繚戾：《說文》：力鳥反，繚，繞也。繚，纏也。（卷二十七）

按，二徐作盧鳥切。與慧琳所引音切同。

5. 渶壤：《說文》柔掌反。（卷五十三）

按，壤，小徐作爾往反，大徐作如兩切。三者音同。

6. 鹹醋：《說文》及古字書從昔作醋者，並音為昨，訓云客酌主人酒，是
相酬酢字也。若依《說文》、《玉篇》、《古今正字》、《文字典說》、《廣

雅》、《切韻》、《字統》、《字林》七本字書，醫醋字並從乍作酢，音倉固反。《說文》云驗（醶）也。（卷二十九）

按，醋，二徐作客酌主人也。從酉昔聲。與慧琳卷二十九所引音切同。

7. 皺劈：夋，《說文》音七旬反。皴音七略反。（卷四十一）

按，夋，大徐作七倫切，小徐作七賓反。旬、倫，諄韻，賓，眞韻。隋至中唐時代眞諄同用。

8. 纔出：《說文》音讒。今不取。（卷六）纔稱：《說文》從糸毚聲。（卷四十二）

按，纔，二徐作士咸切，崇母咸韻，慧琳所引讒音，屬崇母銜韻，韻不同。隨至中唐時代，咸銜同用。

9. 逐塊：《說文》從豕（豕），音丑錄反。〔註6〕（卷十五）

按，逐，大徐作直六切。小徐作陳六反。陳、直，澄母，丑，昌母徹母，錄，燭合三，六，屋合三，二者聲韻皆異。《經典釋文》中屋燭合用，唐代屋獨用，燭獨用，只在佛典音義中存在屋燭合用。

10. 縠捋：《說文》捋音律曷也，從手寽聲乎也。（卷五十三）

按，捋，小徐作魯掇反，大徐作郎括切。掇，《廣韻》末薛韻，括，《廣韻》末韻。曷，《廣韻》曷韻。二者韻異。隋唐時代，曷末同用。

（二）與二徐音異

與二徐音異，只有 2 例，第一例可能是音訛，第二例可能是方言問題。

1. 查椮：《說文》積柴捕魚名罧，音力今反。（卷九十六）

按，椮，大徐作所今切，慧琳：力今反「恐」「罧」字音，慧琳所引音切不確。

2. 昭晢：《說文》音制。昭晣明也。從日折聲。（卷十七）

按，晢，二徐作昭晣明也。大徐音旨熱切。小徐音之列反。二徐皆章母薛韻開三，制，章母祭韻開三，二者韻異。《廣韻》「晢」存在同義異讀，征例切，祭開三，旨熱切，薛開三，皆「光也」之訓。祭、薛先秦時期屬月部，同部，可能反映上古音問題。

中　編

　　中編部分，主要考察慧琳所引《說文》同一個字有兩次以上，且所引內容不完全一致的情況。

一、引《說文》同字條有兩次

1. 迥出：《說文》：邑外謂之郊，郊外謂之野，野外謂之林，林外謂之冋。冋音癸營反，象遠界也，從冋，今俗從向者，非也。（卷一）迥色：《說文》亦遠也。從辵冋聲也。（卷四十七）（卷九十三）
   按，二徐「冂，古文作冋」。慧琳卷一所釋爲古文冋字。

2. 謬承：《說文》：受也。從手承聲也。（卷一）猥承：《說文》作承，一體也。《說文》：受也，從手卪廾。（卷八十二）
   按，承，二徐作從手從卪収。與慧琳卷八十二所引同。慧琳卷一所引「從手承聲」，所引構形不確。

3. 掉舉：《說文》：從手從卓省聲也。《說文》：對舉也。從手與聲。（卷一）
   按，掉，二徐作從手卓聲。慧琳所引衍「省」字。

4. 歐飲：《說文》：歐，飲也。從欠省㪫聲。《說文》從酉作歐。（卷二）歐飮：《說文》：歐也。從欠省，㪫聲。（卷六十三）
   按，歐，二徐作歐也，從欠省，㪫聲，與卷六十三所引同。飲、飮異體。卷二所引構形亦可從。

5. 問詰：《說文》：問也。從言吉省聲也。（卷二）詰虛妄：《說文》：問也。

-149-

從言吉聲。（卷四十三）（卷五十一）

按，詰，二徐作從言吉聲，慧琳卷二所引衍「省」字。

6. 蘆葦：《說文》：從草從皿膚聲也。（卷二）蘆葦町：《說文》從草盧聲也。
（卷三十二）蘆菔：《說文》：似蕪菁也，從草盧聲。（卷七十六）

按，蘆，二徐皆作從草盧聲。慧琳卷二所引構形或不確。

7. 疥癰：《說文》：疥，瘙也。（卷二）疥癬：《說文》云並從疒，介皆聲。
（卷四十）

按，疥，大徐作瘙也，小徐與慧琳所引同。《說文古本考》認爲慧琳所引
爲古本。《說文校錄》認爲《說文》無瘙字。《說文段注》認爲瘙，
俗作瘙。可從。

8. 瘙殘：《說文》：病風結也。從隆省。（卷二）疥瘙：《說文》：罷病也。
形聲字。（卷七十八）

按，瘙，二徐作罷病也，從疒隆聲。慧琳卷二所引或爲意引，所引構形
乃俗體。

9. 凝玄：《說文》作冰，水堅結也。從冫疑聲也。（卷一）冰山：《說文》作
仌，冰凍也。象水凝之形。（卷四十一）

按，今二徐作冰，水堅也。慧琳卷一所引蓋衍「結」字。卷四十一乃意
引。凝，《段注》在六部，疑，在一部，韻遠，慧琳卷一所引構形
不確。

10. 斂衽：《說文》：矜也。從衣壬聲。（卷一）左衽：《說文》衽，衣襟也。
從衣任聲。（卷八十六）

按，衽，大徐作衣襟也，小徐作衣矜。《段注》據《禮記》鄭注認爲當
作「衣襟也」。

11. 暴惡：《說文》：從日從出從拱從半從暴省聲也。《說文》：不善也，過也，
從亞從心，正也。（卷一）愛惡：《說文》從旡從心作恣。《說文》從心亞
聲也。（卷四十一）

按，暴，二徐作從日出仐廾之，慧琳所引構形不確。惡，二徐作過也，
從心亞聲，與卷四十一所引構形相同。慧琳所引「不善也」或爲推
衍之說。惡，《段注》在五部，亞，亦在五部。慧琳卷一所引構形
不確。

12. 無邊辯：《說文》：治也。從言辡聲也。（卷二）辯諸：《說文》辯，治也。
從言辨聲。（卷一百）

　　按，辯，二徐作從言在辡之間。會意字。辯，《段注》在十二部，辡，
　　　　亦在十二部，慧琳卷二所引構形可從。卷一百所引構形有誤。

13. 筋脉：《說文》：血理之分行於體中謂之脉。从血从辰作衇，或作䘑，並
正體字也。（卷二）鍼脉：《說文》云䘑血謂之分邪行於體者也。從辰血
聲。（卷八十）

　　按，䘑，二徐作血理分衺行體者。從辰從血。卷二所引構形與二徐本同。
　　　　所引釋義衍「之」「於」字，卷八十所引釋義有倒置，「血謂之」
　　　　當作「謂之血」，且有節引。䘑，《段注》在十六部，血，在十二
　　　　部，二者韻遠，不當為形聲，慧琳卷八十所引構形不確。

14. 放牧：《說文》：養牛馬人也。從牛攴聲也。（卷二）芻牧：《說文》從牛
攴聲。（卷五十四）

　　按，牧，二徐作養牛馬人也。從攴從牛。牧，《段注》在一部，攴，在
　　　　三部，二者韻遠，慧琳所引構形不確。

15. 唐受：《說文》：從庚從口。《說文》：相付也。從受從舟省。（卷三）受：
《說文》：相付者也。從受從舟省也。（卷二十七）

　　按，唐，二徐作從口庚聲。唐，《段注》在十部，庚，亦在十部，慧琳
　　　　卷三所引構形不確。受，二徐作從受舟省聲。受，《段注》在三部，
　　　　舟，亦在三部，慧琳卷二十七所引構形不確。卷二十七或衍「者」
　　　　字。

16. 狂賊：《說文》作狾，或從心作悝，狾也。從犬㞷聲也。《說文》：敗也。
從戈從刀從貝。（卷三）狂悖：《說文》從犬王聲。悖字從心孛聲。（卷
十七）

　　按，賊，二徐作從戈則聲。狂，二徐作狾犬也。從犬㞷聲。古文從心作
　　　　悝。慧琳卷十七乃據俗體為說。

17. 中毒：《說文》：害人草往往而生。從屮毒也（卷三）鴆毒：《說文》云
害人草也，從屮毒聲。（卷九十四）

　　按，毒，二徐作厚也，害人之草往往而生。大徐作從屮毒，小徐作從屮

毒聲。慧琳卷三無「厚也」之訓，卷四無「往往而生」之訓，恐爲節引。

18. 恃己：《說文》：賴也。從心從恃省聲也。（卷三）怙恃：《說文》從心寺聲。（卷三十）

按，恃，二徐作從心寺聲。卷三所引構形不確。

19. 聚沫：《說文》：集會也。從乑取聲。（卷四）聚爝：《說文》云聚，會也。從乑取聲。（卷四十九）

按，聚，二徐本作會也。慧琳卷四乃意引。

20. 侵勑：《說文》：漸進也。從人手持帚若掃之進，隸書省爲侵，略也。《說文》作夋，夋也。（卷四）夋懻：《說文》：越也。從夂從屮（古六字也）。（卷四十）

按，夋，二徐作越也，一曰徲也。慧琳卷四所引「夋」字釋義不確。

21. 无暇：《說文》：閑也，從日從叚省聲也。（卷四）八暇：《說文》從日從叚。（卷五十一）

按，暇，二徐作從日叚聲。慧琳卷四所引衍「省」字。暇、叚，《段注》在五部，卷五十一所引構形不確。

22. 怯弱：《說文》：弱，橈也。上象橈曲，弱即橈也。夫物弱則并力，故從二弓及彡，象毛氂細弱也。（卷四）怯弱：《說文》：橈也。（卷三十三）

按，弱，二徐作橈也。橈，二徐作曲木。蓋當作橈，橈、撓形近而訛。

23. 惆悵：《說文》：悵，悵望也。（卷四）悵望：《說文》：悵，望恨也。（卷七十）

按，悵，二徐作望恨也。與卷七十所引同。卷四乃意引。

24. 瘡痕：《說文》：痕，瘡腫瘢也。從疒艮聲也。（卷四）瘢痕：《說文》云痕瘢也，從疒艮聲。（卷四十）

按，痕，二徐作胝瘢也，胝，二徐作腄也。腄，二徐作瘢胝也，慧琳乃意引。

25. 肺臂：《說文》：火藏也。從肉市。《說文》：從肉叒省聲也。（卷五）脾臂：《說文》：木藏也。《說文》二字並從肉，叒聲。（卷六十八）

按，肺，二徐作金藏也，從肉市聲，《說文古本考》認爲當作火藏也。
胃，二徐作從肉臾聲，與慧琳卷六十八所引構形同，卷五所引衍
「省」字。

26. 日暴：《說文》：從日從出從大從米，會意字也。（卷五）日暴：《說文》：
晞也，從日出從廾。（卷十五）
按，二徐作從日從出從廾從米。慧琳諸卷所引構形有節引。

27. 鬚髮：《說文》：面毛也。《說文》：髮，頭上毛也。從髟友聲。（卷五）
鬈鬈髮：《說文》並從草。（卷十八）
按，髮，二徐作根也，慧琳卷五所引乃推衍其說。卷十八所引構形不
確。

28. 韋拒：《說文》：拒，抗。（卷五）拒逆：《說文》：拒，抗也。（卷七）
按，拒，二徐作距，止也。與慧琳所引義得兩通。

29. 驅遣：《說文》：馬駆也。（卷五）驅逐：《說文》馳也。從馬區聲也。（卷
五十）
按，驅，二徐作馬馳也。卷五十所引脫「馬」字。卷五所引不確。

30. 四雙：《說文》：二枚也。從二佳，從又。（卷六）雙足：《說文》從二佳
從又。（卷四十一）
按，雙，二徐作佳二枚也。從雔又。慧琳諸卷所引構形亦可從。

31. 幽冥：《說文》：隱也。從山丝聲。（卷六）幽梗：《說文》：幽，隱也。
從丝從山。（卷八十九）
按，幽，二徐作從山丝，丝亦聲。幽，《段注》在三部，根據同龤聲者
必同部，丝，亦當在三部，慧琳卷八十九所引構形不確。

32. 開闡：《說文》：張也。從門开聲。《說文》：從門單聲。（卷六）開闡：
《說文》：開，張也。從門开聲。（卷五十一）
按，開，二徐作從門從开。開，《段注》在十二部，开，在十四部，二
者韻遠，不當爲形聲，慧琳所引構形不確。

33. 掩泥：《說文》：覆也。從手奄聲。（卷六）掩蔽：《說文》從手奄聲。（卷
四十五）
按，掩，二徐作斂也，小上曰掩。慧琳卷六所引乃意引。

34. 恐迫：《說文》：正體從工從手從乙從心作恐。（卷六）恐悚：《說文》：
   恐，懼也。從心巩聲也。（卷四十）
   按，恐，二徐作從心巩聲。恐，《段注》在九部，巩，亦在九部，慧琳
   卷六所引構形不確。

35. 俻遭：《說文》：備（俻），慎也。從人從用從苟省聲也。《說文》：遭，
   遇也。從辵曹聲也。（卷六）備𢝫：《說文》：慎也。從人葡聲。（卷二十
   九）
   按，備，二徐作從人葡聲。備，《段注》在一部，苟，在十二部，慧琳
   卷六所引構形不確。

36. 規摸（模）：《說文》：規，有法度也，從夫見聲。（卷六）規矩：《說文》
   從夫從見。（卷一百）
   按，規，大徐作從夫從見。小徐作從夫見聲，規，《段注》在十六部，
   見，在十四部，二者韻較遠，不當爲形聲，慧琳卷六所引構形不確。

37. 如氾：《說文》亦同。從水從范省聲也。（卷六）汎漾：《說文》：氾
   （氾），濫也。從水從巳聲也。《說文》從水羕聲。（卷七十八）
   按，氾，二徐作從水巳聲，氾，《段注》在七部，范，在八部，二者韻
   近，慧琳卷六所引構形可從。卷七十八所引「巳」當作「巳」。

38. 一巷：《說文》：邑里中道也。言在邑中，故從二邑共作𨞟，隸書從省。
   （卷六）衢巷：《說文》巷，里中道也。（卷三十二）
   按，巷，二徐作里中道，慧琳卷六所釋衍邑字。

39. 稍斂：《說文》：出物有漸也。《說文》：分離也。或從隹作𩁼。《說文》：
   飛斂也。《說文》：斂字從肉椒聲也。（卷七）掬斂：《說文》：分離也。
   從攴林聲。（卷三十八）
   按，斂，二徐作雜肉也。慧琳諸卷乃意引。

40. 嫌恨：《說文》：心不平也。從女兼聲也。（卷八）嫌嫉：《說文》云不平
   於心也。從女兼聲也。（卷七十六）
   按，嫌，二徐作不平於心也。卷八所引乃意引。

41. 俛仰：《說文》：低頭。《說文》：舉首也。從人從印聲也。（卷八）傴俛：
   《說文》俛，從人免聲。（卷九十九）

按，仰，二徐作從人從卬。仰，《段注》在十部，卬，亦在十部，慧琳
卷八所引構形可從。

42. 擒摯：《說文》作搇，急持也。從手金聲也。（卷八）搇之：《說文》急
持衣襟也。（卷九十九）
按，搇，二徐作急持衣袵也。慧琳卷八所引恐爲節引。卷九十九所引與
二徐相近。

43. 排（棑）穳：《說文》：排（棑）字從木從非省聲也。（卷八）排擯：《說
文》從手非聲。（卷九十五）
按，排，二徐作從手非聲，慧琳卷八所引衍「省」字。

44. 尚殞：《說文》：高下也。《易》：有隕自天。從阜員聲也。（卷八）迩
隕：《說文》：從𨸏員聲。（卷九十八）
按，隕，二徐作從高下也。從𨸏員聲。與慧琳所引構形略異。

45. 之籟：《說文》：三孔龠也。從竹賴聲。（卷八）衆籟：《說文》從竹賴聲。
（卷八十七）
按，籟，大徐作三孔龠也，小徐與慧琳所引同。

46. 極盛：《說文》：黍稷在器也。從皿成聲也。（卷八）𥁰盛酪：《說文》：
盛黍稷器也。從皿成聲。（卷八十九）
按，盛，大徐作黍稷在器中。小徐作黍稷在器中也。慧琳卷八所引恐脫
「中」字。卷八十九所引乃意引。

47. 膾最：《說文》：物相增加。從貝朕聲也。《說文》：從曰取聲。（卷八）
最勝：《說文》總計也。從日（曰）取意也。（卷二十九）
按，最，二徐作犯而取也，從冃從取。最，《段注》在十五部，取，在
四部，二者韻遠，不當爲形聲，慧琳卷八所引構形不確。釋義與卷
二十九亦不同。

48. 尚無數次：《說文》從攴從婁。（卷八）二十二數：《說文》：計也。從攴
從婁。（卷五十一）
按，數，二徐作計也，從攴婁聲。數，《段注》在四部，婁，亦在四部，
二者可爲形聲，慧琳諸卷所引構形不確。

49. 虛空可數量：《說文》：平多少，稱輕重曰量。（卷八）測量：《說文》從

童,正也。(卷十四)

按,量,二徐作稱輕重也。慧琳卷八所引乃推衍其說,卷十四所引乃意引。

50. 交暎:《說文》:從日英聲。(卷八)暎徹:《說文》從日英聲也。(卷三十二)

按,暎,二徐作映,從日央聲。慧琳乃據俗體釋形。

51. 混車書:《說文》:豐流也。(卷十一)情溷:序從昆作混,《說文》謂水豐流兒也。非此義。(卷九十七)

按,混,二徐作豐流,慧琳所引「豐」字乃俗體。卷九十七所引乃推衍其說。

52. 在握:《說文》:搹(搤)持也。從手屋聲也。(卷十一)在握:《說文》:握,持也。從手屋聲。(卷三十一)

按,握,此條與二徐本同,作搤持也。從手屋聲。丁福保據慧琳卷三十一注引《說文》認爲當作搤也,持也。其說可從。卷三十一所引乃節引。

53. 淳源:《說文》:淳,滲也。從水臺聲也。(卷十一)淳淨:《說文》云淳,清也。從水享聲。(卷三十四)

按,淳,二徐作渌也,與慧琳卷釋義所引乃俗體,卷三十四所引乃意引。

54. 稠林:《說文》:稠,多也。從禾周省聲也。(卷十一)稠人:《說文》云稠,多也。從禾周聲者也。(卷九十二)

按,稠,二徐作從禾周聲,慧琳卷十一所引衍「省」字。

55. 螺貝:《說文》亦云:蝸牛類也,而形大,出海中,形兒數般而不一也。(卷十一)螺縮:《說文》:螺,蝸牛也。(卷七十四)

按,螺,二徐作蝸蠃也。與慧琳諸卷所引略異。

56. 麋鹿:《說文》:鹿屬也。《說文》:狩也。象角支四足形,鳥鹿足皆似匕,故從二匕。(卷十一)鹿野:《說文》云獸名也。(卷四十五)

按,鹿,二徐作獸也,象頭角四足之形,鳥鹿足相似,從匕。與慧琳卷十一所引略異。狩、獸音近。慧琳卷四十五所引乃意引。

57. 腐臂：《說文》：腐，髆也，從肉象形。《說文》：腕後肘前。從肉辟聲也。
（卷十一）臂傭：《說文》：手上曰臂。從肉從辟。（卷七十四）
按，臂，二徐作手上也。從肉辟聲。慧琳卷七十四所引釋義乃意引。所
引構形乃會意，不確。

58. 饑饉：《說文》：菜蔬不熟也。（卷十二）除饉：《說文》從食堇聲。（卷
五十七）
按，饉，二徐作蔬不孰爲饉。慧琳卷十二所引乃推衍其說。

59. 欑峯：《說文》：從木贊聲也。山高而銳曰峰，從山夆聲也。（卷十二）
攢（欑）栱櫨：《說文》從木從贊。（卷十五）
按，峯，二徐作山耑也。欑，二徐作從木贊聲。欑、贊皆十四部，卷十
五所引構形不確。

60. 挩勝：《說文》：斟，量也。（卷十二）求斟：《說文》：平斗斛也。從斗
冓聲。（卷七十七）
按，斟，大徐作平斗斛也。小徐作平斗斛量也。結合慧琳所引，蓋古本
作平斗斛也，量也。

61. 鹹酢：《說文》：鹹，銜也，從鹵咸聲也。《說文》：酸也，從酉乍聲也。
《說文》《玉篇》《字統》皆音酢倉固反，醋音酢。（卷十二）酸酢：《說
文》又云酢，醶也。醶，酢漿也。並從酉，形聲字也。（卷三十五）
按，酢，大徐作倉故反。徐鉉注曰今俗作在各反。小徐作倉去反。酢，
二徐作醶也，慧琳卷三十五所引「醶」當作「醶」，形近而訛。

62. 竊懷：《說文》：盜自穴中出。從穴從米，离廿皆聲也。（卷十二）竊作：
《說文》：盜自中出也。從穴從二十從米，离聲也。（卷二）
按，竊，二徐作盜自中出曰竊，二徐皆作從穴從米，离廿皆聲。竊，
《段注》在十五部，离，亦十五部，慧琳卷二所引構形亦可從。

63. 圂豬：《說文》：圂，廁也。會意字也。《說文》：豕三毛叢生曰豬。從
豕，形聲字也。（卷十二）牛豬：《說文》：豕三毛叢居也，從豕從者聲。
（卷四十七）
按，豬，二徐作豕而三毛叢居者。卷十二所引有節引。

64. 祇仰：《說文》：仰，望也。從匕從卩作印，古字也。（卷十二）印物：

《說文》：望也。欲有所及,從匕從卪。(卷五十)

按,仰,二徐作舉也,從人從卬。與慧琳所引略異。卬,二徐作望欲有
　　所庶及也。慧琳所引有節引。

65. 呵噉:《說文》:大聲而怒也。從口歇聲也。(卷十二) 喝咽:《說文》從
　　口,曷聲也。(卷九十八)

按,噉,二徐作喝,㵣也,從口曷聲。慧琳卷十二所引乃據俗體爲說,
　　卷九十八所引是也。

66. 逆旅:《說文》:迎也。從辵屰聲。《說文》:旅,軍也,五百人也。(卷
　　十二) 羈旅:《說文》:從㫃從从。(卷八十二)

按,旅,二徐作軍之五百人爲旅。恐慧琳所引「之」訛作「也」。

67. 中殀:《說文》:夭,屈也,從大,頭曲,象形。從歹夭聲也。從犬者,
　　非也。(卷十二) 夭殤:《說文》:屈也。從大象形。《說文》從歹從傷省
　　聲也。(卷五十三)

按,夭,二徐作從大象形。慧琳所引「從歹夭聲」乃據俗體釋形。

68. 呧飡:《說文》作嚌,衒也。下字食,《說文》從亼從皀,經從良,俗字
　　也。(卷十二) 餐飡:《說文》:吞也。從食奴聲也。或從水作湌,經文
　　從氵,非也。《說文》:從亼從皀。(卷十四)

按,嚌,大徐作嗛也。小徐作從也,《說文校錄》認爲「從是衒之譌」。
　　《說文校議》認爲嗛、衒「以同聲爲義」。《說文古本考》認爲衒、
　　嗛同用假借。飡,二徐作從皀亼聲。與慧琳諸卷不同。

69. 祈請:《說文》:從示斤省聲也。(卷十二) 祈道:《說文》從礻斤聲。
　　(卷七十七)

按,祈,二徐作從示斤聲。慧琳卷十二所引衍「省」字。

70. 豁然:《說文》作豁,形聲字也。《說文》:空大也,從大從歲,形聲字
　　也。(卷十二) 開豁:《說文》作瀹,通谷也。從谷害聲也。《說文》從
　　开(开),俗用從井,訛也。(卷四十一)

按,卷十二所引從大從歲,二徐作瀎,從大。(歲聲,空大也。慧琳卷十
　　二所引構形不確。

71. 營構:《說文》:交積材。(卷十二) 繕構:《說文》:蓋也,形聲字者也。

（卷九十三）

按，構，二徐作蓋也。冓，二徐作交積材也。慧琳卷十二所引蓋「冓」
　　字。

72. 蚩覿：《說文》：蚩，笑也，蟲名也。從虫從屮，屮亦聲也。（卷十二）
妍蚩：《說文》從虫屮聲也。（卷九十一）

按，蚩，二徐作蟲也，從虫之聲。與慧琳卷十二所引略異。《說文校錄》
　　認爲《玉篇》作蟲也，又癡也，笑也。

73. 蹈躡：《說文》：蹈，踐也。從足舀聲也。《說文》：蹈，躡也。從足畾聲
也。（卷十二）躡女裙：《說文》云：陷也。從足畾聲。《說文》裠，衣下
裳也。從衣君聲。（卷九十四）

按，躡，二徐作蹈也，慧琳所引有倒置。卷九十四所引釋義「陷」當作
　　「蹈」，形近而訛。

74. 麥芒：《說文》：芒穀也。秋種厚薶，故謂之麥。麥，金也。金王時生，
火王時死，從來從夊。（卷十二）穬麥：《說文》從夾從夊。（卷三十六）

按，芒，二徐作艸耑。麥，二徐作芒穀，秋種厚薶，故謂之麥。麥，麥
　　金也。金王而生，火王而死，從來從夊。卷三十六所引構形「來」
　　訛作「夾」。按，慧琳所釋麥字與二徐略異。丁福保認爲二徐改「時」
　　爲「而」。

75. 流胤：《說文》：子孫相承續嗣也。從肉從八從幺，象重疊也。（卷十二）
覺胤：《說文》子孫相續。從肉從八。（卷四十二）

按，胤，二徐作子孫相承續也。慧琳卷十二所引衍「嗣」字。卷四十二
　　所引乃節引。

76. 棒打：《說文》：擊也，從木也。（卷十四）打刹：《說文》云打，橦也。
（卷九十三）

按，打，二徐作擊也，從手丁聲。《說文新附考》認爲打，即挺之俗字。
　　慧琳卷十四所釋構形乃「打」之正字。卷九十三所引乃意引。

77. 乖舛：《說文》：貳也，差互不相值也。《說文》：相背也。從夕從㐄。（卷
十四）搓以綫：差字，《說文》篆書從巫從左，隸書取便宜，改從羊作
差，變體字也。（卷三十七）

按，差，二徐作貳也，差不相值也。慧琳卷十四所引「互」字恐衍。
舛，二徐作對臥也。從夕屮相背。慧琳卷十四所引當爲意引。

78. 塵翳：《說文》作塵，埃也。從鹿從土。（卷十四）塵坋：《說文》云鹿行
揚土也。從鹿從土，會意字也。《說文》坋，塵也。從土分聲也。（卷四
十一）

按，塵，二徐作鹿行揚土也。從麤從土。慧琳諸卷所引乃俗字。卷十四
所引釋義當屬意引。

79. 揩拭：《說文》：從手皆聲。《說文》：從手式聲也。（卷十四）揩拭：《說
文》從手皆聲也。（卷六十九）

按，慧琳所引揩拭二字今二徐未見。

80. 臠割：《說文》：從害從刀。（卷十四）斷割：《說文》：從刀從害。（卷
五十一）

按，割，二徐作從刀害聲。割，《段注》在十五部，害，亦十五部，慧
琳所引構形不確。

81. 強拔：《說文》：弓有力也。從虫從弘。《說文》從手犮聲。（卷十四）強
逼：《說文》：從弘從虫。（卷五十一）

按，強，二徐作蚚也，從虫弘聲。彊，二徐作弓有力也。從弓畺聲。慧
琳卷十四所引乃爲「彊」字意義，「強」字構形。

82. 恓望：《說文》作朢。從月從壬亡聲也。（卷十四）不望：《說文》從亡從
夕從王。（卷三十三）

按，望，二徐作從亡朢省聲。望，《段注》在十部，亡，亦十部，慧琳
卷十四所引構形可從。

83. 歎羨：《說文》：貪欲也。從羨次聲也。（卷十四）貪羨：《說文》云羨，
貪欲也，從羑次。（卷三十二）

按，羨，二徐作從次從羑省。羨，《段注》在十四部，次，亦十四部，
慧琳卷十四所引構形可從。

84. 臆平：《說文》：臆，匃也。從肉雁聲。（卷十四）伏臆：《說文》：臆，
胸也。從肉雁聲。（卷八十三）

按，臆，二徐作從肉雝聲。雝、雁異體。匃、胸異體。

85. 尋梁：《說文》：梁字從水從刃從木。（卷十四）梁橡：《說文》從木從水刃聲。（卷四十七）

按，梁，二徐作從木從水刃聲。梁，《段注》在十部，刃，在十三部，慧琳卷四十七所引構形不確，卷十四所引構形可從。

86. 腥臭：《說文》：犬膏臭也。從肉星聲也。（卷十四）羶腥：《說文》從月從星，星亦聲也。（卷八十一）

按，腥，二徐作星見食豕令肉中生小息肉也。從肉從星，星亦聲。慧琳卷十四所引構形爲形聲，卷八十一所引構形「月」當作「肉」，形近而訛。

87. 餳餔：《說文》：夕盈反。米蘗煎成也。《說文》音晡，日加申時食也。從食甫聲。（卷十四）蜜餳：《說文》：以飴和鬻曰餳也。（卷五十四）

按，餳，二徐作餹，飴和鬻者也。大徐作徐盈切。飴，二徐作米蘗煎也。慧琳卷十四爲「餳」字注音，爲「飴」字釋義。餔，大徐作博狐切。小徐作不吾反。卷五十四所引與二徐本同。

88. 帳帙（悵快）：《說文》：帳（悵）即帳（悵）望也。（卷十四）帷帳：《說文》帳，張也，從巾長聲也。（卷七十六）

按，悵，二徐作望恨也。丁福保認爲慧琳所引爲古本。

89. 懇惻：《說文》：悲痛也。從心則聲。（卷十四）懇惻：《說文》云痛也。從心則聲也。（卷八十九）

按，惻，二徐作痛也，從心則聲。慧琳卷十四所引乃推衍其說。

90. 樊籠：《說文》：鷙不行也。從爻從林從大聲也。（卷十五）樊陽：《說文》從林從爻從𠬞（卷九十）

按，樊，二徐作從𠬞從棥棥亦聲。樊，《段注》在十四部，大，在十五部，二者韻近，慧琳卷十五所引構形可從，卷九十所引構形不確。

91. 澡罐：《說文》：洗手也。從水喿聲。（卷十五）澡身：《說文》從水喿聲。（卷九十九）

按，澡，二徐作洒手也。李善注《长笛賦》作洗手也。慧琳卷十五所引當爲古本。

92. 窻隙：《說文》在牆曰牖，在屋曰囪。象形，古字也。今隸書通作窻，又

云通孔也。（卷十五）窺窻：《說文》正體，象形，囱，悤也。形聲字。
（卷六十一）

按，囱，二徐作在牆曰牖，在屋曰囱。窻，二徐作通孔也。二字並見
《說文》。

93. 掬滿：《說文》作臼，兩手相對，象形字也。《說文》：𦥑，平也，從廿，
凡五行之數，廿分爲一辰，廿，兩平也，故從兩。（卷十五）鐵臼：《說
文》云古者掘地爲臼，其後穿木石作之，中點象米，下畫象臼有底。（卷
四十一）

按，臼，二徐作舂也，古者掘地爲臼，其後穿木石，象形，中米也。與
卷四十一所引略異。

94. 利斧：《說文》：斫物斧也。從斤父聲。《說文》：銎斫也。（卷十五）斧
鑿：《說文》：斧，破也。從斤父聲。（卷四十五）

按，斧，二徐作斫也。《說文段注》作所以斫也。慧琳所引乃意引。

95. 龕室：《說文》：龍皃。從今從龍。俗從合，誤。（卷十五）爲龕：《說文》
著佛像處。從龍從含省聲也。（卷九十三）

按，龕，二徐作龍皃，從龍合聲。慧琳認爲從合爲誤字。卷九十三所引
乃意引。卷九十三所引構形爲省聲。

96. 雜糓（穀）：《說文》：穀者，百穀之總名，從禾殼聲。（卷十五）米穀：
《說文》云續也。百穀總名也。從禾殼聲。（卷七十八）

按，穀，二徐作續也，百穀之總名，從禾殼聲。慧琳卷十五所引乃俗體。

97. 兩臏：《說文》：膝骨也。（卷十五）指臏：《說文》膝骨曰髕。（卷二十
六）

按，臏，二徐作髕，膝耑也。《說文古本考》認爲古本當作膝骨也。其說
可從。

98. 矛矟：《說文》：從矛肖聲也。（卷十五）短矟：《說文》：從矛肖聲。（卷
十九）

按，二徐作槊，慧琳據俗體釋形。

99. 彫窻：《說文》在牆曰牖，在戶曰窻。（卷十五）窻櫺：《說文》云在牆
曰牖，在戶曰窻。（卷八十一）

按，窻，二徐作通孔也。牖，二徐作穿壁以木爲交窻也。慧琳所引乃意
　　引。

100. 頰頰：《說文》：從夾頁聲。（卷十七）頰車：《說文》從頁夾聲。《說文》
　　相供足也。從糸合聲也。（卷四十一）
　　按，頰，二徐作從頁夾聲，慧琳卷十七所引或倒置。

101. 鮮葩：《說文》：葩，花也。（卷十七）蘭葩：《說文》云葩，花也。從草
　　白，巴聲。（卷八十八）
　　按，葩，二徐作華也，華、花異體。

102. 牛齝：《說文》：吐而再嚼也。從齒台聲也。（卷十七）牛齝：《說文》：
　　吐而噍。從齒台聲也。（卷五十七）
　　按，齝，二徐作吐而噍也。慧琳卷十七所引乃意引。

103. 絞人：《說文》：絞，縊也。從糸交聲也。（卷十七）絞飾：《說文》從糸
　　交聲。（卷三十二）
　　按，絞，二徐作從交從糸。丁福保認爲慧琳所引釋義當是。絞，《段
　　　注》在二部，交，亦在二部，二者可爲形聲，慧琳諸卷所引構形可
　　　從。

104. 誼計：《說文》從言宜聲。（卷十七）言誼：《說文》：人所宜也，從言宜
　　聲。（卷八十七）
　　按，誼，二徐作從言宜宜亦聲，與慧琳所引略異。

105. 淪滯：《說文》：水淪（波）爲淪。從水侖聲。（卷十八）沈淪：《說文》
　　亦作㻊。（卷五十一）
　　按，淪，二徐作小波爲淪。慧琳所引小波訛作水波。卷五十一所引乃俗
　　　字。

106. 以索亡珠：《說文》：草木有莖葉可爲繩索，故從朿從糸，象形字也。（卷
　　十八）羂索：《說文》草木有莖葉可以爲繩索也。從糸從朿。（卷六十九）
　　按，索，二徐作艸有莖葉可作繩索。丁福保認爲慧琳所引爲古本，今本
　　　脫「木」字。

107. 名譽：《說文》：稱也。從言與聲也。（卷十八）名譽：《說文》譽字從言
　　與聲也。（卷四十五）

按，譽，二徐作誦，與慧琳所引異體。《說文段注》認爲當作俌。

108. 亘窮：《說文》：從二從日作亘，今時所不用。亙，古字也，隸書從日從二也。（卷十八）亘雲：《說文》云從日從二。（卷五十四）

按，亘，二徐作從二從囘。慧琳乃據俗體爲說。

109. 容縱：《說文》從糸聲。（卷十八）縱汰：《說文》從系從聲。（卷八十四）

按，縱，二徐作從糸從聲，慧琳卷十八所引脫「從」字。

110. 賣賈：《說文》從貝從商省聲。（卷十八）賣販：《說文》云行曰賣。從貝商省聲。（卷四十九）

按，賣，二徐作從商章省聲，與慧琳所引不同。慧琳所引當爲古本。

111. 喜愕：《說文》：正體從屰作愕，從心從吅從屰，咢亦聲也。（卷十八）驚愕：《說文》云譁訟也。從吅屰聲。（卷八十）

按，愕，二徐作咢，譁訟也。與慧琳卷八十所引同。卷十八所引乃俗體。

112. 滲漏：《說文》：水下漉也。《說文》：以銅器盛水，漏下分時，晝夜共爲百刻。（卷十八）病滲：《說文》從土參聲。（卷七十五）

按，滲，二徐作下漉也。卷七十五所引構形不確。漏，二徐作以銅受水，刻節，晝夜百刻。與慧琳所引略異。

113. 浚流：《說文》：抒也。從水從夋省聲。（卷十九）浚壑：《說文》從水夋聲。（卷八十三）

按，浚，大徐作杼也。從水夋聲。小徐作抒也。與慧琳所引訓釋相同，又慧琳所引構形衍「省」字。

114. 矯誑：《說文》：矯，擅也，從矢聲。（卷十九）矯亂：《說文》：矯，擅也。從矢喬聲也。《說文》又解喬字從夭。《說文》：從乙喬聲也。（卷十一）

按，矯，二徐作揉箭箝也。卷十九所引構形有脫文。

115. 諧耦：《說文》：合也。從言皆聲。《說文》：從耒禺聲。（卷十九）諧遂：《說文》：諧，合也。遂，成也，就也，亦從也。（卷五十）

按，諧，二徐作詥也。《說文古本考》認爲合爲通行字。

116. 強霸：《說文》月始生魄也。（卷十九）更霸：《說文》從月霍聲也。（卷八十）

按，霸，大徐作月始生霸然也。從月霏聲。小徐與慧琳所引同。蓋古本
　　如是。

117. 隄封：《說文》：隄，隚也。從阜是省聲也。《說文》：諸侯之土也。公侯
　　方百里，伯方七十里，子男方五十里，從土作坴，古封字也。今從重土
　　從寸，會意字也。（卷十九）隄塘：《說文》塘也。或從阜作隄。（卷五
　　十一）
　　按，隄，二徐作唐也。唐、塘、隚異體。從昌是聲。慧琳所引衍「省」
　　　　字。封，二徐作爵諸侯之土也。公侯百里，伯七十里，子男五十里。
　　　　慧琳所引脫「爵」字，衍「方」字。

118. 布濩：《說文》：濩，霤下皃。從水蒦聲。（卷十九）布濩：《說文》：霤
　　下皃也。從水蒦聲。（卷二十四）
　　按，濩，二徐作雨流霤下。慧琳所引恐為節引。

119. 鬣毛：《說文》：鬣，髦也。從髟鼠（鼠）聲，或從毛作氈，或從犬作獵，
　　義皆同。（卷二十四）髦鬣：《說文》：髮鬣也。從髟鼠聲。（卷七十七）
　　按，鬣，二徐作髮鬣鬣也。卷七十七所引乃節引，卷二十四所引乃意引。

120. 㺹駁：《說文》：駁文也。從文扁聲。《說文》：馬色不純也。從馬爻聲。
　　（卷二十四）㺹斕：《說文》從㐱作辬，駁文也。（卷四十）
　　按，㺹，二徐作辬。慧琳據俗體釋形。

121. 菡萏：《說文》：花未開敷曰芙蓉，已開敷曰菡萏。（卷二十四）菡萏：《說
　　文》：菡萏，芙蕖花也。未發曰芙蓉，已發曰菡萏也。二字並從艸，函閻
　　皆聲也。（卷三十一）
　　按，萏，二徐作芙蓉華未發為菡萏，已發為芙蓉。與慧琳所引釋義不
　　　　同。《段注》認為二者統言不別。蓋二者義得兩通。

122. 齎書：《說文》：持遺也。從貝齊省聲。（卷二十四）齎糧：《說文》：持
　　遺也，從貝齋聲。（卷五十四）
　　按，齎，二徐作從貝齊聲，慧琳所引衍「省」字。

123. 麻枲：《說文》義同。從台水（朮）聲。（卷二十四）麻枲：《說文》云麻
　　也，從朮台聲。（卷六十六）
　　按，枲，二徐作從木台聲。卷二十四所引有倒置。

124. 渤澥：《說文》與《漢書》義並同。從水，孛、解皆聲。（卷二十四）渤澥：《說文》云渤澥，東海名也。並從水，勃、解皆聲。（卷九十七）

　　按，渤，二徐作郣，慧琳據俗體釋形。

125. 嫈嫇：《說文》：嫈，小心態也。從女熒省。嫇，從女冥聲。（卷二十四）嫈嫇：《說文》：嫈，小心態也。從女榮省聲。嫇，從女冥聲也。（卷七十七）

　　按，嫈，二徐作從女熒省聲。與慧琳所引略異。

126. 簫瑟：《說文》：編管爲之，象鳳之翼。庖犧造瑟也。其瑟長八尺二寸四十五絃，黃帝使素女鼓之，悲不能止，改爲七尺二寸二十五絃也。（卷二十五）簫笛：《說文》云簫，象鳳翼，編小管爲之，二十三管，長一尺四寸。（卷六十）

　　按，簫，二徐作參差管樂，象鳳之翼。丁福保認爲慧琳卷二十五所引乃古本，今本乃節引。卷六十亦爲節引。

127. 四馬駟：《說文》云一乘駕以四馬也。（卷二十五）駟：《說文》四馬共一乘。（卷二十七）

　　按，駟，二徐作一乘也。丁福保據慧琳所引，認爲二徐奪「駕以四馬」四字。卷二十七所引乃節引。

128. 羖羝：《說文》：牡羊也。（卷二十五）羖羊：《說文》云從羊殳聲也。（卷五十三）

　　按，羖，二徐作夏羊牡曰羖。《說文古本考》認爲二徐乃古本。

129. 斫斸：《說文》：斫，斫也。從斤句聲。《說文》：斫也。從斤屬聲。（卷二十六）斸斫：《說文》：斸，斫也。從斤屬聲也。《說文》斬，斫也。（卷四十一）

　　按，斸，二徐作斫也。斫、斫義近可通。

130. 婚姻：《說文》：婦家也。《說文》：壻家也。女之所因，故曰姻。（卷二十六）姻媾：賈逵注《國語》云重婚曰媾。《說文》亦同，並從女，因皆聲。（卷七十七）

　　按，姻，二徐作壻家也。慧琳訛壻爲壻。

131. 菅草：《說文》：菅，香草名也。（卷二十六）菅蒯：《說文》從草官聲。

（卷九十九）

按，菅，二徐作茅也。蘐，二徐作艸出吳林山。丁福保據慧琳，認爲二
徐奪「香」字。

132. 珠交露幔：《說文》：幔，幕也。從巾曼聲。在傍曰帷，在上曰幕。幕，
覆也，覆，露也。《說文》繒帛無文曰縵，非幔正體。（卷二十七）（卷
二十九）

按，幔，二徐作幕也，從巾曼聲。縵，二徐作繒無文也。卷二十七、二
十九所引「縵」字乃意引。

133. 猶豫：《說文》隴西謂犬子爲猶。（卷二十七）猶豫：《說文》：玃屬也。
一曰隴西謂犬子爲猶。《說文》從犬酋聲也。（卷四十七）

按，猶，二徐作玃屬，從犬酋聲。一曰隴西謂犬子爲獻。猶，乃俗字。

134. 箜篌琵琶鐃：《說文》《玉篇》小鉦也。軍法十長執鐃，五人爲伍，五伍
爲兩，兩司馬執鐸。（卷二十七）鳴鐃：《說文》：小鉦也。從金堯聲。
（卷八十八）

按，鐃，大徐作小鉦也。軍法：卒長執鐃。從金堯聲。小徐作小鉦也。
未有「軍法」句。慧琳所引與大徐相近。慧琳所引「五人爲伍，五
伍爲兩，兩司馬執鐸」見《大司馬職》。

135. 誠如：《說文》：誠，信也，諦也。從言成聲。（卷二十七）誠言：《說文》：
誠，信也，敬也。（卷七十一）

按，誠，二徐作信也，從言成聲。慧琳所引多推衍其說。

136. 卉木：《說文》：從三屮。（卷二十七）卉服：《說文》草之總名。從三屮。
（卷八十三）

按，卉，二徐作艸之總名也。從艸屮。慧琳所引構形與二徐相似。

137. 百穀：《說文》：穀，續也。（卷二十七）穀稽：《說文》續也。從禾㲉聲
也。（卷四十一）

按，穀，二徐作續也，從禾㲉聲。慧琳卷二十七所引「績」當作「續」，
形近而訛。

138. 涕泣：《說文》：無聲出淚曰泣。（卷二十七）涕泣：《說文》：目液。《說
文》：眼出淚之也。（卷七十四）

按，泣，二徐作無聲出涕曰泣。涕，二徐作泣也。慧琳所引乃意引。

139. 擣篩：《說文》：竹器也。可以除粗取細。（卷二十七）篩揚：《說文》：
篩箄，竹器也。從竹徙聲。（卷六十四）
按，篩，二徐作篩箄，竹器也。從竹徙聲。卷二十七乃節引。

140. 壓油：上《說文》：於甲反。《說文》：柙，檻也。（卷二十七）壓迮：《說
文》從土猒聲。（卷六十九）
按，壓，慧琳所引乃俗體。正作壓，二徐作壞也，一曰塞補。從土厭
聲。

141. 土墼：《說文》義同，從土𣪠聲。（卷二十八）泥墼：《說文》從土𣪠省聲
也。（卷四十七）
按，墼，二徐與慧琳卷二十八所引構形同。卷四十七所引爲省聲。

142. 稟性：《說文》從禾㐭聲。（卷二十九）稟仰：《說文》從㐭從禾。（卷五
十四）
按，稟，二徐作稟，從㐭從禾。與慧琳卷二十九所引構形不同。㐭、稟，
《說文段注》皆在十部，形聲可從。

143. 蟲蛆：《說文》從三虫。（卷二十九）蟲螟：《說文》云有足謂之蟲，無足
曰豸。從三虫。（卷三十一）
按，蟲，二徐作有足謂之蟲，無足謂之豸。從三虫。與慧琳諸卷所引略
近。

144. 豐稔：《說文》：豆之滿者。從豆象形，從二丰，從山豆。（卷二十九）
豐稔：《說文》云豆之豐滿者也，從豆，象形也。（卷六十八）
按，豐，二徐作豆之豐滿者。從豆，象形。卷二十九所引乃節引。所引
構形乃意引。

145. 番篋：《說文》云番，芳也。從黍從甘。（卷二十九）麝香：《說文》云香，
芬也。從黍從甘。（卷三十七）
按，番，二徐作芳也，卷三十七所引釋義乃意引。

146. 澄潔：《說文》從徵作澂，澂，清也，從水形聲字。（卷二十九）澂漉：
《說文》清也。從水從徵省聲也。（卷六十三）
按，澂，二徐作澂，清也，從水，徵省聲。卷卷二十九乃據俗體爲說。

147. 或賸：《說文》云物相增加也。副也。從貝從勝省聲字也。（卷三十六）

　　餘賸：《說文》：從貝朕聲。（卷三十六）

　　按，賸，二徐作烏相增加也。一曰送也，副也。從貝朕聲。與慧琳卷三
　　十六同。勝、朕，《段注》皆在六部，卷三十六所引構形可通。

148. 鼻梁骹：《說文》：陋也。從危支聲。（卷二十九）骹鉢：《說文》：骹，
　　不正也。從危支聲。（卷六十五）

　　按，骹，二徐作骹陋也，從危支聲。慧琳諸卷所引乃意引。

149. 失緒：《說文》絲端也。從糸者聲也。（卷二十九）問緒：《說文》緒，端
　　也。從糸者聲。（卷五十一）

　　按，緒，二徐作絲耑也，從糸者聲。卷五十一有節引。

150. 先哲：《說文》亦智也。從口折聲。（卷二十九）聖喆：《說文》作哲，知
　　也。從口折聲。（卷九十五）

　　按，哲，二徐作知也，從口折聲。古文哲從三吉。卷二十九所引釋義乃
　　異體。

151. 肥醲：《說文》亦厚也，從酉農聲。（卷二十九）醇醲：醲，厚酒也。二
　　字並從酉，享農皆聲。（卷七十七）

　　按，醲，二徐作厚酒也。從酉農聲。卷二十九所引有節引。

152. 闌楯：《說文》闌，從門柬聲。（卷三十）闌楯：從門柬。（卷三十二）

　　按，闌，二徐作從門柬聲。《段注》在十四部。柬，《段注》亦在十四部。
　　慧琳卷三十二所引構形不確。

153. 苑囿：《說文》：從艸夗聲。（卷三十）苑中：《說文》亦養禽獸所也。從
　　艸夗聲。（卷四十五）

　　按，苑，二徐作所以養禽獸也。慧琳卷四十五所引與二徐略同。

154. 謰諸鬼神：《說文》：告也，從言庶聲也。（卷三十一）披謰：《說文》：
　　告也。從言庶聲也。《說文》從广從亦，亦亦聲。（卷四十一）

　　按，庶，當作庶，形近而訛。

155. 匏木：《說文》云匏，瓠也。從包從夸，夸亦聲也。（卷三十一）匏瓜：
　　《說文》從夸從包，取其固可包藏物也。包亦聲。（卷九十七）

按，匏，二徐作瓠也，從夸包聲。取其可包藏物也。卷九十七所引衍「固」字。卷三十一所引「夸亦聲」當改爲「包亦聲」。匏、包，《段注》皆在三部。

156. 鱗介：《說文》：鱗者，魚龍甲也。從魚粦聲。（卷三十一）鯨鱗：《說文》云龍魚鱗甲也，形聲字。（卷六十一）

按，鱗，二徐作魚甲也。從魚粦聲。慧琳所引乃推衍其說。

157. 簡牘：《說文》：版也，從片賣聲。（卷三十一）徽牘：《說文》云：牘，書版也，從片賣聲。（卷九十六）

按，牘，二徐作書版也。從片賣聲。卷三十一所引乃節引。

158. 課抒：《說文》從言果聲。《說文》云：挹酌取物也。從我（扌）予聲。（卷三十一）抒氣：《說文》：抒，挹也。挹，斟酌也。（卷四十三）

按，抒，二徐作挹也，從手予聲。卷三十一所引乃推衍其說。挹，二徐作抒也。卷四十三所引乃意引。

159. 癃殘：《說文》作癃，罷病也。從广隆聲。《說文》從歹戔聲也。（卷三十一）摧殘已：《說文》：從卢從戔也。（卷五十一）

按，癃，二徐作癃，罷病也，從广隆聲。慧琳所引乃異體。殘，二徐作賊也，從歹戔聲。《段注》皆在十四部，慧琳卷五十一作會意不確。

160. 肌色：《說文》：亦肉也。從肉几聲也。（卷三十二）然肌：《說文》云肌肉也。從月几聲也。（卷八十一）

按，肌，二徐作肉也，從肉几聲。卷八十一所引乃推衍其說。

161. 癩瘡：《說文》：瘡，痍也。從广倉聲。（卷三十三）瘡疱：《說文》：瘡，傷也。（卷六十）

按，瘡，爲俗體，二徐正作戕，傷也。卷三十三所引乃意引。構形據俗體爲說。

162. 辮髮：《說文》：辮謂交織之也。從糸辡聲。（卷三十三）辮髮：《說文》云交也。從糸辡聲。（卷四十）

按，辮，二徐作交也，從糸辡聲。慧琳卷三十三所引乃意引。

163. 轀刃：《說文》：陷陣車也。從車童聲也。（卷三十四）轒轀：《說文》云淮揚名車穹隆。從車從賁聲。《說文》云陣車也，從車，童亦聲。（卷九

十四）

按，轀，二徐作陷陣車也。從車童聲。卷九十四所引脫「陷」字。輬，
二徐作淮揚名車穹隆輬。慧琳所引乃脫「輬」字。

164. 噎噎：《說文》從口叜聲。《說文》：食在喉也。從口壹聲。（卷三十四）
噎噎：《說文》：食在喉不下也。（卷四十一）
按，噎，二徐作飯窒也。從口壹聲。慧琳所引乃意引。

165. 溢然：《說文》從水盍聲也。（卷三十四）溢然：《說文》從水蓋聲。（卷
八十一）
按，溢，二徐作從水盍聲。卷八十一所引「蓋」當作「盍」，形近而訛。

166. 低昂：《說文》：高也。從日印聲。（卷三十四）昂形：《說文》云從日印
聲。（卷九十三）
按，昂，二徐作舉也，從日印聲。卷九十三「日」當作「日」，形近而
訛。卷三十四所引「高也」乃意引。

167. 紺黛：《說文》：眉黑也。從黑代聲也。（卷三十四）黛眉：《說文》：黛
亦畫眉類也。從黑代聲也。（卷五十七）
按，黛，二徐作䵝，畫眉也。從黑朕聲。慧琳所引乃據俗體爲說。卷三
十四所引乃意引。

168. 麩片：《說文》：麥皮屑也。從麥夫聲也。（卷三十四）著麩：《說文》小
麥皮也，從麥夫聲。（卷五十四）
按，麩，二徐作小麥屑皮也。從麥夫聲。卷五十四所引脫「屑」字，卷
三十四所引脫「小」字，誤倒「皮屑」。

169. 心齎：《說文》：膍齊也。從肉齊聲。（卷三十五）齎蹄：《說文》云膍齎
也，從肉齊聲。（卷六十）
按，齎，二徐作齎，膍齎也，從肉齊聲。卷三十五所引乃據俗體爲說，
膍、膍異體。

170. 右手攫：《說文》三指撮。（卷三十五）甌攫：《說文》正作撮。從手最聲
也。（卷三十九）
按，撮，二徐作四圭也，一曰兩指撮也。從手最聲。丁福保據慧琳所引
認爲二徐「兩指撮」不確，當作三指撮，其說可從。

171. 烝煮：《說文》：火氣行也。（卷三十五）鬱烝：《說文》：烝，火氣上行也。南山雲烝礎柱潤，謂熱烝上升也。（卷四十三）

按，烝，二徐作烝，火氣上行也。從火丞聲。卷三十五脫「上」字。

172. 飆揩：《說文》：飆飆風也。從風焱聲。（卷三十六）石飆：郭云暴風從上下者也。《說文》義同，從風焱聲。（卷九十六）

按，飆，二徐作扶搖風也。從風焱聲。卷三十六所引「焱」當作「焱」，形近而訛。卷三十六所引釋義當為俗體。

173. 龕窟：《說文》：龍皃也。從今龍。（卷三十六）石龕：《說文》：龍皃。從龍從含省聲也。（卷八十二）

按，龕，二徐作龍皃。從龍今聲。龕，古音在七部。今、含，《段注》亦在七部。慧琳卷八十二所引省聲亦可。卷三十六所引會意不確。

174. 革屣：《說文》云獸皮治去毛。革，更之也。古文革字從三十。凡三十年為一世而道更革易也，從臼，今從省作革。（卷三十六）革鞦：《說文》：革，獸皮也。（卷四十一）

按，革，二徐作獸皮治去其毛，革，更之。古文革從三十，三十年為一世而道更也，臼聲。卷四十一所引乃節引。《段注》認為臼在三部，革在一部，二者合韻。

175. 斡油：《說文》：斡，杼（抒）漏也，從斗繛聲。（卷三十七）斡水：《說文》：斡，量也。從斗繛聲也。（卷七十八）

按，斡，二徐作杼滿也，從斗繛聲。《說文校錄》認為「杼漏當不誤，繛訓漏流，則作抒是也。」《說文段注》亦作抒漏，「謂抒而漏之，有所注也。」

176. 癲癇：《說文》亦風病也。（卷三十七）癇癲：《說文》從广間聲。（卷五十三）

按，癇，二徐作病也，《說文古本考》認為慧琳卷三十七所引為古本。

177. 猝曓：《說文》犬從草中曓出逐人。從犬卒聲也。（卷三十八）（卷九十七）

按，猝，二徐作犬從艸曓出逐人也。從犬卒聲。慧琳所引衍「中」字。

178. 䐗裂：《說文》：頭髓也。從匕崗聲。（卷三十八）髓䐗：《說文》頭中髓也，從匕崗聲。（卷四十一）

按，𡿧，二徐作頭髓也。從匕巛囟。𡿧，《段注》在三部。囟，即腦字。形聲亦可。

179. 悗忽：《說文》狂兒也。從心兄聲。（卷三十八）悗焉：《說文》：悗，失音兒也，從心兄聲。（卷九十七）

按，悗，二徐作「狂之兒」，從心況省聲。卷九十七所引釋義不確。悗、兄、況，《段注》皆在十部，形聲或省聲皆可。

180. 腹肋：《說文》云脅骨也。從肉力聲也。（卷三十九）腹肋：《說文》：肋，脅也。（卷六十一）

按，肋，二徐與卷三十九所引同，卷六十一所引有脫文。

181. 果蓏：《說文》云木實也。象形。在木之上。今從艹作菓，俗字也。（卷三十九）果蓏：《說文》云在木曰果，木實也，象形在木之上也。（卷五十四）

按，果，二徐作木實也，從木象果形，在木之上。與慧琳所引略同。

182. 作醮：《說文》云醮，祭也。從酉焦聲。（卷三十九）改醮：《說文》冠娶禮祭也。從酉，焦。（卷六十二）

按，醮，二徐作冠娶禮祭。從酉焦聲。卷三十九所引有節引。醮、焦，《段注》皆在二部。慧琳卷六十二所引構形不確。

183. 白縵：《說文》云繒無文也。從糸曼聲也。（卷三十九）縵衣：《說文》云繒無文也。從衣曼聲。（卷六十四）

按，縵，二徐作繒無文也。從糸曼聲。卷六十四所引構形不確。

184. 陰臏：《說文》作臏，云髀上也。從骨寬聲。（卷三十九）臏骨：《說文》髀也。從骨寬聲。（卷六十八）

185. 胭項：《說文》云項，頸後也。從頁工聲。（卷三十九）頸瓔：《說文》：頸，項也，從頁巠聲。（卷五十三）

按，項，二徐作頭後也，從頁工聲。卷三十九所引乃意引。頸，二徐作頭莖也。卷五十三所引乃意引。

186. 莫晰：《說文》云昭晰，明也。從日折聲。（卷三十九）晰妙：《說文》：照晰亦明也。（卷五十一）

按，晰，二徐作晳，人色白也。從白析聲。慧琳據俗體爲說。

187. 仆面：《說文》云仆，頓也。從人卜聲。（卷四十）顛仆：《說文》：傾頓也。從人卜聲。（卷六十九）

按，仆，二徐與慧琳卷四十所引同，卷六十九所引乃意引其說。

188. 爝之：《說文》作鬻，云焦也。從鬻叒聲。（卷四十）鬻德：《說文》從鬲粥聲也。（卷九十三）

按，鬻，二徐作鍵也，從彌米。與慧琳所引構形不同。慧琳卷四十所引釋義乃意引。

189. 兩肩：《說文》：髆，膞也，從肉，象形也。（卷四十）拊肩：《說文》：髆也，從月象形也。（卷六十一）

按，髆，二徐與慧琳卷六十一所引釋義同，構形方面，卷六十「月」當作「肉」，蓋形近而訛。卷四十所引「膞」乃「髆」之異體。

190. 煒燁：《說文》燁，亦盛也。從火曅聲。（卷四十）煒燁：《說文》煒燁，震電光也，二字並從火，曅皆聲也。（卷五十五）

按，煒，二徐作盛赤也。慧琳卷五十五所引釋義不確。

191. 蘇莫遮冒：《說文》云小兒及蠻夷頭衣也。從目冃聲。（卷四十一）有帽：《說文》作冒，蠻夷小兒頭衣也。象形字也。（卷六十五）

按，冒，大徐作蒙而前也。從冃從目。小徐作從冃目聲。冒、冃、目，《段注》皆在三部。當為形聲。大徐構形不確。冃，二徐作小兒及蠻夷頭衣也。

192. 霈然：《說文》閇。（卷四十一）霈注：《說文》從雨沛聲。（卷九十二）

按，霈，二徐作沛，從水市聲。慧琳卷九十二所引乃據俗體為說。

193. 負債：《說文》：恃也。從人守貝有所恃也。又云受貸不償，故人下從貝為負。（卷四十一）負捶：《說文》：負，恃也。上從人，人守貝有所恃，故人下從貝為負。《說文》闕此字。（卷六十四）

按，負，二徐與慧琳卷四十一所引哦。卷六十四所引有節引。

194. 爛去：《說文》從火覃聲。（卷四十一）令爛：《說文》：湯中爛肉也。從炙從執省聲也。（卷六十二）

按，爛，二徐作燂。焠，大徐作於湯中爛肉。從炎，從熱省。或從炙。小徐作從炎從熱省聲。慧琳所引脫「於」字。焠、執，《段注》皆

在七部，熱，在十五部。慧琳所引構形可從。小徐構形不確。

195. 剜眼：《說文》：從刀夗聲也。（卷四十一）剜眼：《說文》：剜，挑也。從刀夗聲。（卷九十二）
   按，剜，二徐作削也，從刀宛聲。慧琳所引乃據俗體爲說。卷九十二所引釋義不確。

196. 齎輪：《說文》云腹齎也，從肉齊聲。（卷四十一）齎心：《說文》：腹齎，人齎也。字從肉。（卷七十一）
   按，齎，二徐與慧琳卷四十一所引同，卷七十一所引乃推衍其說。

197. 火煖：《說文》從火從耎。（卷四十一）煖順：《說文》：煖，溫也。從火爰聲。（卷五十）
   按，煖，二徐與慧琳卷五十所引同，煖，《段注》在十四部。耎，《段注》亦在十四部。蓋可作聲符。

198. 鎖械：《說文》云桎梏也。從木戒聲。（卷四十三）杅械：《說文》云杅械，桎梏也。（卷八十六）
   按，械，二徐與慧琳卷四十三所引同。卷八十六乃意引。

199. 刀劃：《說文》隹（錐）刀曰劃。從刀畫，畫亦聲也。（卷四十三）劃然：《說文》以錐刀劃也。從刀畫聲。（卷一百）
   按，劃，二徐作錐刀曰劃。從刀從畫畫亦聲。與慧琳卷四十三所引同，卷一百所引蓋脫「曰」字。

200. 於竈：《說文》：炊竈也。從穴黽省聲。（卷四十三）窯竈：《說文》：竈，炊也，從穴黽省聲。（卷六十八）
   按，竈，大徐與慧琳卷四十三所引同，小徐作炮竈也。與慧琳卷四十三所引略同。卷六十八蓋脫「竈」字。

201. 痤鬼：《說文》：痤，腫也。（卷四十三）癱痤：《說文》云並從疒，坐皆聲。（卷六十二）
   按，痤，二徐作小腫也。從疒坐聲。《說文古本考》認爲古本有「小」字。慧琳卷四十三所引蓋脫「小」字。

202. 痳鬼：《說文》：大小便病也。（卷四十三）痳漏：《說文》：從疒林聲。（卷七十六）

按，痳，二徐作疝病也。從广林聲。丁福保據慧琳所引認爲二徐誤作「疝病」，當據慧琳所引改。

203. 有點：《說文》從黑吉聲也。（卷四十四）點黶：《說文》云點，小黑也。從黑占聲。（卷六十三）

按，點，二徐與慧琳卷六十三所引同，卷四十四所引「吉」當作「占」，形近而訛。

204. 髡頭：《說文》：大人曰髡，小兒曰剃，從髟兀聲也。（卷四十四）髡鬀：《說文》：髡，鬀也。從髟兀聲。（卷五十七）

按，髡，二徒作鬀髮也，從髟兀聲。或從元。慧琳卷四十四所引乃推衍其說，卷五十七所引乃節引。

205. 族姓：《說文》從㫃從矢。（卷四十四）族姓：《說文》從於矢聲。（卷五十七）》：

按，族，二徐與慧琳卷四十四所引同。族，《段注》在三部。矢，《段注》在十五部。二者韻遠，不當爲形聲。慧琳卷五十七所引構形不確。

206. 戲誕：《說文》云誤也。從言疑聲也。（卷四十五）調誕：《說文》：欺調也。（卷六十四）

按，誕，二徐作騃也，從言疑聲。《說文古本考》認爲古本當爲「欺調也」。卷四十五所引不確。

207. 質物：《說文》：以物相贅。從斦從貝。（卷四十五）神質：《說文》從貝斦聲。（卷九十九）

按，質，二徐與慧琳卷四十五所引同。質，古音在質部，斦，古音在諄部。二字陰陽對轉。可作形聲。卷四十五所引構形不確。

208. 投壺：《說文》云昆吾圖器也，象形字。（卷四十五）唾壺：《說文》壺，昆吾圓器也，象形。從大，象其蓋也。（卷一百）

按，壺，二徐與慧琳卷一百所引同，卷四十五所引「圖」當作「圓」，形近而訛。

209. 著薜：《說文》亦香草也。從艸姦聲。（卷四十五）薜衣：《說文》云出吳林山，奕草堪結作草衣。（卷七十八）

按，蘬，二徐作艸出吳林山。從艸姦聲。慧琳卷七十八所引較爲完備，
　　蓋古本如是。卷四十五所引乃意引。

210. 公嫗：《說文》：嫗，母也，從女區聲。（卷四十五）一嫗：《說文》云嫗，
　　老母稱也。從女區聲。（卷九十四）
　　按，嫗，二徐與慧琳卷四十五所引同，卷九十四所引乃推衍其說。

211. 嬲患：《說文》有所恨痛也。（卷四十五）煩嬲：《說文》云有所痛恨。從
　　女嚻省聲。（卷六十八）
　　按，嬲，大徐作有所恨也。從女嚻聲。小徐與慧琳卷四十五所引同。蓋
　　古本如是，卷六十八所引有倒置。

212. 耿介：《說文》：光也，明也。從耳火聲。（卷四十七）悲耿：《說文》耳
　　耿耿然。從耳從炯省聲。（卷八十二）
　　按，耿，大徐作光也，從光聖省。小徐作從光聖省聲。耿、聖、炯，《段
　　注》皆在十一部，火，《段注》在十五部。慧琳卷四十七所引構形
　　不確。卷八十二所引構形可從。卷八十二所引釋義乃推衍其說。

213. 梁椽：《說文》云秦謂之椽，從木篆省聲也。（卷四十七）梁椽：《說文》
　　云秦謂之椽，齊魯謂之桷。從木象聲。（卷五十一）
　　按，椽，二徐作榱也，從木象聲。榱，二徐作秦名爲屋椽，周謂之榱，
　　齊魯謂之桷。椽，《段注》在十四部，篆，《段注》在十五部。卷
　　四十七所引構形不確。慧琳所引釋義乃「榱」字。

214. 岸崩：《說文》：高也。從屵干聲。（卷四十七）崖岸：《說文》云水崖洒
　　而高者也。從屵干聲。（卷六十六）
　　按，岸，二徐作水厓而高者，從屵干聲。慧琳卷六十六衍「洒」字，
　　卷四十七有節引。

215. 𡙡契：《說文》：捕𡙡罪人也。從𠬝從卒。（卷四十九）𡙡鍮：《說文》從
　　𠬝從卒亦聲。（卷九十二）
　　按，𡙡，二徐作捕辠人也。從𠬝從卒，卒亦聲。𡙡，《段注》在七部。
　　當爲形聲。慧琳卷四十九所引構形不確。

216. 轡鎖：《說文》：紲亦馬繮也。（卷四十九）轡杖：《說文》：馬勒也。（卷
　　六十四）

按，韁，二徐作緪，馬繮也。繮，系也。卷四十九作馬繮也，義近。靮，
馬羈也。與慧琳卷六十四義近。慧琳所引蓋意引。

217. 圖牒：《說文》云圖，畫計難也。從口從一回。（卷四十九）圖讖：《說
文》：圖，畫計難也。從口啚聲。（卷八十九）
按，圖，大徐作畫計難也，從口從啚。小徐與慧琳卷八十九所引同。
圖，《段注》在五部。啚，在十五部。二字韻遠，不當爲形聲。

218. 負橐：《說文》云囊也，從橐省，石聲。（卷四十九）橐籥：《說文》：囊
也，從石從橐省。（卷五十一）
按，橐，二徐與慧琳卷四十九所引同。橐、石，《段注》皆在五部。慧
琳卷五十一所引構形不確。

219. 番禺：《說文》：番字從釆田，象形也。（卷四十九）爲番：《說文》云從
田米聲。（卷八十九）
按，番，二徐與慧琳卷四十九所引同。卷八十九所引構形不確。番、
釆，《段注》皆在十四部。卷八十九所引構形可從。

220. 番禺：禺字從田内聲。（卷四十九）禺中：《說文》從由内聲。（卷七
十五）
按，禺，二徐作從由内。禺，《段注》在四部。内，《段注》在三部。二
字韻近。可爲形聲。

221. 臮令：《說文》：衆辭興也。（卷五十一）臮貞觀：《說文》從低自聲。（卷
七十七）
按，臮，二徐作衆詞與也。從乑自聲。《段注》作衆與詞也。慧琳卷五
十一所引「興」當作「與」，形近而訛。

222. 翳薈：《說文》多草之兒也。從艸會聲。（卷五十一）翳薈：《說文》：薈，
草多兒也。從艸會聲也。（卷八十三）
按，薈，二徐作艸多兒。從艸會聲。與慧琳卷八十三所引同，卷五十一
所引乃意引。

223. 沖潚：《說文》從水中聲。（卷五十一）沖虛：《說文》作盅，同。（卷七
十一）
按，沖，二徐作從水中。沖、中，《段注》皆在九部。當爲形聲。

224. 藤蔓：《說文》：蔓，葛屬也。從艸蔓聲。（卷五十一）蔓延：《說文》云蔓，葛屬也。從艸曼聲。（卷八十）
　　按，蔓，二徐與慧琳卷八十所引同。卷五十一所引構形「蔓」字當作「曼」，形近而訛。

225. 舌涎：《說文》：液也。（卷五十一）涎唾：《說文》云語涎歡也。從口延聲。（卷九十）
　　按，涎，二徐與慧琳卷九十所引同。卷五十一所引恐爲「次」字，釋義有節引。

226. 擇滅：《說文》：選也。從手從睪。（卷五十一）擇滅：《說文》：選也。從手睪聲。（卷六十八）
　　按，擇，二徐作柬選也。從手睪聲。擇、睪，《段注》皆在五部。當爲形聲。

227. 斷割：《說文》：截也。從斤從𢇍。（卷五十一）斷敵：《說文》云截也，從斤𢇍聲。（卷六十二）
　　按，斷，二徐作截也，從斤從𢇍。斷，《段注》在十四部。𢇍，《段注》在十五部。二者韻近，可作形聲。慧琳卷五十一所引構形不確。

228. 滋濃：《說文》：益也，從水茲聲。《說文》：露多也。從水農聲。（卷五十三）彌濃：《說文》從弓爾聲。《說文》濃，多兒也。（卷八十八）
　　按，濃，二徐與慧琳卷五十三所引同。卷八十八所引乃節引。彌，二徐作𪔀，慧琳據俗體爲說。

229. 虯螭：《說文》：若龍而黃，北方謂地螻。從虫離聲。（卷五十三）憑螭：王注云螭若龍而無角。《說文》義並同。從虫離聲。（卷八十六）
　　按，螭，二徐作從虫离聲。慧琳卷五十三、八十六所引構形「離」當作「离」，形近而訛。卷八十六所引乃意引。

230. 錍箭：《說文》：從金卑聲。（卷五十三）言錍：《說文》：錍鑿，斧名也。（卷七十四）
　　按，錍，二徐作鑿錍也。從金卑聲。慧琳卷七十四所引有倒置。

231. 圊圂：《說文》：從囗青聲也。（卷五十三）圂廁：《說文》：圊，廁也。從肉從戈。（卷六十四）

按，圍，二徐未見。

232. 暐曄：《說文》云曄，光明皃也。（卷五十四）煒曄：《說文》：光也。從日華聲。（卷七十九）

按，曄，大徐作光也，從日從華。小徐與慧琳卷七十九所引同。卷五十四乃意引。

233. 譖曰：《說文》：愬也，從言朁聲也。（卷五十四）譖之：《說文》：譖，讒也，從言朁聲。（卷五十七）

按，譖，二徐與慧琳卷五十四所引同，卷五十七所引乃意引。

234. 摩刷：《說文》：刷，刮也。從刀㕚從省聲。（卷五十四）刷心：《說文》從刀㕚省聲。（卷九十四）

按，刷，二徐作從刀敠省聲。慧琳所引構形不確。

235. 犇�ﾞ走：《說文》云走，趨也，從夭從止。（卷五十五）走竄：《說文》：趍也，從夭從止。（卷九十）

按，走，二徐與慧琳卷五十五所引同，卷九十所引「趍」當作「趨」，形近而訛。

236. 犁橗：《說文》：橗，車軛也，從木鬲聲。（卷五十七）扼捥：《說文》：橗（搞），把也。（卷七十五）

按，橗，二徐作大車枙。慧琳卷五十七所引蓋脫「大」字。卷七十五所引乃意引。

237. 貧窶：《說文》從宀婁聲。（卷五十七）終窶：《說文》從穴婁聲。（卷九十二）

按，窶，二徐作窶，與慧琳卷五十七所引同，卷九十二乃據俗體為說。

238. 瘖痾：《說文》：病也。從疒阿聲。（卷五十七）痾耆：《說文》：病也。從疒可聲也。聲類作痾。（卷七十七）

按，痾，二徐與慧琳卷七十七所引同，卷五十七乃據俗體為說。

239. 彀以：《說文》：彀，張弓也。從弓㱿聲也。（卷六十）彀中：《說文》：張弩。從弓㱿聲。（卷九十五）

按，彀，二徐與慧琳卷九十五所引同。卷六十乃意引。

240. 愐頂：《說文》：溫也。從火耎聲。（卷六十）愐夫：《說文》從心耎聲。
（卷八十六）
按，愐，二徐作駑弱也，從心耎聲。與慧琳卷八十六所引同，卷六十所
引乃「煗」字。

241. 傾頹：《說文》：從阜作隤。《說文》禿皃也。從禿從隤省聲也。（卷六十）
穨焉：《說文》云頹，禿皃也。從禿貴聲。（卷八十）
按，頹，二徐與慧琳卷八十所引同。頹、隤，《段注》皆在十五部。慧
琳卷六十所引構形亦可從。

242. 俘虜：《說文》：虜，獲也。從毌從力虍聲。（卷六十）紐虜：《說文》云
虜，俘獲也。從毌從力虍聲。毌，《說文》：從一橫毌，象形字也。（卷
九十二）
按，虜，二徐與慧琳卷六十所引同。卷九十二所引衍「俘」字。

243. 燈炷：《說文》無此字。（卷六十）如燈滅：《說文》：錠也。（卷七十五）
按，燈，二徐作鐙，錠也。與慧琳卷七十五所引同。

244. 畟方：《說文》：治稼畟畟。從田從人從夊。（卷六十一）畟塞：《說文》
云治稼。畟，從田人從夊。（卷九十二）
按，畟，二徐作治稼畟畟進也。從田人從夊。卷九十二、六十一所引乃
節引。

245. 囂聲：《說文》：氣出頭也。（卷六十一）囂謗：《說文》云氣出頭上也。
從頁𠁥聲。（卷七十二）
按，囂，二徐釋義與慧琳卷七十二所引同。釋義方面，二徐作從從頁
𠁥。囂，《段注》在二部，𠁥，《段注》在七部，不當為形聲，
二徐構形可從。

246. 把搔：《說文》從手巳（巴）聲。（卷六十二）：）把甌：《說文》：爪持
也。（卷七十四）
按，把，二徐作握也。慧琳所引乃推衍其說。

247. 蘿蔔：《說文》：蘆蔔也。並從艹，羅服皆聲也。（卷六十二）蘆蔔：《說
文》：似蕪菁也，並從草，服皆聲。（卷七十六）
按，蔔，二徐作蘆蔔也，似蕪菁，實如小尗者。從艸服聲。慧琳諸卷所

引乃節引。

248. 隤毀：《說文》從阜貴聲。（卷六十二）隤壞：《說文》：隊也。從阝貴。
（卷六十二）

按，隤，二徐作下隊也。從阜貴聲。慧琳卷六十二所引構形不確，所引
釋義脫「下」字。

249. 蚊幬：《說文》亦云襌帳也。從巾壽聲，亦作幬。（卷六十二）蚊幬：《說
文》亦單帳也。從巾壽聲。（卷六十三）

按，幬，二徐與慧琳卷六十二所引同。慧琳卷六十三所引「單」當作
「襌」，義近可通。

250. 挼繩：《說文》：挼，以手相切縒也。從手妥聲。（卷六十二）挼手：《說
文》：挼，挼手相摩也。從手從妥。（卷七十四）

按，挼，二徐作挼，推也，從手委聲。一曰兩手相切摩也。慧琳所引乃
據俗體意引。

251. 絲筑：《說文》作筑，云以作擊之成曲，五弦之樂。（卷六十二）築神廟：
《說文》築，擣也。從木筑聲。（卷八十九）

按，筑，二徐作以竹曲五弦之樂也。《說文段注》據《吳都賦》李善注，
認為當作似箏，五弦之樂也。

252. 僞濫：《說文》云瀆也。從水監聲。（卷六十三）無濫：《說文》云失評之
濫也。從水監聲也。（卷七十二）

按，濫，二徐作氾也，從水監聲，一曰濡上及下也。一曰清也。慧琳卷
六十三所引「瀆」當作「清」，形近而訛。慧琳卷七十二所引乃推
衍其說。

253. 愚憃：《說文》云戇也。從心禺聲。（卷六十三）愚戇：《說文》：愚，癡
也。（卷七十一）

按，愚，二徐作戇也。從心禺。愚、禺，《段注》皆在四部，可為形聲。
卷六十三所引構形可從。卷七十一所引釋義乃意引。

254. 湧沸：《說文》：湧，滕也。從水甬聲。（卷六十三）洶湧：《說文》：洶
即涌也。從水匈聲。《說文》涌亦騰也。從水勇聲。（卷八十三）

按，湧，二徐作涌，滕也，從水甬聲。卷八十三所引「騰」當作「滕」，

形近而訛。

255. 尨毛：《說文》云犬之毛也。又云雜色不純爲尨也。從犬彡聲。（卷六十三）純尨：《說文》云犬多毛雜色不純者曰尨。從彡，象形字也。（卷六十四）

按，尨，二徐作犬之多毛者。從犬彡。慧琳諸卷皆有「雜色不純者」句，蓋古本如是。今二徐脫。尨，《段注》在九部，彡，《段注》在七部，二者韻遠，不當爲形聲。慧琳卷六十三所引構形不確。

256. 藷蔗：《說文》亦云甘蔗也。從草諸聲。（卷六十三）藷根：《說文》：藷蔗也。（卷八十一）

按，藷，二徐與慧琳卷八十一所引同，卷六十三所引乃意引。

257. 媒嫁：《說文》云媒，謀合二姓爲婚媾也。從女某聲。（卷六十三）媒法：《說文》亦謂合二姓也。從女某聲。（卷六十四）

按，媒，二徐作謀也，謀合二姓。卷六十三推衍其說，卷六十四乃節引。

258. 盆盎：《說文》從皿央聲。（卷六十四）以盎：《說文》作瓮。從盎央聲。（卷七十六）

按，盎，二徐作從皿央聲。卷七十六所引構形不確。

259. 羶胜：《說文》：羶亦臭也。從羊亶聲。（卷六十四）羶腥：《說文》作羴，云羊臭也。從三羊。（卷八十一）

按，羶，二徐與慧琳卷八十一所引同，卷六十四所引脫「羊」字。

260. 隤網：《說文》：紀也。從糸從岡。（卷六十四）隤網：《說文》：網，維紘繩也。從糸岡聲。（卷八十一）

按，網，二徐作庖犧氏所結繩以田以漁也。慧琳乃據俗體意引。

261. 輒述：《說文》從車從耴。（卷六十四）輒正：《說文》從車耴聲。（卷七十五）

按，輒，二徐與慧琳卷七十五所引構形同，輒、耴，《段注》皆在八部，慧琳卷六十四所引構形不確。

262. 欲償：《說文》：還也，從人賞聲。（卷六十五）償對：《說文》云遂也。從人賞聲也。（卷八十）

按，償，二徐與慧琳卷六十五所引同，卷八十所引乃意引。

263. 隁塞：《說文》正從壵作塞。《說文》云隔也。從土塞聲。（卷六十六）噎
塞：《說文》窒也，從廾從宀從壵從土。（卷一百）

　　按，塞，大徐作隔也，從土寈。小徐與慧琳卷六十六所引同。塞、寈，
　　《段注》皆在一部，可爲形聲。慧琳卷一百所引構形不確，所引釋
　　義乃意引。

264. 罩网：《說文》：庖犧所結繩吕田吕漁也。從冂象网交文也。或作罠，籀
文作網，古文作冈（卷六十六）掣网：《說文》庖犧所結繩以畋以漁。從
冂，下象网文也。（卷七十六）

　　按，网，二徐作庖犧所結繩以漁。與慧琳所引略同，《段注》據《廣韻》
　　《太平御覽》補「以畋」，與慧琳所引同。

265. 栽櫱：《說文》云櫱，伐木餘也。從木獻聲。古文作枿，或作藥。（卷六
十七）棒株：《說文》：棒，伐木餘也。正作櫱，從木獻，古文作木。（卷
八十二）

　　按，櫱，二徐作從木獻聲。慧琳卷八十二所引構形不確。

266. 防扞：《說文》：隄防也。從阜方聲。（卷六十八）防援：《說文》云防，
隄也。從昌方聲也。（卷七十二）

　　按，防，二徐與慧琳卷七十二所引同，卷六十八所引衍「防」字。

267. 有諍：《說文》：謂彼此競引物也。（卷七十）誼諍：《說文》云爭（諍），
止也。從言爭聲也。（卷七十二）

　　按，諍，二徐與慧琳卷七十二所引同，卷七十所引乃推衍其說。

268. 音旨：《說文》作恉，意也，志也。（卷七十）之恉：《說文》：意也。從
心旨聲。（卷八十五）

　　按，恉，二徐與慧琳卷八十五所引同，卷七十所引「志也」乃推衍其說。

269. 禦捍：《說文》：捍，止也。蔽也，亦衛也。（卷七十）禦捍：《說文》云
捍，被也，從手旱聲也。（卷七十二）

　　按，捍，二徐作扞，伎也。敤，二徐作止也。從攴旱聲。慧琳據俗體爲
　　說。慧琳卷七十二所引乃推衍其說。

270. 酷裂：《說文》云酒厚味也。又以虐害之曰酷也，從酉告聲。（卷七十八）
　　　酷毒：《說文》：酷，急也。甚也。（卷七十一）
　　　按，酷，二徐作與慧琳卷七十八所引同，卷七十一所引乃意引。

271. 攫腹：《說文》：攫，爪持也。（卷七十一）自攫：《說文》：抓也，從手
　　　瞿聲。（卷七十八）
　　　按，攫，二徐與慧琳卷七十八所引同，卷七十一乃所引乃推衍其說。

272. 防援：《說文》從手爰聲也。（卷七十二）援西：《說文》以爰易士居之曰
　　　爰也。（卷九十八）
　　　按，援，二徐作引也，從手爰聲，慧琳卷九十八所引乃推衍其說。

273. 遊獵：《說文》：逐禽獸也，從犬從巤。（卷七十四）遊獵：《說文》從犬
　　　巤聲。（卷八十九）
　　　按，獵，二徐作放獵逐禽也。從犬巤聲。獵、巤，《段注》皆在八部，
　　　　　慧琳卷七十四所引構形不確。

274. 有汪：《說文》正作洭，從水枉聲也。（卷七十五）汪哉：《說文》作洭，
　　　水深廣也。從水王聲。（卷一百）
　　　按，洭，二徐作汪，深廣也。從水王聲。慧琳卷七十五乃據俗體釋形，
　　　　　卷一百所引衍「水」字。

275. 老死笮：《說文》：迫也。從竹乍聲也。（卷七十五）常笮：《說文》：屋
　　　棧船棧也。從竹乍省聲。（卷七十九）
　　　按，笮，二徐與慧琳卷七十五所引同，卷七十九所引釋義乃推衍其說，
　　　　　所引構形衍「省」字。

276. 千罃：《說文》：從缶從熒省聲也。（卷七十六）空罃：《說文》云長頸瓶
　　　也。從缶榮省聲。（卷七十八）
　　　按，罃，二徐作備火，長頸瓶也。從缶熒省聲。榮、罃皆在十一部，卷
　　　　　七十八所引構形可從。

277. 胆蟲：《說文》蠅乳肉中蟲也。從肉且聲。（卷七十六）胆蟲：《說文》云
　　　蠅乳肉中蠅卵也。（卷七十九）
　　　按，胆，二徐作蠅乳肉中也。慧琳所引乃意引。

278. 席薦：《說文》：獸之所食草也。從艸從廌。（卷七十六）薦席：《說文》

從草麃聲。（卷八十四）

按，薦，二徐作從艸從廌。薦，《段注》在十三部，廌，在十六部，二者韻部較遠，不當爲形聲，慧琳卷八十四所引構形不確。

279. 經緯：《說文》橫成絲也，從糸韋聲也。（卷七十六）讖緯：《說文》橫織絲也。從糸韋聲也。（卷九十五）

按，緯，二徐作織橫絲也。卷七十六所引「橫」當作「橫」，又有倒置，卷九十五亦有倒置。

280. 顧盻：《說文》：恨視。（卷七十六）盻水：《說文》云盻，視也，從目兮聲也。（卷九十九）

按，盻，二徐作恨視也，從目兮聲。慧琳卷九十九所引乃節引。

281. 鳧鶩：《說文》：舒鳧，鶩也。其飛几几（几几），從鳥從几。《說文》從鳥殹聲。（卷七十七）續鳧：《說文》從鳥几聲。（卷九十七）

按，鳧，二徐作舒鳧，鶩也。從鳥几聲。鳧、几，《段注》皆在四部，可爲形聲。鶩，當作「鶩」，義近而通。卷七十七所引構形不確。

282. 蛹生：《說文》云蛹，繭蟲也。從虫聲甬也。（卷七十七）蛹蠶：《說文》云繭中蠶也。從虫甬聲。（卷八十一）

按，蛹，二徐作繭蟲也。從虫甬聲。慧琳卷八十一所引乃意引。卷七十七所引構形有倒置。

283. 於鑠：《說文》云銷金也。從金樂聲。（卷七十七）鑠靈：《說文》從樂金聲。（卷八十四）

按，鑠，二徐與慧琳卷七十七所引同，卷八十四所引有倒置。

284. 褒德：《說文》：從衣采聲。（卷七十七）褒女：《說文》從衣保聲也。（卷八十六）

按，褒，二徐作從衣保省聲。褒，《段注》在三部，采即保，在三部，慧琳所引構形可從。

285. 猘狗：《說文》：狂犬也。從犬制聲。（卷七十七）猘狗：《說文》：猶狂犬也。從犬折聲。（卷九十四）

按，猘，二徐作猘，狂犬也，從犬折聲。與慧琳卷九十四所引同，卷七十七乃據俗體爲說。

286. 懽喜：《說文》：喜亦懽也。從心藋聲。（卷七十七）懽慘：《說文》：懽，喜樂也。（卷八十一）
　　　按，懽，二徐作喜款也。喜，二徐作樂也。慧琳乃意引。

287. 鍱鍱：《說文》云齊人謂鍱爲鍱。（卷七十九）鍱腹：《說文》云葉薄鐵也。從金葉聲（卷八十四）
　　　按，鍱，二徐作鍱也，齊謂之鍱。慧琳卷七十九乃意引，卷八十四乃推衍其說。

288. 遷賈：《說文》：易財也。從貝賈（乪）聲也。（卷八十）賈衆：《說文》從貝乪。（卷八十八）
　　　按，賈，二徐與慧琳卷八十所引同，卷八十八所引構形不確。

289. 毓萌：《說文》云毓，養也。使從善也。從充每聲。（卷八十）濞毓：《說文》正育字。云養子使善也。從云肉聲。（卷九十五）
　　　按，毓，二徐作養子使作善也。慧琳乃節引。育，《段注》在三部，每，在一部，不當爲形聲。

290. 骿贅：《說文》：從貝從敖。會意字也。（卷八十）贅疣：《說文》云贅，疣也。從貝敖聲。（卷九十四）
　　　按，贅，二徐作以物質錢。從敖貝。贅，《段注》在十五部，敖，《段注》在二部，二者不當爲形聲關係。慧琳卷九十四所引構形不確。

291. 縉紳：《說文》帛作赤白色曰縉。（卷八十一）縉雲：《說文》：從糸晉聲。（卷九十二）
　　　按，縉，二徐作帛赤色也。從糸晉聲。《段注》引《南都賦》臣瓚說云赤白色。《玉篇》：帛赤白。與慧琳所引略同，蓋古本如是。慧琳所引乃古本。

292. 潟鹵：《說文》單作舄，意義如上，是舄履字，非此用。（卷八十二）舄帯：《說文》云舄，象形字也。亦從革作鞨。（卷八十五）
　　　按，舄，二徐作誰也。慧琳卷八十二所引不確。

293. 譯粹：《說文》：譯四夷之言者也。從言睪聲。（卷八十三）鞮譯：《說文》：譯，傳四夷之言也。從言睪聲。（卷八十五）
　　　按，譯，二徐作傳譯四夷之言者。慧琳所引皆有脫文。

294. 酇公：《說文》：從邑贊聲。（卷八十三）酇國：《說文》：南陽有酇縣，沛郡亦有酇縣。（卷九十三）

按，酇，慧琳卷九十三所引「沛郡亦有酇縣」乃推衍其說。

295. 蹊徑：《說文》從足奚聲。（卷八十三）蹊逕：《說文》作徑，正也。（卷九十三）

按，徑，二徐作步道也。慧琳所引釋義不確。

296. 壼奧：《說文》亦宮中道也。《說文》從門弅聲。（卷八十三）舊㙭：《說文》云古文奧字也。（卷九十三）

按，奧，二徐作宛也，從宀弅聲。與卷八十三所引構形不確。

297. 彤管：《說文》：丹飾也。從丹彡聲。（卷八十三）彤雲：《說文》從丹從彡。（卷九十八）

按，彤，二徐與卷九十八所引構形同，彤，《段注》在七部，彡，亦在七部，可為形聲，慧琳卷八十三所引構形可從。

298. 鎬京：《說文》武王所都長安西。從金高聲。（卷八十三）鎬遊：《說文》曰鎬京，西周武王所都，在長安西南。從金高聲。（卷八十六）

按，鎬，二徐作武王所都，在長安西上林苑中。慧琳卷八十三所引有節引，卷八十六有意引。

299. 蓍龜：《說文》云蒿屬也。千載，生三百莖。《說文》從⁺⁺耆聲。（卷八十四）蓍龜：《說文》蒿屬也，生千歲，三百莖也。從艸耆聲。《說文》閱待（持）。（卷九十七）

按，蓍，大徐作蒿屬，生十歲，百莖，易以為數。小徐作蒿葉屬，生千歲，三百莖，易以為數。《段注》與慧琳卷九十七所引同，慧琳卷八十四所引有倒置。

300. 鷫鳧：《說文》從鳥省几聲。（卷八十四）鳧人：《說文》從几鳥省。（卷八十五）

按，鳧，二徐作從鳥几聲。慧琳卷八十四所引衍「省」字，卷八十五所引構形亦不確。

301. 惠舸：《說文》從舟可聲。（卷八十四）泛舸：《說文》亦船也，從舟從可。（卷九十四）

按，舸，二徐作舟也，從舟可聲。慧琳卷九十四所引構形不確。

302. 听爾：《說文》亦笑也。（卷八十四）听然：《說文》：听，笑皃也。從口
　　斤聲。（卷九十九）
　　按，听，二徐與慧琳卷九十九所引同，卷八十四「也」當作「皃」。

303. 三饔：《說文》亦熟食也。從食雝聲。（卷八十五）饔人：《說文》熟食
　　也，從食雝聲。（卷九十七）
　　按，饔，二徐作孰食也。慧琳所引乃異體。慧琳卷九十七所引構形乃據
　　　　俗體爲說。

304. 爲蜃：《說文》云雉入淮所化爲蜃。形聲字也。（卷八十五）爲蜃：《說
　　文》從虫辰聲。（卷九十七）
　　按，蜃，二徐作雉入海，化爲蜃。慧琳卷八十五所引「淮」當作「海」，
　　　　音近而訛。

305. 驪驉：《說文》：廐馭也。從馬，形聲字也。（卷八十五）卸驪：《說文》
　　從馬䂞聲。（卷九十七）
　　按，驪，二徐作廐御也。「御」「馭」異體。

306. 禘郊：《說文》亦歲一祭也。從示帝聲。（卷八十五）禘祫：《說文》並從
　　礻，帝合皆聲。（卷九十七）
　　按，禘，二徐從示，不從礻。五歲一禘。慧琳卷八十五所引釋義不確。
　　　　卷九十七所引構形不確。

307. 燧燧：《說文》云候遠望，有驚則舉之。從火夅聲。《說文》從火雚聲。
　　（卷八十五）玁狁烽燧：《說文》云烽候，邊有警急則舉火也。從火夅
　　聲。《說文》云燧，火舉也，從火雚聲。（卷九十四）
　　按，燧，二徐作燧侯表也。邊有警則舉火。從火逢聲。慧琳所引皆有節
　　　　引，且多以俗體爲說。

308. 瞻耳：《說文》云亦垂耳也。從耳詹聲。（卷八十五）瞻耳：《說文》云耳
　　垂也。從耳詹聲。（卷八十八）
　　按，瞻，二徐與慧琳卷八十五所引同，卷八十八所引有倒置。

309. 邘國：《說文》云邘，國武王子所封也。從邑于聲。（卷八十五）邘溝：
　　《說文》云邘，周武王子所封。從邑于聲。（卷九十四）

按，邠，二徐與慧琳卷九十四所引同。卷八十五所引「國」當作「周」，
蓋形近而訛。

310. 迦㠟：《說文》音牛俱反，山節也。（卷八十五）紆㠟：《說文》屈也。從
糸于聲。《說文》從山巳，巳亦聲。（卷九十九）
按，㠟，二徐作岯，山無草木也。從山已聲。慧琳卷九十九所引構形
不確。卷八十五所引釋義亦不確。紆，二徐作詘也，詘、屈，異
體。

311. 鶡冠：《說文》云鶡，似雉，出上黨山谷。其鳥性勇，若共鬥，一死方
休，言勇猛也。（卷八十六）鶡旦：《說文》云似雉，從鳥曷聲。（卷九
十五）
按，鶡，二徐作似雉，出上黨。從鳥曷聲。慧琳卷八十六乃推衍其說。
卷九十五乃節引。

312. 剞劂：《說文》云剞，曲刀，刻漏也。二字並從刀，奇厥皆聲也。（卷八
十六）剞劂：《說文》：曲刀也。並從刀，奇厥皆聲。（卷九十八）
按，剞，二徐作剞劂，曲刀也。從刀奇聲。慧琳卷八十六「刻漏也」乃
推衍其說。

313. 機紝：《說文》從糸任聲。（卷八十六）機紝：《說文》機上縷也。（卷九
十八）
按，紝，二徐作紝，機縷也。從糸壬聲。慧琳卷九十八乃意引。

314. 多懜：《說文》作憏，云不明也。從心從夢聲也。（卷八十七）懜學：《說
文》懜，不明也。從心瞢聲。（卷一百）
按，懜，二徐與慧琳卷八十七所引同，卷一百所引構形乃據俗體為說。

315. 參糅：《說文》云從米丑聲。（卷八十七）記糅：《說文》：糅，雜也。從
米柔聲。（卷九十）
按，糅，二徐作粗，雜飯也，從米丑聲。慧琳卷九十所引釋義脫「飯」
字，卷九十又據俗體釋形。

316. 輪奐：《說文》云大也 。從廾夐省聲。（卷八十七）王奐：《說文》從拱
也。（卷九十）

按，奐，大徐作從廾夐省。小徐與慧琳所引同。奐、夐，《段注》皆在十四部。慧琳卷八十七所引構形可從。卷九十所引構形不確，當作從廾。

317. 如坁：《說文》云坁，小渚也。從土氏聲。（卷八十七）坂坁：《說文》坂亦坡，或從昌作阪。坁，從土氏聲。（卷九十九）
按，坂，二徐作阪，坡者曰阪。慧琳乃意引。

318. 跡泜：《說文》云泜，著止也。從水氏聲。（卷八十八）泜啚：《說文》山也。從水氏聲。（卷一百）
按，泜，二徐與慧琳卷八十八所引同，卷一百乃節引。山，當作止，形近而訛。

319. 勘劾：《說文》法有罪人也。從力亥聲。（卷八十八）推刻（劾）：《說文》云劾，法有罪也。從刀亥聲。（卷九十四）
按，劾，二徐與慧琳卷八十八所引略同，慧琳又衍「人」字，卷九十四所引「刀」當作「力」，形近而訛。

320. 併羅：《說文》從人幷聲。（卷八十八）竝鶩：《說文》，並，併，從兩立。（卷九十二）
按，併，二徐作從人幷聲。慧琳所引「井」當作「幷」，形近而訛。

321. 茵藹：《說文》：從艸謁聲。（卷八十八）藹藹：《說文》從言葛聲。（卷九十八）
按，藹，二徐作從言葛聲。與慧琳卷九十八所引同，藹，《段注》在十五部，謁，亦在十五部，慧琳卷八十八所引構形亦可。

322. 隳肝：《說文》從仌從隋聲也。（卷八十八）隳壞：《說文》從阜從左聲。（卷九十四）
按，隳，二徐作隓，慧琳乃據俗體爲說。

323. 宕：《說文》：宕，度於所往也。又過也。從宀石聲。（卷八十八）流宕：《說文》云過也。一曰洞屋也。從宀從碭省聲。（卷九十四）
按，宕，二徐作過也，一曰洞屋。從宀碭省聲。與慧琳卷九十四所引同，卷八十八乃推衍其說。宕，《段注》在十部，石，《段注》在五部。慧琳卷八十八所引構形不確。

324. 長擖：《說文》：揖揖也，從手壹聲。（卷八十八）長擖：《說文》拜舉手下也。從手壹聲。（卷九十九）

    按，擖，二徐作舉手下手也。慧琳卷八十八乃意引。卷九十九衍「拜」字，脫「手」字。

325. 罄熻：《說文》從缶殼聲。（卷八十八）罄佛：《說文》器中空也。從缶罄聲。（卷一百）

    按，罄，二徐作器中空也。從缶殼聲。慧琳卷一百所引構形「罄」當作「殼」。

326. 瞉破雛行：《說文》云雛，雞之子也。從隹芻聲。（卷八十九）之雛：《說文》：雞子也。從隹芻聲。（卷九十五）

    按，雛，二徐作雞子也。從隹芻聲。與慧琳卷九十五所引同，卷八十九所引衍「之」字。

327. 天溓：《說文》從水兼聲。（卷八十九）河溓：《說文》薄水也。從水廉省聲。（卷九十八）

    按，溓，二徐作從水兼聲。溓，《段注》在七部，廉，亦在七部，二者可為形聲，慧琳所引構形可從。

328. 撥匃：《說文》：匃，䏶也，從勹匃聲。（卷九十）匃襟：《說文》：䏶也，或作匈，亦通也。（卷九十三）

    按，匃，二徐作從勹凶聲。慧琳卷九十所引構形不確。

329. 葆吹：《說文》：盛也。從草保聲。（卷九十）葆鬢：《說文》從草保，保亦聲。（卷九十九）

    按，葆，二徐作艸盛皃。慧琳乃節引。

330. 未續：《說文》從糸賛聲也。（卷九十一）修續：《說文》細（組）也，從糸算聲也。（卷九十一）

    按，續，二徐作繼也。從糸賛聲。慧琳卷九十一所引構形不確。

331. 檐霤：《說文》：從木詹聲。《說文》從雨畱聲也。（卷九十一）檐霤：《說文》：霤者，屋上雨水流下也。從雨畱聲也。（卷九十一）

    按，霤，二徐作屋水流也。慧琳乃推衍其說。

332. 帑藏：《說文》云帑者，金帛藏府之名也。會意字也。（卷九十一）帑藏：

《說文》云帑，金布所藏之府。此從巾奴聲。（卷九十七）

按，帑，二徐作金幣所藏也。慧琳所引乃意引。帑，從巾奴聲，慧琳卷
九十一認爲會意，不確。

333. 夐居：《說文》：營求也，從夏，人在穴上也。（卷九十五）出夐：《說文》
從人旻在穴中。（卷九十七）

按，夐，二徐與慧琳卷九十五所引同，卷九十七所引構形不確。

334. 爛瀹：《說文》清也。從水蕭聲。（卷九十五）瀹繭：《說文》：瀹謂內肉
菜湯中出之也。（卷九十九）

按，瀹，二徐作漬也，從水龠聲。慧琳所引「清」「蕭」當作「漬」
「龠」，形近而訛。卷九十九乃推衍其說。

335. 僾然：《說文》：髣髴也。從人愛聲。（卷九十六）僾然：《說文》：髣見
也，從人愛聲。（卷九十八）

按，僾，二徐作仿佛也。慧琳卷九十六所引乃異體，卷九十八所引「見」
當作「髴」。

336. 熠燿：《毛詩傳》云熠燿，燐也。《說文》義同，並從火，習聲也。（卷九
十六）熠燿：《說文》：熠燿，盛皃也。並從火。（卷九十九）

按，熠，二徐作盛光也。慧琳卷九十六乃意引。卷九十九脫「光」字。

337. 鐵壓：《說文》刺脉穴也。（卷九十八）固鍇：《說文》九江謂鐵爲鍇。從
金皆亦聲。（卷九十九）

按，壓，二徐作壞也，一曰塞補。鐵，二徐作黑金也。慧琳卷九十八或
另有所釋。

338. 瀹漪：《說文》從水猗亦聲也。（卷九十八）漣漪：《說文》漣漪，水波也。
並從水，猗皆聲也。（卷九十九）

按，漣，二徐作大波爲漣。漪，二徐未見。

339. 櫹蓴：《說文》：長木皃也。從木蕭聲。《說文》：草茂聚也。並從草，
本蕈皆聲。（卷九十九）櫹槮：《說文》：櫹槮，木長皃也。並從木，蕭
參皆聲。（卷九十九）

按，櫹，二徐與慧琳卷九十九「櫹蓴」所引同。「櫹槮」條乃意引。
蓴，二徐作叢艸也。慧琳乃意引。

340. 駸駸：《說文》馬行疾貌也。《說文》從馬侵省聲。（卷九十九）駸駸：
《說文》馬行疾皃也。從馬㝲聲。（卷一百）
按，駸，二徐作馬行疾也。《段注》依《玉篇》《廣韻》作馬行疾皃。與
慧琳所引同，蓋古本如是。駸，《段注》在七部，侵，亦在七部，
慧琳卷一百所引構形不確。

341. 紛糾：《說文》：從糸分聲。《說文》從糸丩聲。（卷一）紛糾：《說文》：
糾字，繩三合相糾繚，象形字也。（卷八十四）
按，糾，今大徐作從糸丩。小徐與慧琳所引同。《說文校錄》《說文校議》
認為丩下當有聲字。《說文校議議》認為「丩聲非許例」。《說文校
定本》據小徐作「從糸丩聲」。糾、丩，《段注》皆在三部，當為形
聲，慧琳卷一所引構形可從。

342. 業墜：《說文》：從丵從巾。《說文》作隊，從高墮也。從𨸏㒸聲也，或從
石作磤。（卷一）後隊：《說文》作隊，從阝遂聲。（卷九十六）
按，隊，大徐作從高陊也。小徐作從高墮也，與慧琳卷一所引同。隊，
《段注》在十五部，卷九十六所引構形為「隧」字，不確。

343. 舩撥（橃）：《說文》：舩，舟也。從舟從公省聲也。《說文》：海中大船
也。從木發聲。（卷七）舩舶：《說文》云舟也。從舟從鉛省聲。（卷六
十二）
按，舩，二徐作從舟鉛省聲。舩，《段注》在十四部，公，在九部，鉛，
在十四部，卷七所引構形不確，卷六十二所引構形可從。

344. 諸仞：《說文》：申臂一尋曰仞。（卷十一）諸仞：《說文》云臂一尋也。
從人刃聲。（卷七十八）
按，仞，二徐作伸臂一尋八尺。《說文段注》據程瑤田《通藝錄》認為
八尺為尋，七尺為仞。慧琳卷七十八所引乃節引其說。

345. 雨雹：《說文》：雨水也。從雨包聲也。（卷十二）霜雹：《說文》云雨水
也。從雨包聲。古作靁也。（卷六十八）
按，雹，二徐作雨冰也，慧琳所引冰訛作水。

346. 碎末：《說文》：䃺也。從石從淬省。（卷二）即碎：《說文》：碎，䃺也。
從石卒聲。（卷十九）

按，碎，二徐作礦也。《說文段注》「糳，各本作礦，其義迥殊，礦所以碎物而非碎也。」其說可從。糜爲糳之俗字。

347. 保母：《說文》：保，養也。從人孚省聲。《說文》：褓，衣上擊也。（卷三十二）保護：《說文》：養也。從人㝈省聲。古文作呆，又作𣎆。（卷三十九）

按，保，二徐作養也。從人從采省。「采」即「孚」字。保、孚皆在三部，當爲省聲。

348. 投挂：《說文》從手從圭。（卷三十五）挂髆：《說文》從手圭聲。（卷六十二）

按，挂，二徐作畫也，從手圭聲。挂、圭，《段注》皆在十六部，慧琳卷三十五所引構形不確。

349. 蛟龍：《說文》：蛟，龍屬也。從虫交聲也。（卷三十八）蛟螭：《說文》龍屬也。沱（池：）魚滿二（三）千六百蛟來爲之長，率魚而飛。置苟（笱）韭水中，即蛟去也。從虫交聲。（卷九十六）

按，蛟，二徐作龍之屬也。池魚三千六百，蛟來爲之長，能率魚飛。置笱水中，即蛟去。從虫交聲。慧琳所引乃意引。

二、引《說文》同字條有三次

1. 東域：《說文》：邦也。從土或聲。（卷一）（卷七十一）塋域：《說文》：墓地曰域也。（卷八十二）

按，今二徐作或，邦也。域，從土。慧琳卷八十二乃意引。域、或，《段注》皆在一部，慧琳卷一所引構形可從。

2. 飡風：《說文》：吞也。食也。（卷一）就餐：《說文》：餔也，從夕食聲。（卷六十四）（卷四十一）

按，飡、餐異體。二徐本無「食也」。卷六十四、卷四十一所引蓋意引。

3. 斂衽：《說文》：收也。從文僉聲也。（卷一）發斂：《說文》從僉攴聲。（卷八十）權斂：《說文》云斂，收也。從攴僉聲。（卷八十一）

按，斂，二徐作從攴僉聲，慧琳卷一所引「文」當作「攴」，形近而訛

作。卷八十所引有倒置。

4. 疲頓:《說文》:下首也。從頁屯聲也。(卷一)(卷十九)頓弊:《說文》:下首至地也。從頁屯聲。《說文》:怓也。一曰敗衣也。從攴從㒸。(卷十八)

　　按,頓,二徐作下首也。丁福保據慧琳音義卷十八「頓」字所引《說文》作「下首至地也」,認爲慧琳所引當爲古本,今二徐本刪去,當補入。其說可從。今卷一所引或爲節引。敝,二徐作帗也,一曰敗衣。從攴從㒸㒸亦聲。慧琳作「怓」,乃形近而訛。敝,《段注》在十五部,㒸,亦在十五部,慧琳所引構形不確。

5. 嘗食:《說文》:試味曰嘗。從甘尚聲也。(卷二)所嘗:《說文》云口味之也。從甘尚聲也。(卷六十七)嘗啜:《說文》從旨尚聲。(卷六十八)

　　按,嘗,二徐作口味之也。從旨尚聲,與慧琳所引卷六十八構形同,卷二、卷六十七乃據俗體釋形。卷二所引釋義乃意引。

6. 巧屠:《說文》:刳也。從尸者省聲也。(卷二)屠羊:《說文》:屠,割也。(卷七十)屠兒:《說文》:屠,刳。分割牲肉。(卷二十七)

　　按,屠,二徐作刳也,從尸者聲。慧琳卷二所引衍「省」字。卷七十所引當屬意引。

7. 蝸蠃:《說文》:蠃也。《說文》:從虫羸聲。[註1](卷二)蜾蠃:《說文》正作蠃,云土蜂也。天地之性細腰無子,從虫𧴪聲。(卷八十一)蜾螺:《說文》正作蠃,從虫𧴪聲。(卷九十五)

　　按,蠃,二徐作蜾蠃也,慧琳卷二所引恐脫文。

8. 攀枝:《說文》:引也。從手樊聲也。《說文》:手持半竹曰攴。(卷三)攀上:《說文》:攀,引也。從手樊聲。古文作扒,故云反拱。(卷四十一)(卷六十九)

　　按,攴,二徐作小擊也,慧琳所引乃意引。

9. 淳熟:《說文》:從水作漳,盉也。《說文》:食飪也。從㐬𦎧聲也。(卷三)漳熟:《說文》從水𦎧聲。(卷四十七)漳質:《說文》從酉𦎧聲。(卷六十六)

〔註 1〕據徐時儀,獅作蚹。

按，澟，二徐作淥也。卷六十六所引「從水」訛作「從酉」，卷三所引
　　構形亦不確。

10. 辛酸：《說文》：從二從羊。《說文》：酸，酢也。從酉夋聲。（卷三）酸
　　鹹：《說文》：酢也。從酉夋聲。（卷三十一）（卷三十五）
　　按，辛，二徐作從一從辛。慧琳所引構形不確。

11. 能刺：《說文》：能，熊屬也，足似鹿，故從二匕，從肉已聲也。《說文》：
　　直傷。從刀束聲。（卷四）能紹：《說文》：獸也。熊屬也，足似鹿。從
　　二匕。堅中故稱賢能，而強壯故稱能傑。從肉已聲也。《說文》：繼也。
　　（卷三）黃能：《說文》：熊屬也，足似鹿。從肉已聲。（卷九十五）
　　按，能，二徐作熊屬，足似鹿，從肉已聲。無從二匕之說。刺，二徐作
　　　　從刀從束，束亦聲。與慧琳卷三所引略異。

12. 罜起：《說文》：從竹作笒，可以收繩者也。（卷四）遞互：《說文》在竹
　　部，《玉篇》在牙部。（卷四十九）互相：《說文》云互，可以收繩也。
　　象形字。中象手所推握也。古文作笒，同用也。（卷七十二）
　　按，笒，二徐作可以收繩也。竿、笒，異體。

13. 尋伺：《說文》作尋（尋），尋，繹也，理也。從口從彡從工。（卷四）
　　尋閱：《說文》云尋，繹理也。從工口，又，會意字也。（卷八十）（卷
　　九十二）
　　按，尋，二徐作尋，繹理也，慧琳卷四所引「繹」字後衍「也」字。

14. 雉堞：《說文》：女垣也。從土從葉省聲。（卷四）壘堞：《說文》：城上
　　女垣也。從土葉聲。（卷五十三）（卷八十三）
　　按，堞，二徐作城上女垣也。從土葉聲。慧琳卷四所引釋義為節引，構
　　　　形衍「省」字。卷五十三乃據俗體釋形。

15. 白鸛：《說文》：鴻鵠也。《說文》：從鳥霍聲也。《說文》又解霍字，從
　　門從佳，鳥飛高至上欲出門也。（卷四）鶬鶴：《說文》：鶬鴰也，從鳥
　　倉聲。《說文》：仙鳥也。從鳥隺聲。（卷五十四）（卷八十六）
　　按，鸛，即鶴，二徐作鳴九皋，聲聞于天，從鳥隺聲。霍字，二徐作
　　　　靃，飛聲也。與慧琳卷四所引釋義及構形皆不同。慧琳卷四所引
　　　　「鸛」「霍」乃俗字。卷五十四所引釋義乃意引。

16. 翡翠：《說文》：赤羽雀也。從羽非聲也。《說文》：青雀也。從羽卒聲。
（卷四）翡翠：《說文》：翠，青羽雀也。悉出鬱林。從羽卒聲也。（卷
三十二）翡翠：《說文》：翡，赤羽雀也。從羽卒聲也。（卷七十七）
按，翠，二徐作青羽雀也，慧琳卷四所引脫「羽」字。

17. 魁膾：《說文》：從鬼斗聲也。（卷四）魁膾：《說文》從斗鬼聲也。（卷
五十四）（卷八十五）
按，魁，二徐作從斗鬼聲。慧琳卷四所引構形有倒置。

18. 腦膜：《說文》：頭中髓也。《說文》：從肉甾聲。（卷五）髓腦：《說文》：
頭中實也。（卷十二）髓腦：《說文》：頭中髓也。象形，形聲字。從肉甾
聲也。《說文》：從匕作甾。衛宏單作甾。（卷十二）
按，腦，二徐作甾，頭髓也。從匕從甾。甾，二徐爲會意字。腦，《段
注》在三部，當爲形聲。「從肉甾聲」乃慧琳據俗體所釋。甾，
慧琳皆作頭中髓也，蓋古本如是。二徐脫「中」字。

19. 騰踊：《說文》：騰，傳也。從舟從馬夫聲也。《說文》：踊，跳也。從足
勇聲也。（卷五）騰驤：《說文》：馬奔走也，並形聲字。（卷六十一）騰
踊：《說文》從馬從勝省。（卷六十八）
按，騰，二徐作騰，從馬朕聲。騰，《段注》在六部，勝，亦在六部，
慧琳卷六十八所引構形可從，卷五所引構形不確。

20. 諒順：《說文》：從言涼省聲也。（卷五）諒資：《說文》從言京聲也。（卷
九十七）諒難：《說文》：信也。從言從涼省聲也。（卷十二）
按，諒，二徐作從言京聲。諒，《段注》在十部，涼，亦在十部，慧琳
卷五、卷十二所引構形可從。

21. 凋落：《說文》：半傷也。從冫從周聲也。《說文》：草木凋衰也。從艸洛
聲也。（卷六）凋訛：《說文》：凋，刻鏤畫文也。（卷八十八）凋窘：《說
文》：半傷也，從冫。（卷九十一）
按，凋，二徐作半傷也，從仌周聲。卷八十八所引乃彫字。彫，二徐作
琢文也。與卷八十八所引略同。落，二徐作凡艸曰零，木曰落，與
慧琳卷六所引略異。

22. 殉命：《說文》：從歺旬聲。《說文》：使也。《說文》：使也。從口令聲

也。（卷六）殉命：《說文》從歹旬聲。（卷七十六）（卷九十五）

　　按，殉，二徐未見。命，二徐作從口從令。命，《段注》在十二部，令，
　　亦在十二部，慧琳卷六所引構形可從。

23. 製造：《說文》作褅，裁衣也。從衣制聲也。（卷六）製立：《說文》以裁
　　製爲制。從衣制聲。（卷五十）製作：《說文》作制也。（卷七十一）
　　按，製，大徐作裁也，從衣從制。小徐作裁，從衣制聲。小徐與慧琳所
　　引構形相同。丁福保認爲二徐宜補「衣」字。

24. 尋伺：《說文》：繹也，理也。從又從彐（口）〔註2〕從工從寸。《說文》：
　　候也。從人司聲。（卷六）伺求：《說文》：閌。（卷二十七）伺求：《說
　　文》從人司聲也。（卷三十）
　　按，尋，二徐作繹理也。伺，二徐作候望也，從人司聲。慧琳卷六所引
　　乃節引其說。

25. 卵㲉：《說文》：凡物無乳者，卵生也。象形。（卷六）胎卵：《說文》云
　　凡命無乳者卵生也。象形字也。（卷六十六）卵㲉：《說文》：凡物無乳
　　者卵生，行者胎生。（卷七）
　　按，卵，二徐作凡物無乳者，卵生，象形。卷六十六所引「物」訛作
　　「命」。

26. 涉壙：《說文》：徒行涉水。從步從林，會意字，今省爲涉也。（卷二）
　　交涉：《說文》：徒行厲水曰涉，從步林聲也。（卷七）涉暗：《說文》：
　　塗行水也。從水從步，會意字也。（卷七）
　　按，二徐作徒行厲水，從林從步，慧琳諸卷所引多有不確，卷二當爲
　　徒行厲水，卷七構形當作從林從步，卷七徒，訛作塗，林，訛作
　　水。

27. 撞擊：《說文》：撞，擣也。從扌童聲也。（卷七）撞笯：《說文》云擣也，
　　從手童聲。（卷四十四）撞擊：《說文》：卂擣也。從手童聲。（卷八十八）
　　按，撞，二徐作卂擣也。《說文校錄》據《韻會》及《玄應音義》認爲
　　卂，當作釟，釟，即戟字。慧琳卷七、卷四十四所引或脫釟字。

28. 酬荅：《說文》：酬，勸也。從酉州聲也。（卷七）酬賽：《說文》作醻，

獻酬也。從酉壽聲。（卷六十二）醻醟：《說文》主客獻酬以禮成也。（卷七十六）

按，酬，大徐作主人進客也。從酉壽聲。或從州。小徐作獻醻，主人進客也。卷七所引乃意引，卷六十二所引乃節引，綜合二徐看，卷七十六所引較爲完備。

29. 螫噉：《說文》：噉，譙也。（卷七）噉食：《說文》：噉，嚼也。從口敢聲。（卷五十七）（卷六十一）

按，噉，二徐作噍啖也，慧琳卷七所引「噍」訛作「譙」。

30. 寶函：《說文》作函。函，篋也。（卷七）函杖：《說文》象形。（卷八十三）函杖：《說文》從弓，象形字也。（卷九十一）

按，函，二徐作舌也，慧琳卷七乃意引。

31. 譴罰：《說文》：小罪也。從刀從詈。（卷七）討伐：《說文》：罪之小者曰罰。（卷二十七）（卷七十七）

按，罰，二徐作辠之小者，與慧琳卷七所引略異。

32. 勇銳：《說文》：鋒芒也。從金兌省聲。（卷七）纖銳：《說文》：從金兑聲也。（卷三十四）勇銳：《說文》：稅，芒。（卷二十七）

按，銳，二徐作芒也，從金兌聲。與慧琳卷七所引釋義略異。慧琳卷七所引構形衍「省」字。卷二十七所引銳，訛作稅。

33. 枯涸：《說文》：木槀。槀，木枯也。從木古聲也。（卷七）枯槁：《說文》：枯，朽也。從木古聲。（卷三十四）枯顇：《說文》：木槀也。（卷七）

按，枯，二徐作槀也。慧琳卷三十四所引釋義乃意引。

34. 敵對：《說文》：敵，仇也。從攴從滴省聲也。《說文》：辯對無方也。從荎（丵）從口從寸作對（對）。（卷七）對治：《說文》從丵從士從寸。（卷四十九）對治：《說文》：從丵從土反寸。（卷十四）

按，對，二徐作譍無方也。從丵從口從寸。釋義與慧琳卷七所引略異，構形方面，卷四十九所引不確。卷十四所引「反」字誤，當改爲「從」。

35. 親昵：《說文》：從日匿省聲也。（卷七）親昵：《說文》從日尼聲。（卷五十四）昵好：《說文》作暱，云日近也。從日匿聲。（卷六十二）

按，昵，二徐作從日匿聲。慧琳卷七所引衍「省」字。卷五十四所引構
　　形乃據俗體。

36. 勘耐：《說文》本字從力從匹甘聲也。《說文》：堪，地突也。《說文》從
　　乡作彫，形聲字也。（卷七）弎亂：《說文》亦勝也。從戈今聲。（卷八
　　十三）弎翦：《說文》：殺也。從戈今聲。古文作勘。（卷八十七）
　　按，勘，二徐作校也，從力甚聲。弎，二徐作殺也。從戈今聲。卷八十
　　　三所引乃意引。

37. 誓喝辯：《說文》：悲聲也。從言斯聲也。（卷八）嘶碎：《說文》：悲聲，
　　從口斯聲。（卷七十五）悲嘶：《說文》從言作誓，云悲聲也，從言斯聲。
　　（卷七十七）
　　按，誓，二徐作悲聲也，從言斯省聲。慧琳卷七十五所釋爲俗體，卷八
　　　卷七十七所引從言斯聲，亦可從。

38. 罕人：《說文》：𦉳也。從𦉳干聲也。（卷八）罕緻：《說文》從冈從干。
　　（卷七十四）駐罕：《說文》從四干聲。（卷九十八）
　　按，罕，二徐作网也，從网干聲。慧琳所引「冈」「四」乃俗字。卷七
　　　十四所引構形不確。

39. 無鈎：《說文》：曲鐵也。從金勾聲也。（卷八）鈎闌：《說文》：曲也。
　　從金勾聲。（卷八十三）（卷六十九）
　　按，鈎，二徐作曲也，從金從句句亦聲。慧琳卷八所引或衍「鐵」字。

40. 澡浴：《說文》：浴，洗身也，從水從谷省聲。（卷八）浴像：《說文》：
　　浴，洒身也。從水谷聲。（卷三十四）（卷七十）
　　按，浴，二徐作洒身也，從水谷聲。慧琳卷八所引衍「省」字，洗身，
　　　即洒身。

41. 茅衣：《說文》：茅即菅草也。從草矛聲也。（卷八）葺茅：《說文》：草
　　名也。從草矛聲也。（卷二十九）茅蔽：《說文》：菅也，從草矛聲也。
　　（卷六十三）
　　按，茅，二徐作菅也。卷八、卷二十九所引乃意引。

42. 麀的：《說文》：從白作的。的，明也，從白勺聲也。（卷八）中的：《說
　　文》：從夕作的。（卷八）因的：《說文》：的，明也。（卷二十六）

按，的，二徐作旳，從日勺聲。作白，乃俗字。卷八所釋構形「從夕」
不確。

43. 瓦瓶：《說文》：汲水器也。或從缶作缾，小缶也，從瓦從並聲也。（卷
八）瓶罐：《說文》瓶，汲水器也。從瓦并聲。（卷三十二）吉祥瓶：《說
文》作缾，從缶并聲。（卷三十九）
按，瓶，二徐作甐也。從缶并聲。或從瓦。卷八「並」當作「并」。
甐，二徐作汲瓶也。與慧琳所引略異。

44. 翹足：《說文》：翹，長尾也，羽也。從羽堯聲也。（卷八）常翹：《說文》
從羽堯聲。（卷二十九）（卷四十一）
按，翹，二徐作尾長毛也。與慧琳卷八所引釋義略異。

45. 虛費：《說文》：費，散財也，用也。從貝弗聲也。（卷八）無費：《說
文》：散財物也。從貝從弗。（卷五十一）費耗：《說文》：費，散財用
也。從貝弗聲。（卷五十七）
按，費，二徐作散財用也。從貝弗聲。蓋古本如是。卷八所引釋義衍
「也」字。卷五十一所引構形不確。

46. 梯蹬：《說文》：木階也。從木弟聲也。《說文》從阜作隥，隥，印也，
從足登聲也。（卷八）為蹬：《說文》從𨸏登聲。（卷八十三）梯嶝：《說
文》云仰也。（卷四十七）
按，蹬，二徐作仰也，從𨸏登聲。卷八所引「印」當作「仰」，形近
而訛。卷四十七所引「嶝」乃俗字。

47. 逾遠：《說文》：進也。（卷八）逾於：《說文》：逾，進也。從辵俞聲。
（卷二十九）逾邈：《說文》：越進也。從辵俞聲。（卷八十二）
按，逾，大徐作逜進也。小徐作越進也。與慧琳卷八、卷二十九所引不
同，丁福保認為《說文》當有二訓，筆者認為古本當為越進也，卷
八卷二十九所引乃節引。

48. 緹油：《說文》：帛赤黃色也。（卷八）緹綺：《說文》謂帛赤黃色。從糸
是聲。（卷九十八）青緹：《說文》赤黃色也。從糸是聲。（卷九十九）
按，緹，二徐作帛丹黃色，丁福保認為當據慧琳所引作赤。慧琳卷九十
九所引脫「帛」字。

49. 纂曆：《說文》：從糸筭聲也。（卷八）纂集：《說文》云纂，似組而赤黑也。從糸筭聲。（卷六十二）（卷三十九）

　　按，纂，二徐作從糸算聲。與慧琳卷八所引略異。

50. 鸚鵡：《說文》：鸚鵡二字並從鳥，嬰武皆聲也。《說文》：嬰字從女賏聲也。從二貝。（卷十一）鸚鵡：《說文》作䳇。（卷七十四）鸚鵡：《說文》二字皆從鳥，嬰武亦聲。（卷三十一）

　　按，嬰，二徐作從女賏。嬰，《段注》在十一部，賏，亦十一部，慧琳卷十一所引構形可從。

51. 冢間：《說文》：墓壙也。冢字從勹從豕。經中從宀從豕，非也。（卷十一）汲冢：《說文》云冢，陵墓封冢也。從勹豕（豕）聲。（卷八十六）汲冢：《說文》：冢字從包從豕。（卷九十三）

　　按，冢，二徐作高墳也。從勹豕聲。冢，《段注》在九部，豕，在三部，《段注》認爲二者合韻，慧琳卷十一、卷九十三所引構形不確，二徐釋義與慧琳諸卷所引略近。

52. 不吃：《說文》：難也。從口乞聲也。（卷十一）謇吃：《說文》：語難也，從口乞聲。（卷五十七）語吃：《說文》言難也。從口乞聲。（卷六十三）

　　按，吃，二徐作言蹇難也。從口气聲。慧琳諸卷所引或節引，或意引。

53. 謙恪：《說文》：敬也。從言兼聲也。《說文》或作愙也。（卷十二）恪勤：《說文》正作愙，義同，從心客聲也。（卷七十七）恭恪：《說文》：從客從心作愙，古字也。或作愙。（卷十七）

　　按，恪，二徐正作恪，不作愙、愙。慧琳所引乃據俗體爲說。

54. 沿流：《說文》：順流而下也。從水從鉛省聲也。（卷十二）沿溯：《說文》：溯，水欲下違而上也。二字並從水，㕣屰皆聲。（卷三十一）沿江：《說文》從水㕣。（卷八十三）

　　按，沿，二徐作緣水而下也。從水㕣聲。與卷三十一所引構形同。沿，《段注》在十四部，鉛，亦十四部，卷十二所引構形可從，卷八十三所引構形不確。

55. 挺特：《說文》：拔也。從手廷聲。《說文》：朴牛也。從牛寺聲也。（卷十二）奇特：《說文》：奇，異也。不偶曰奇。古文從大。從可立，俗字

也。《說文》：朴牛也。從牛寺聲也。（卷三十五）妹特：《說文》：從女朱聲。《說文》：特，牛父也。從牛寺省聲。（卷十五）

按，特，大徐作朴特牛父也。小徐作特牛也。《說文段注》認爲當作特牛也。慧琳所引作朴牛也，牛父也。蓋大徐本接近古本。慧琳所引有節引。

56. 臍深：《說文》：毗齊（臍）也，當腹之中。從肉齊省聲也。〔註 3〕（卷十二）從臍：《說文》：毗（妣）臍也。（卷十四）臍中：《說文》：肚齊也。（卷二十四）

按，臍，二徐作肶臍也，從肉齊聲。慧琳卷二十四所引「肶臍」作「肚齊」，蓋形近而訛。

57. 漂沒：《說文》：漂，浮也。《說文》：湛也。從水從殳。（卷十二）圓湛：《說文》從水從甚聲。（卷八十八）（卷九十二）

按，沒，二徐作沈也。湛，二徐作沒也。與慧琳所引略異。

58. 衣襟：《說文》作袗，交衽也。從衣禁聲也。（卷十二）喉袊：《說文》從衣金聲。（卷四十七）匈襟：《說文》：襟，衽也。（卷七十一）

按，袊，二徐作交衽也，從衣金聲。慧琳乃據俗體爲說。

59. 混亂：《說文》從又作亂，亂，治也，從乙𤔔聲也。（卷十二）擾亂：《說文》：從乙𤔔聲也。（卷二）擾亂：《說文》：從乙𤔔聲也。（卷三）

按，亂，二徐作從乙從𤔔。與慧琳所引不同。

60. 開關：《說文》：開關也，從辟。（卷十二）闚重關：《說文》關，開也。從門辟聲。（卷四十四）開關：《說文》云關，開也。（卷七十一）

按，關，二徐作開也。從門辟聲。慧琳卷十二所引乃推衍其說。

61. 邀請：《說文》：從辵敫省聲也。（卷十二）邀名：《說文》抄也。從辵敫聲。（卷四十一）邀憤：《說文》：遮也，抄也，從辵從噭省聲也。（卷五十四）

按，邀，二徐作徼，循也，慧琳據俗體釋形。釋義與二徐不同。

62. 仇匹：《說文》：聚斂也。從辵求聲也。《說文》：四丈也。從匸（匚）從

八。（卷十二）疇匹：《說文》從匚八聲。（卷四十五）二匹：《說文》四丈也。從匚從八。八亦聲也。（卷一百）

按，述，二徐作斂聚也。《韻會》與慧琳所引同。匹，二徐作四丈也，從八從匚，八亦聲。匹，《段注》在十二部，八，在十一部，二者韻近，可爲形聲，慧琳卷十二所引構形不確。

63. 兔腹：《說文》：獸名也。《說文》：肚也。從肉复聲也。（卷十二）腹肋：《說文》：腹，肚也。（卷六十一）鍱腹：顧野王云腹，所以容裹五藏也。《說文》從肉复聲。（卷八十四）

按，腹，二徐作厚也，從肉复聲。慧琳所引蓋爲古本。

64. 罕有：《說文》：𦉑也，從𦉑干聲。（卷十四）罕究：《說文》從网作罕，訶坦反。《說文》從穴九聲。（卷八十）（卷八十九）

按，罕，二徐作网也，从网干聲。與慧琳卷十四所引「𦉑」爲俗字。

65. 韓帽：《說文》：小兒及蠻夷頭衣也。（卷十四）韓等：《說文》作屬，從履省，和聲也。亦轉注字也。（卷三十一）韓鞋：《說文》闕，無此字。（卷六十五）

按，韓，二徐作鞮屬。二徐所釋皆不與慧琳所引同，疑慧琳誤引。

66. 餚膳：《說文》：啖也。從肉爻聲也。《說文》：食也。從肉善聲也。（卷十四）肴膳：《說文》：膳，具食也。（卷二十七）肴膳：《說文》：具食也。並從肉，爻、善皆聲。（卷三十二）

按，膳，二徐作具食也。小徐認爲具食者，言具備此食也。慧琳卷十四乃節引。

67. 嘊喍嘷吠：《說文》作齛，《說文》：犬鳴也。從口從犬聲也。（卷十四）嘷吠：《說文》：咆，吠，犬鳴也。（卷二十七）吠佛：《說文》：吠，鳴也，從口從犬。（卷五十四）

按，吠，二徐作犬鳴也，從犬口。卷五十四所引乃節引。構形方面，吠，《段注》在十五部，犬，亦十四部，二者韻近，慧琳卷十四所引構形可從。

68. 滂流：《說文》：霈也。形聲字。（卷十五）滂溢：《說文》：滂，沛也。二字並從水旁聲。（卷六十八）（卷八十）

按，滂，二徐作沛也。《說文校錄》認爲作霈乃俗字。卷六十八所引釋義
乃意引。

69. 姿態：《說文》：態也。從女次聲。《說文》：態，恣也。從心能聲也。或
從人作儱（卷十五）懷態：《說文》常秉意不改也。從心能聲。（卷六十
四）（卷五十七）

按，態，二徐作意也，從心從能。卷十五所引「恣也」當爲「姿也」，
卷六十四所引乃意引。

70. 踝腕：《說文》從足從稞省聲也。《說文》作掔，從手臤聲，古文作膌。
（卷十五）膝踝：《說文》脛頭骨節也。（卷四十一）脛踝：《說文》從足
果聲。（卷七十二）

按，踝，二徐作從足果聲。踝，《段注》在十七部，稞，亦十七部，慧
琳卷十五所引構形可從。

71. 撾打：《說文》：撾，捶也，打也。從木（扌）過。《說文》：擊也。掊也，
從手丁聲。（卷十五）樋（撾）打：《說文》作箍，捶也。從竹朶聲。（卷
四十一）（卷三十三）

按，撾，二徐作箍，篟也。撾、樋，篟、捶異體。

72. 樹觚棁：《說文》從角從瓜。（卷十五）操觚：《說文》亦棱也，從木瓜聲。
（卷六十七）瓢觚：《說文》饗因之爵。一曰觚受三升者觚。從角瓜聲。
（卷九十五）

按，觚，二徐作從角瓜聲。卷六十七所引構形乃俗體。構形方面，觚，
《段注》在五部，瓜，亦在五部，慧琳卷九十五、六十七所引構形
可從，卷十五所引構形不確。

73. 財購：《說文》：購，贖也。從貝冓聲。（卷十五）購贖：《說文》以財贖
物也。形聲字也。（卷六十五）按購：《說文》：以財有求曰購。從貝冓
聲。（卷八十三）

按，購，二徐作以財有所求也。與慧琳卷八十三所引同。卷十五、六十
五所引乃意引。

74. 磊砢：《說文》：磊砢，眾石皃也。（卷十五）磈磊：《說文》：眾石皃也。
從三石。（卷八十三）（卷九十八）

按，磊，二徐作眾石也。硍，二徐作磊硍也。慧琳卷十五所引乃會合二
字爲說。

75. 姿豔：《說文》：態也。從女次聲。《說文》：好而長。從盍。（卷十七）
豔發：《說文》云好而長也。從豐盍聲也。（卷八十九）（卷九十四）
按，豔，二徐作好而長也，從豐盍聲。與慧琳所引構形略異。

76. 瓔飾：《說文》作賏，婦人頸飾也。從二貝。（卷十七）賏珞：《說文》從
二貝。（卷四十）頸瓔：《說文》云賏，頸飾也。古文從二貝。（卷五十
三）
按，賏，二徐作頸飾也。慧琳卷十七所引乃推衍其說。

77. 寶輅：《說文》：車輪前拱木也。（卷十七）車輅：《說文》：車零（輪）
前橫木也。從車路省聲也。（卷三十五）車輅：《說文》：車苓（輪）前
橫木也。從車從路省聲也。〔註4〕（卷十八）
按，輅，二徐作車輪前橫木也。卷十七所引乃意引其說。

78. 發軫：《說文》：射發。從弓癹聲。《說文》：井田間陌也。形聲字，亦會
意字也。〔註5〕（卷十八）競軫：《太玄經》：軫，轉其道也。《說文》義
同，從車㐱聲。（卷八十三）（卷八十）
按，軫，二徐作車後橫木也。慧琳所引今本未見。

79. 婬慾：王注《楚辭》：遊也。《說文》同。（卷十八）婬劮：《說文》私逸
也。從女㸒聲。（卷四十四）（卷六十七）
按，婬，二徐作私逸也。慧琳卷十八所引乃意引。

80. 踦王：《說文》：渡也。從足夅聲也。（卷十八）各踦：《說文》：踦，渡
也。從足夅聲也。（卷八十）踦躡：《說文》云度也。從足從夅聲。（卷
九十二）
按，踦，二徐作跨，渡也，從足夸聲。慧琳據俗體釋形。卷九十二所引
釋義乃俗體。

81. 丘壙：《說文》：塹穴也，大空之皃也，從土廣聲。（卷十八）險壙：《說
文》：塹也，穴也。從土廣聲也。（卷十一）寬壙：《說文》：大也。從土

〔註4〕獅作輄。
〔註5〕麗無，據今本《說文》補。

廣聲。（卷十五）

按，壙，二徐作塹穴也，一日大也。慧琳卷十八所引較爲完備，卷十
　　一、十五所引乃節引其說。

82. 交翫：《說文》：翫，習也。（卷十八）所翫：《說文》猒也。又玩弄也。
　　從習元聲。（卷三十二）（卷二十九）

按，翫，二徐作習猒也。慧琳所引或有脫文。

83. 兇悖：《說文》：擾也。從人在凶下，象形字也。《說文》從言作誖，《論
　　語》：色孛如也。從子從市。（卷十八）兇黨：《說文》：惡也，恐也。從
　　古人在凶下，會意字也。《說文》：朋群也。從手黨聲。（卷一）兇悖：
　　《說文》：惡也。從人在凶下，會意，亦是形聲字。《說文》：亂也。或
　　作誖，從心孛聲也。（卷二）

按，兇，二徐作擾恐也。慧琳所引或有節引。卷二所引恐「凶」字。
　　孛，二徐作從宋從子。與慧琳所引略異。

84. 濯以：《說文》：濯，浣也。從水翟聲。（卷十八）洗濯：《說文》：浣也。
　　形聲字，並皆從水也。（卷二十九）（卷六十七）

按，濯，二徐作瀚也。瀚，二徐作濯衣垢也。瀚、浣異體。

85. 染繒：《說文》：以繒染爲深色也。從水杂聲。（卷十九）累染：《說文》
　　以繒染爲彩色也。從水杂聲。（卷二十九）瀚染：《說文》云以繒染爲綵
　　也，從水杂聲也。（卷六十三）

按，染，二徐作以繒染爲色。慧琳諸卷所引乃推衍其說。

86. 僮僕：《說文》：僮亦僕也。（卷十九）僮：《說文》：男有罪爲奴曰僮。
　　（卷二十七）僮孺：《說文》從人童聲。《說文》從子需聲。（卷三十四）

按，僮，二徐作未冠也。僕，二徐作給事者。與慧琳所引釋義不同。

87. 圊廁：《說文》：圂亦廁也。廁亦圊也。圊從口青聲，廁從广則聲。（卷
　　十九）墮廁：《說文》：廁，圊也，從广則聲。（卷五十一）（卷六十八）

按，廁，二徐作清也。清、圊正俗字關係。

88. 躁慼：《說文》又說：慼字從戉從宗省聲也。（卷十九）愁慼：《說文》：
　　慼從戉從心宗省聲也。（卷五）悒慼：《說文》：不安也。《說文》：慽，
　　憂懼也。又解慼字從戉未聲也。（卷十四）

按，感，二徐作憂也，從心戚聲，慧琳所引乃釋戚字。戚，二徐作從戊
尗聲。感，《段注》在三部，宋，亦三部，慧琳卷十九、卷五所引
構形可從。

89. 篋笥：《說文》：盛衣器曰笥。（卷十九）篋笥：《說文》從竹司聲也。（卷
三十九）（卷五十四）
按，笥，二徐作飯及衣之器也。《說文古本考》認爲古本當作盛衣器也。

90. 問訊：《說文》：示問也，從言卂聲也。（卷十九）問訊：《說文》從言從
卂，卂亦聲也。（卷五十三）（卷七十七）
按，訊，二徐作問也。慧琳卷十九所引乃推衍其說。

91. 撾鑱：《說文》：從竹作筴，云箠也。《說文》：銳鑱也。從金毚聲。（卷
十九）欃鑱：《說文》：銳鑱也。從金從毚省聲也。（卷十四）鑱刺（刺）：
《說文》：鑱，銳也。（卷七十一）
按，鑱，二徐作銳也。慧琳卷十四所引乃推衍其說。卷十四所引衍「省」
字。

92. 輓住：《說文》：輓，引車也。從車免聲。（卷十九）挽攝：《說文》從車
免。（卷三十九）挽出：《說文》：輓，引車也。（卷七十一）
按，輓，大徐作引之也。小徐、《說文段注》與慧琳所引同。慧琳所引
較爲完備，蓋古本如是。

93. 癬疥：《說文》：癬，乾瘍也。從疒鮮聲。《說文》：疥，騷也。從疒介聲。
（卷十九）瘍癬：《說文》：癬，乾瘍也。從疒鮮聲也。（卷三十七）（卷
四十）
按，疥，大徐作搔也。小徐作瘙也。《說文段注》作搔也。當作搔字。

94. 首楞嚴：《說文》正體作棱。木柧也，從木夌聲。（卷二十四）三棱：《說
文》：棱，隅角也。從木夌聲。（卷三十五）三棱：《說文》：棱，柧也。
從木夌聲。（卷四十）
按，棱，二徐作柧也。卷二十四所引較爲完備。卷四十所引「枛」當作
「柧」，形近而訛。卷三十五所引當爲意引。

95. 森蔚：《說文》云木多而長皃也。從三木，會意字也。《說文》：牡蒿也，
從草慰省聲也。（卷二十四）森竦：《說文》：多木高皃也。從木從林，

林亦聲也。《說文》：從立從束。（卷十四）森竦：《說文》云森，多木皃。從林從木。讀若上黨人參也。（卷六十二）

按，森，二徐作木多皃。從林從木。《玉篇》作長木皃。《廣韻》作長木皃。丁福保認爲慧琳卷三十三、卷五十二所引「多木長皃」爲是，今卷十四、卷六十二與丁福保所引不同，蓋古本當多「多木皃」，卷十四所引釋義乃推衍其說。卷十四所引構形爲亦聲字。蔚，二徐作從艸厵聲。與慧琳所引不同。

96. 奮迅：《說文》：翬也。從奞在田上。《說文》從辵從卂。（卷二十四）奮迅：《說文》云迅，疾也。從辵卂聲。（卷三十八）（卷四十）

按，迅，二徐作從辵卂聲。迅，《段注》在十二部，卂，亦十二部，慧琳卷二十四所引構形不確。

97. 鬄除：考聲：鬄，削髮也。《說文》：鬄髮也。大人曰髡，小人曰鬄。從髟弟聲。（卷二十四）鬄髮：《說文》：鬎髮也。從髟弟聲。大曰髡，小曰鬄。（卷十五）鬄須：《說文》：從髟弟聲。（卷三十四）

按，鬄，二徐作鬎髮也。從髟弟聲。大人曰髡，小人曰鬄。卷十五所引乃節引。

98. 苷蔗：《說文》：蔗，藷也，從艸庶聲。（卷二十四）甘蔗：《說文》：藷也，從草從遮省聲也。（卷六）蔗芌：《說文》：芌，葉大，實根堪食。二字並從草，庶、芌皆聲也。（卷六十四）

按，蔗，二徐作藷蔗也。從艸庶聲。蔗，《段注》在三部，遮，在五部，二者韻較遠，慧琳卷六所引構形不確。

99. 螽蟲：《說文》：螽亦蝗類也。從䖵失（夊）聲。《說文》蟲從三虫。（卷二十四）秋螽：《說文》亦蝗也，從䖵冬聲。（卷八十三）蝗蟲：《說文》：四種雖異名，皆蝗蟲也。（卷十五）

按，螽，二徐作蝗也。卷二十四所引乃推衍其說。卷二十四所引構形有倒置。蟲，二徐作有足謂之蟲，無足謂之豸。

100. 爲爪：《說文》：手足甲也。象形。（卷二十四）（卷二）（卷五十一）

按，爪，二徐作丮也，覆手曰爪。慧琳所引多作「手足甲也」，慧琳乃意引。

101. 嗌痺：《說文》：嗌，咽也。從口益聲。《說文》：濕病也。從广卑聲。
（卷二十四）脚痺：《說文》云痺，濕病也。從广卑聲。（卷八十四）
（卷五十四）

按，痺，二徐作痹，慧琳據俗體釋形。

102. 而斃：《說文》：斃，仆也，頓也，斷也。從死敝省聲。（卷二十四）斃
地：《說文》：斃，仆也。（卷四十三）悉斃：《說文》云從死敝聲也。（卷
九十）

按，斃，二徐作頓仆也，與慧琳所引訓釋略異，斃，二徐作敝從死。
斃，《段注》在十五部，敝，亦十五部，敝，亦十五部，慧琳卷
二十四、卷九十所引構形皆可從。

103. 娉妻：《說文》：訪也。（卷二十五）娉半支迦：《說文》從女甹聲。（卷
四十三）（卷七十七）

按，娉，二徐作問也。卷二十五所引乃意引。

104. 鬱烝：《說文》：火氣上也。（卷二十五）烝涌：《說文》火氣上行也，從
火烝聲。（卷三十一）烝煮：《說文》：烝謂火氣上行也。從火丞聲也。
（卷三十三）

按，烝，大徐作火氣上行也。小徐作火氣也。慧琳卷二十五與小徐并有
脫文。

105. 六簿：《說文》云局戲也。六著十二棊也。（卷二十六）博戲：《說文》：
簿（簙），局戲也。（卷七十一）博弈：《說文》：局戲也。六簿十二棊
也。（卷二十五）

按，弈，二徐作圍棋也。簿，二徐作局戲也，六箸十二棊也。《說文古本
考》認爲古本六箸當作六箭。

106. 涅：《說文》：黑土在水中者。從水土，日聲也。（卷二十七）弗涅：《說
文》云黑土在水中。從水呈聲。（卷九十）涅緇：《說文》黑土在水中曰
涅。從土日聲。（卷九十七）

按，涅，二徐作從水從土日聲，慧琳日訛作日。

107. 梁棟：《說文》：棟，屋極也。（卷二十七）梁棟：《說文》棟，屋極也。
從木東聲。（卷三十二）（卷九十七）

按，棟，二徐作極也。丁福保認爲二徐脫「屋」字，《說文古本考》認
爲慧琳所引爲古本。

108. 齴齝：《說文》《玉篇》作齜，謂開口見齒曰齜哇。（卷二十七）齴齝：
《說文》：齒相斷也。一云開口見齒也。並從齒，厓此皆聲。（卷五十三）
（卷七十六）

按，齜，二徐作齒相斷也。一曰開口見齒之皃。從齒柴省聲。讀若柴。
與慧琳所引略同。齴，二徐未見。

109. 坦：《說文》：安也。（卷二十七）平坦：《說文》從土旦聲也。（卷三十）
坦道：《說文》：安也。從土從旦。（卷五十一）

按，坦，二徐作安也，從土旦聲。慧琳卷五十一所引構形爲會意。

110. 繚戾：《說文》：力鳥反，繚，繞也。繚，纏也。（卷二十七）繚綟：《說
文》云纏也。從糸寮聲。（卷五十五）（卷六十二）

按，繚，二徐作纏也，從糸寮聲。與慧琳所引釋義、構形同。卷二十七
所引「繞也」乃推衍其說。

111. 厓底：《說文》從广氏聲。（卷二十八）（卷三十一）厓底：《說文》：止
居。一云下也。從广氏聲。（卷三十八）

按，底，二徐作山居，一曰下也，從广氏聲。《說文段注》認爲「山當
作止」，并引《玉篇》《廣韻》《爾雅》之訓「底，止也」爲證。
其說可從。

112. 侵擾：《說文》云若掃之侵。故從人從帚從又。（卷二十九）侵害：《說文》
漸也。（卷四十一）侵嬈：《說文》：漸進也。從人手持帚，若掃之進。
（卷七十八）

按，侵，二徐作侵，漸進也，從人，又，持帚，若埽之進。卷四十一所
引乃節引。構形方面與慧琳所引略同。

113. 林藪：《說文》大澤也。從草，形聲字。或從竹，亦通也。（卷二十九）
林藪：《說文》：大澤也，又云九州之藪也。從艸數聲也。（卷三十）林
藪：《說文》：大澤也，從艸藪聲也。（卷九十三）

按，藪，二徐作大澤也，從艸數聲。卷九十三所引構形「藪」當作「數」。

114. 幢旗：《說文》從放其聲。（卷二十九）（卷九十七）旞旗：《說文》二字

并從於，其亦聲。（卷九十五）

按，旗，二徐與卷二十九所引同，卷九十五所引構形蓋不確。

115. 博綜：《說文》：從十從簿省聲也。（卷二十九）泓博：《說文》云大通也。
　　從十專聲。（卷八十）博綜：《說文》云博，大通也。從十從專。（卷八
　　十九）

　　按，博，二徐作大通也，從十專聲。專、博，《段注》皆五部。卷八十
　　　九所引構形不確。

116. 苑囿：《說文》云囿，有垣也。又云養獸曰囿也。從囗有聲也。（卷三十）
　　（卷八十八）苑囿：《說文》苑囿有垣者也。從囗有聲也。（卷一百）

　　按，囿，二徐作苑有垣也，從囗有聲。一曰禽獸曰囿。卷三十所引乃節
　　　引。卷一百所引乃意引。

117. 獷戾：《說文》曲也。從犬出竇下，身曲戾也。（卷三十）反戾：《說文》
　　從戶從犬也。（卷五十三）（卷七十五）

　　按，戾，二徐作曲也，從犬出戶下。戾者，身曲戾也。與卷三十所引略
　　　同。

118. 刻鏤：《說文》：剛鐵可以刻鏤也。刻，從刀亥聲。（卷三十三）刻木：
　　《說文》：鏤也，從刀亥聲。（卷八十三）徽刻：《說文》：刐，謂法
　　罪有也。從刀亥聲。（卷九十七）

　　按，刻，二徐作鏤也，從刀亥聲。卷九十七乃意引。卷三十三乃推衍其
　　　說。

119. 縫綴：《說文》亦鍼紩衣也。從糸逢聲。（卷三十）單縫：《說文》以針縫
　　衣也。（卷四十二）縫縷：《說文》云縫，以鍼紩衣也。從糸逢聲。（卷
　　五十五）

　　按，縫，二徐作以鍼紩衣也。從糸逢聲。卷三十「亦」當作「以」，音
　　　近而訛。卷四十二所引乃意引。

120. 瓊編：《說文》云赤玉也。從玉夐聲。（卷三十）（卷一百）瓊編：《說文》：
　　亦玉也。（卷六十）

　　按，瓊，二徐作赤玉也，從玉夐聲。慧琳卷六十所引脫「亦」當作「赤」，
　　　形近而訛。

121. 至湊：《說文》：聚也，水上人所會也，從水奏聲也。（卷三十）（卷九十）
湊會：《說文》：水上所會也。從水奏聲也。（卷三十九）
按，湊，二徐作水上人所會也。從水奏聲。丁福保認爲卷三十所引「聚也」乃古本「一曰」之訓。卷三十九所引脫「人」字。

122. 䯏脛：《說文》：脛亦腨也，從肉巠聲。（卷三十）（卷七十五）脛脡：《說文》：脛，腳腨也。從肉巠聲。（卷五十七）
按，脛，二徐作腨也，從肉巠聲。慧琳卷五十七所引乃意引。

123. 如蜺：《說文》：霓，屈虹也。青赤或白色陰氣也。從虫蜺聲。（卷三十一）霓裳：《說文》：屈虹，陰氣。從雨兒聲。（卷八十七）霓裳：《說文》：霓，屈虹也。從雨兒省聲。（卷九十二）
按，霓，二徐作屈虹。青赤，或白色陰氣也。從雨兒聲。卷八十七、九十二所引爲節引。卷三十一所引構形不確。

124. 龜黽：《說文》：蝦蟆也，從黽圭聲。（卷三十一）井黿：《說文》云：黿，蝦蟇也。從黽圭聲。（卷九十五）之黿：《說文》：蛤蟆也。從黽圭聲。（卷九十六）
按，黿，二徐作蝦蟇也。從黽圭聲。卷九十六所引音近可通。

125. 鱗介：《說文》從八從人。（卷三十一）（卷九十九）耿介：《說文》從人介聲。（卷四十七）
按，介，二徐作從八從人。《段注》在十五部。卷四十七所引構形不確。

126. 牽拽：《說文》從申厂，厂亦聲。（卷三十一）捉拽：《說文》從手曳聲。（卷七十五）繫脚拽：《說文》：申曳也。從申厂聲。（卷七十八）
按，拽，二徐作臾曳也，從申丿聲。慧琳卷七十五所引乃據俗體爲說。卷七十八所引釋義中，「申」當作「臾」，形近而訛。

127. 彪兔：《說文》：虎文也。從虎彡聲。（卷三十一）（卷八十六）兔彪：《說文》：彪，虎之文字也。從虎從彡，象其文也。（卷九十四）
按，彪，二徐作虎文也，從虎彡，象其文也。卷九十四所引釋義乃推衍其說。彪，古韻屬幽部，彡，屬侵部。卷三十一釋爲形聲，恐不確。

128. 熾然：《說文》：從火哉聲。（卷三十一）（卷五十一）熾然：《說文》從

戠從火。（卷四十五）

按，熾，二徐作從火戠聲。熾、戠《段注》皆在一部。慧琳卷四十五所
引構形不確。

129. 鮫獵：《說文》效獵逐禽也。從犬㲋聲。（卷四十五）（卷三十二）畋獵：
《說文》劾獵驅逐禽獸，使不害苗。所獵得者以享薦宗廟。從犬㲋聲也。
（卷九十）

按，獵，二徐作放獵逐禽也。從犬㲋聲。慧琳卷四十五所引「效」、卷
九十所引「劾」皆當作「放」，形近而訛。卷九十所引釋義又推衍
其說。

130. 后薧：《說文》：公侯也，從死從夢省聲也。（卷五十四）（卷三十二）崇
薧：《說文》：從瓦從夢省聲。（卷九十八）

按，薧，二徐作公侯殍也。從死曹省聲。慧琳所引構形不確，所引釋義
脫「殍」字。

131. 愚戇：《說文》亦愚也。從心贛聲。（卷三十二）（卷八十六）愚戇：戇，
愚鈍也。（卷七十一）

按，戇，二徐作愚也。《說文古本考》認爲古本當作愚鈍也。

132. 翕習：《說文》：翕，起也，從羽合聲。（卷三十二）（卷九十）翕欻：《說
文》云翕，縮鼻也。從合羽聲。（卷九十五）

按，翕，二徐作起也，從羽合聲。翕、合，《段注》皆在七部。慧琳卷
九十五所引構形不確。

133. 拂柄：《說文》：拂，擊也。從手弗聲。（卷三十三）（卷六十三）捎拂：
《說文》擊過也。從手弗聲也。（卷六十四）

按，拂，二徐作過擊也，從手弗聲。慧琳卷六十四所引有倒置，卷三十
三所引脫「過」字。

134. 厭蠱：《說文》：合也。從厂猒聲也。（卷三十七）（卷三十三）無厭：《說
文》云犬甘肉無厭足，故從肉從甘從犬。（卷三十三）

按，厭，二徐作笮也，一曰合也。從厂猒聲。猒，飽也。慧琳卷三十
三所引乃推衍其說。

135. 無央：《說文》從大在口（冂）聲。（卷三十四）（卷四十五）無央：《說

文》從大在冂之內。大,人,央,旁也。(卷三十八)

按,央,二徐作中央也,從大在冂之內。大,人也,央,旁同意。一
日久也。央,《段注》在十部,冂,在十一部。當爲會意,卷三
十四所引構形不確。

136. 抨線:《說文》:抨,彈也。(卷三十五)抨界道:《說文》:撣也。(卷
三十七)拼壇:《說文》:拼,撣也。從手并聲,亦作抨。(卷四十二)

按,抨,二徐與慧琳卷四十二所引同,卷三十五所引「彈」當作「撣」,
形近而訛。

137. 煙黑:《說文》云火煙上出也。從屮從黑,會意字也。(卷三十五)黑複:
《說文》云黑,火气也。從黑從屮。(卷三十九)性黑:《說文》從屮黑
聲。象形字也。(卷四十七)

按,黑,二徐作火煙上出也。從屮從黑。卷三十九所引乃意引。黑,《段
注》在十三部。黑,《段注》在一部,不可爲形聲,卷四十七所引構
形不確。

138. 疫癘:《說文》云疫,民之疾也。從疒役省聲(卷三十七)疫癘:《說
文》:疾惡也。並從疒,癶皆聲。(卷四十)疫疾:《說文》民皆疾也。
從疒役省聲也。(卷五十七)

按,疫,大徐作民皆疾也。從從疒役省聲。小徐作民皆病曰疫。從從
疒役省聲。大徐與慧琳卷五十七所引同。卷四十、三十七所引釋
義乃意引。疫,《段注》在十六部。役,在十六部。癶,在四部。
慧琳卷四十所引構形不確。

139. 相柱:《說文》云、,云有所紀止也。(卷三十七)柱頰:《說文》從木主
聲。(卷四十五)柱膝:《說文》:有所紀止也。(卷五十五)

按,柱,二徐作楹也,從木主聲。二徐作有所絕止、而識之也。慧琳卷
五十五、三十七所引乃意引。

140. 瓦盎:《說文》:盂也。從皿夌聲。(卷三十七)盛金盎:《說文》云盛黍
稷在器也。從皿成聲。(卷三十七)衣盎:《說文》從皿夌聲。

按,盎,二徐作盎器,盂屬,從皿夌聲。慧琳卷三十七所引乃意引。

141. 繼嗣:《說文》:續也。從糸𢇍聲。《說文》𢇍及字書古文𢇍字也。(卷三

十七）（卷四十五）（卷六十九）

按，繼，二徐作續也，從糸蠿。蠿、繼，當爲同一韻部，《段注》皆在
十五部。當爲形聲，二徐所作會意，不確。

142. 庳腳：《說文》從肉卻聲也。（卷三十七）腳跟：《說文》從肉從卩谷聲。
（卷五十一）腳登：《說文》從谷。（卷七十九）

按，腳，二徐作從肉卻聲。腳、合、卻，《段注》皆在五部。慧琳卷三
十七、五十一所引構形皆可。

143. 煦沫：《說文》云蒸也。從火昫聲。（卷三十八）之煦：《說文》：蒸也。
一云赤色之皃也，一曰溫潤也。從火昫聲。（卷八十七）嫗煦：《說文》
作昫，日出溫也。從日句聲。（卷九十六）

按，煦，二徐作烝也，一曰赤皃。一曰溫潤也。從火昫聲。慧琳卷九十
六所引爲異體。卷三十八、八十七所引「蒸」字亦異體。

144. 痤瘻：《說文》：腫也。《說文》從广婁聲。（卷三十八）油瘻：《說文》：
頸腫也。從广婁聲。（卷三十九）（卷九十九）

按，瘻，二徐作頸腫也，從广婁聲。慧琳卷三十八所引脫「頸」字。

145. 警惕：《說文》：驚也。從心易聲也。（卷三十八）（卷八十八）惕惕：《說
文》從心易而聲。（卷五十七）

按，惕，二徐作敬也，從心易聲。《說文古本考》認爲當作「驚也」。
其說可從。

146. 除禳：《說文》：磔禳祀除殃癘。古者燧人禜子所造。從示襄聲。（卷三
十九）禳灾：《說文》云磔禳祀除厲殃也。古者燧人薔子所造。《說文》
從示襄聲也。（卷七十六）禳此：《說文》從礻襄聲。（卷一百）

按，禳，二徐作磔禳祀除癘殃。古者燧人禜子所造。從示襄聲。卷三所
引有倒文，卷七十六所引「薔」當作「禜」，音近而訛。薔，二徐
作酢酒也。

147. 孳生：《說文》：汲汲也。從子茲聲也。（卷三十九）（卷七十八）孳產：
《說文》云孳乳相生而浸多也。從子茲聲。（卷七十二）

按，孳，二徐作汲汲生也。從子茲聲。《說文古本考》認爲古本當有
「生」字。卷七十二所引乃推衍其說。

148. 曀障：《說文》云障，隔也。從𨸏章聲。（卷四十四）（卷三十九）煩惱障：
　　　《說文》：界也。從𨸏章聲。（卷五十一）
　　　按，障，二徐與慧琳卷三十九所引同，卷五十一所引乃意引。

149. 煜爥：《說文》二字並從火，龠皆聲。（卷三十九）焰爥：《說文》：爥，
　　　火光也。二字並從火，龠皆聲。（卷八十八）光爥：《說文》亦光也。從
　　　火龠，龠亦聲。（卷九十九）

150. 拭脣：《說文》：脣，口喘也。從月辰聲。（卷四十）江漘：《說文》從水
　　　脣聲。（卷九十二）海漘：《說文》亦水涯也，從脣聲。（卷九十七）
　　　按，脣，二徐作口耑也。從肉辰聲。慧琳卷四十所引「喘」當作「耑」，
　　　　　形近而訛。漘，二徐作水厓也，從水脣聲。慧琳卷九十七所引「涯」
　　　　　乃「厓」字異體。

151. 蟊蝱：《說文》云：齧人跳蟲也。從蚰叉聲也。（卷四十）（卷七十五）蝱
　　　等：《說文》：齧人跳蟲子也。從蚰叉聲。（卷四十一）
　　　按，蝱，二徐與慧琳卷四十所引同，卷四十一所引蓋衍「子」字。

152. 淋灘：《說文》以水沃也。或曰淋。淋，山下水也。從水林聲。（卷四十）
　　　淋頂：《說文》以水沃也。《說文》谷名也。（卷四十三）淋落：《說文》
　　　以水沃聲。（卷九十三）
　　　按，淋，二徐與慧琳卷四十所引同，卷九十三所引「聲」當作「也」。

153. 駢羅：《說文》從馬幷聲。（卷四十）（卷八十九）駢闐：《說文》：駢，
　　　車駕二馬，從馬幷聲，亦會意字也。（卷六十一）
　　　按，駢，二徐作駕二馬也。從馬幷聲。慧琳卷六十一所引蓋衍「車」
　　　　　字。

154. 寂廖：《說文》正作宗，無人聲也。（卷四十一）寂廖：從宀從戚省聲也。
　　　《說文》闕。（卷五十一）宨寞：《說文》正作宗，安靜也，靜默無人聲
　　　也。（卷八十九）
　　　按，宗，二徐作無人聲，從宀未聲。慧琳卷八十九乃推衍其說。宗、
　　　　　未、戚，《段注》皆在三部。慧琳卷五十一所引構形亦可。

155. 升畫：《說文》云日之出入與夜爲界也。從旦從聿，會意字也。（卷四十
　　　一）畫師：《說文》作畫（畫），從聿從田從一，正體字也。（卷四十一）

構畫：《說文》：畫，界也。（卷六十六）

按，畫，二徐作界也，象田四界，聿所以畫之。慧琳卷四十一所引乃意引。

156. 煐煙光：《說文》從火叟聲。（卷四十二）叟憒：《說文》：從心叟聲。（卷四十五）叟等：《說文》：從火而聲。（卷六十九）

按，煐，二徐未見。憒，慧琳與二徐同。叟，二徐未見。

157. 訶罵：《說文》：怒也。（卷四十一）譏訶：《說文》大言而怒也。從言可聲也。（卷四十五）（卷九十七）

按，訶，二徐與慧琳卷四十五所引同，卷四十一所引有節引。

158. 糞穢：《說文》作壅，糞，棄除糞掃也。（卷四十一）糞鍋：《說文》云棄除也。從拱推華（華），棄屎也。從米從華從廾。（卷六十二）糞掃：《說文》：棄除也。從拱。（卷六十四）

按，糞，二徐作棄除也。從廾推華棄米也。卷四十一乃推衍其說。卷六十二、六十四所引與慧琳同。

159. 霜穫：《說文》：刈穀也。從禾蒦聲。（卷四十一）穫草：《說文》云穫，收刈也。從木（禾）蒦省聲也。（卷七十五）霜穫：《說文》云刈禾也。從禾蒦聲也。（卷八十四）

按，穫，二徐與慧琳卷四十一所引同。卷七十五、八十四所引乃意引。卷七十五所引衍「省」字。

160. 刵耳：《說文》：斷耳也。從刀耳聲。（卷四十一）（卷九十二）（卷九十四）

按，刵，二徐作斷耳也，從刀從耳。刵、耳，《段注》皆在一部。《段注》認爲「刵」字會意兼形聲，可從。

161. 憩此：《說文》從息舌聲也。（卷四十一）停憩：《說文》作愒，音同上。（卷六十二）憩駕：《說文》從心作愒，從心從偈省聲。（卷八十二）

按，憩，二徐作愒，從心曷聲。慧琳乃據俗體爲說。愒、偈、曷，古韻皆在月部。慧琳及二徐所引構形皆可。

162. 娸孊：《說文》：巧也。從女芺聲。（卷五十七）（卷四十一）娸妍：《說文》：巧態美兒也。（卷六十一）

按，媟，二徐與慧琳卷五十七所引同，卷六十一所引乃推衍其說。

163. 游泳：郭注《爾雅》云水底行也。《說文》同。（卷四十一）游泳：《說文》從水永聲也。（卷八十三）（卷九十九）

按，泳，二徐作潛行水中也。慧琳卷四十一所引乃意引。

164. 殂殁：《說文》：往死也，從歺且聲。（卷四十二）（卷八十）形殂：《說文》：殂，往也。從歹且聲。（卷八十六）

按，殂，二徐與慧琳卷四十二所引同，卷八十六所引節引。

165. 瞪蕾：《說文》：蕾，不明也。從莧從旬。（卷四十二）昏蕾：《說文》：日不明也。從莧從旬。（卷四十二）（卷五十三）

按，蕾，二徐未見。慧琳所引乃俗體。

166. 炊作：《說文》：爨也。從火從吹省聲也。（卷六十五）舂炊：《說文》：炊，爨也。從火欠聲。（卷七十八）（卷八十三）

按，炊，二徐與慧琳卷六十五所引同。炊、吹，《段注》在十七部，欠，在八部。慧琳卷七十八所引構形不確。

167. 猥媟：《說文》：嬻也。從女枼聲。（卷四十二）（卷四十四）鄙媟：《說文》：嬻，亦慢也。從女枼聲。（卷六十）

按，媟，二徐與慧琳卷四十二所引同，卷六十所引蓋意引。

168. 機杼：《說文》：機持緯也，從木予聲。（卷四十三）（卷八十四）杼軸：《說文》：持機緯也。從木予聲。（卷八十二）

按，杼，二徐作機之持緯者。從木予聲。丁福保據慧琳所引，認爲二徐所引衍「之」字，卷八十二所引有倒置。

169. 金鈹：《說文》：鈹，大針也。（卷四十三）（卷六十）操鈹：《說文》劍而刀裝也。從金皮聲。（卷九十八）

按，鈹，大徐作大鍼也。一曰劍如刀裝者。從金皮聲。小徐作一曰劍而刀裝者。與 hill 卷九十八所引同。針、鍼異體。

170. 電泡：《說文》：電，陰陽相激耀也，從雨电聲。（卷四十四）（卷五十三）電燿：《說文》：陰陽激燿也。從雨申聲。（卷八十三）

按，電，二徐作陰陽激燿也。從雨從申。電、申，《段注》皆在十二

部，二徐所作構形不確。慧琳卷四十四所引衍「相」字。構形方
面，卷四十四所引「电」當作「申」，形近而訛。

171. 暍死：《說文》：暍，傷熱暑也。從日曷聲。（卷四十四）（卷九十八）熱
暍：《說文》：傷暑也。（卷七十六）
按，暍，二徐與慧琳卷七十六所引同，卷四十四所引乃意引。

172. 非蹠：《說文》：行也。從足庶聲。（卷七十九）（卷四十五）蹠之：《說
文》：蹠，足也。從足庶聲。（卷八十一）
按，蹠，二徐作楚人謂跳躍曰蹠。慧琳所引釋義乃意引。

173. 黤黪：《說文》：青黑色。從黑奄聲。（卷四十五）（卷五十四）黤黮：《說
文》如桑椹之黑色也。黤黮，二字並從黑，形聲字。（卷六十五）
按，黤，二徐作青黑也。從黑奄聲。《段注》與慧琳卷四十五所引同，
卷六十五所引乃推衍其說。

174. 腰髋：《考聲》云脽骨也。《說文》義同。從骨寬聲。（卷四十五）髋髀：
《說文》：髋，在髀上也。從骨寬聲也。（卷七十二）爲髋：《說文》：髀
也。（卷七十四）
按，髋，二徐作髀上也。卷七十二所引乃衍「在」字，卷七十四所引脫
「上」字，卷四十五所引乃意引。

175. 募求：《說文》：廣求也。從力莫聲。（卷四十五）（卷七十八）募彼：《說
文》：廣求也。從力從慕省聲字也。（卷五十三）
按，募，二徐與慧琳卷四十五所引同。募、慕、莫，《段注》皆在五
部。慧琳卷五十三所引構形亦可。

176. 乞匄：《說文》亦乞也。（卷四十五）（卷八十一）乞匄（匃）：《說文》
從亡從人。（卷七十八）
按，匄，二徐作气。气、乞音近假借。

177. 覺悟：《說文》覺亦悟也。從見從學省聲也。（卷四十五）（卷四十五）驚
覺：《說文》：寤也。從見從學省聲。（卷七十八）
按，覺，二徐與慧琳卷七十八所引同。慧琳卷四十五所引與《段注》
同，蓋古本如是。

178. 拍毱：《說文》從手白聲。（卷四十五）撫拍：《說文》：拍，柎（柎）也。

並從手，形聲字也。（卷六十二）椎拍：《說文》：拍，推也。（卷七十九）

按，拍，二徐作掊，拊也，從手百聲。慧琳卷七十九所引乃意引。卷四十五所引乃據俗體爲說。

179. 無閡：《說文》：閉也，從門亥聲。（卷四十五）無閡：《說文》亦外閉也。從門亥聲。（卷五十）所閡：《說文》從亥。（卷七十八）

按，閡，二徐與慧琳卷五十所引同。卷四十五所引蓋脫「外」字。

180. 三銖：《說文》：十黍之重。從金朱聲。（卷四十五）錙銖：銖，權分十黍六重也。二字並從金，朱聲也。（卷七十六）錙銖：銖，權分十黍之重也。二字並從金，甾朱聲。（卷九十五）

按，銖，二徐作權十分黍之重也。從金朱聲。慧琳多作「權十分黍之重」，蓋古本如是。「十分黍之重」蓋即《段注》「十絫黍之重」，卷四十五所引有節引，卷七十六所引「六」當作「之」，形近而訛。

181. 戲弄：《說文》從玉廾聲。（卷四十五）戲弄：《說文》：玩也。從玉從廾。（卷四十九）抱弄：《說文》：從廾玉聲。（卷六十九）

按，弄，二徐作玩也，從玉廾聲。弄，《段注》在九部。廾、玉，《段注》在三部。二者韻部較遠，不當爲形聲。卷四十九所引構形可從。

182. 纏眠：《說文》：纏，約也。從糸厘聲。（卷四十七）（卷五十）（卷五十一）

按，纏，二徐作繞也，從糸㕓聲。慧琳據俗體爲說。所引釋義乃意引。

183. 䎗契：《說文》：大約也。從大㓞聲。《說文》契字從刀從丯。（卷四十九）一契：《說文》：大約也，從㓞從大。（卷五十四）契明疇：《說文》從大㓞聲。（卷九十九）

按，契，大徐與慧琳卷五十四所引同。小徐與慧琳卷四十九所引同。契、㓞，《段注》皆在十五部。當爲形聲。

184. 簸箕：《說文》：揚米去糠者也。從箕從皮。（卷五十）（卷五十三）揚簸：《說文》：揚米去糠也。從箕皮省聲。（卷六十三）

按，簸，二徐作揚米去糠也。從箕皮聲。慧琳卷六十三衍「省」字，簸、皮，《段注》皆在十七部。慧琳卷五十所引構形不確。

185. 簸箕：《說文》從竹其聲。（卷五十）（卷九十八）如箕：《說文》：竹簸
　　也。從竹其，象形，下其人也。古文作𠔳也。《說文》從竹從單聲。（卷
　　五十三）
　　　按，箕，二徐作簸也，從竹其。與慧琳卷五十三所引同。箕、其，《段
　　　　注》皆在一部。卷五十作形聲，亦可。

186. 所鎮：《說文》：鎮，厭也。亦安也。（卷五十）所鎮：《說文》：鎮，壓
　　也。亦安也。（卷七十）（卷七十）
　　　按，鎮，二徐作博壓也。慧琳所引恐有節引。

187. 善扼：《說文》：從手厄聲也。（卷五十）犁楄：《說文》：扼，把提。（卷
　　五十七）扼挽：《說文》：盈手曰扼。（卷七十五）
　　　按，扼，二徐作把也。慧琳卷五十七乃衍「提」字。卷七十五乃意引。

188. 知局：《說文》促也。從口在尸下，復句之。（卷五十）（卷一百）局理：
　　《說文》：促也。從口在尺下。（卷五十一）
　　　按，局，二徐作局，從口在尺下。慧琳卷五十所引構形「尸」當作「尺」，
　　　　形近而訛。

189. 龍驤：《說文》驤，低昂也。從馬襄聲。（卷八十九）（卷五十一）高驤：
　　《說文》云馬低仰也。從馬襄聲。（卷九十六）
　　　按，驤，二徐作馬之低仰也。從馬襄聲。慧琳卷九十六所引脫「之」
　　　　字，慧琳卷八十九所引脫「馬之」二字，「昂」當作「仰」，音
　　　　近可通。

190. 鐵鑱：《說文》：鑱，謂之鏫，從金毚聲。（卷五十一）（卷七十五）鑱炙：
　　《說文》云鏫也，一曰平鐵。（卷七十七）
　　　按，鑱，二徐作驗也，一曰銳也。貫也。鏫，二徐與慧琳卷七十七所引
　　　　同。

191. 熏習：《說文》云火氣也。從黑從屮作熏。（卷五十一）（卷七十六）獯
　　胡：《說文》作熏，火烟上出也。（卷八十六）
　　　按，熏，二徐與慧琳卷八十六所引同，卷五十一所引乃意引。

192. 壘堞：《說文》：壍也。從土厽聲，象形字也。（卷五十三）壘壁：《說
　　文》云軍壁曰壘。古文作垒，象形。（卷六十二）殘壘：《說文》從土

罷省聲。（卷九十六）

按，壘，二徐與慧琳卷六十二所引同。從土畾聲。罷、壘，《段注》皆在十五部。慧琳卷九十六所引構形亦可從。卷五十三所引釋義乃意引。

193. 蚖獺：《説文》云從虫而長，象冤曲垂尾之形也。上古巢居患蚖，故相問無他乎，它即今之蚖字也。《説文》云似小狗，水居捕魚之獸也，從犬賴聲。（卷五十三）二獺：《説文》：獺如小狗，入水食魚也，從犬賴聲。（卷七十八）豻獺：《説文》如小狗，水居食魚。從犬賴聲。（卷九十五）

按，獺，大徐作如小狗，水居食魚。小徐作小狗也，食魚。慧琳所引與大徐同。蓋古本如是。

194. 轅軸：《説文》云軸，持輪者也，從車由聲也。（卷五十三）（卷八十四）褰軸：《説文》從車冑省聲也。（卷八十）

按，軸，二徐與慧琳卷五十三所引同。軸，冑，古音皆在幽部，可爲省聲。

195. 椷簏：《説文》：竹高篋也。從竹鹿聲字，正形也。（卷五十三）簏中：《説文》：篋也。從竹鹿聲。（卷七十九）一簏：《説文》：簏，竹篋也。從竹鹿聲也。（卷九十二）

按，簏，二徐與慧琳卷五十三所引同。卷七十九、九十二有節引。

196. 控制：《説文》匈奴引弓亦曰控弦。從手空聲。（卷五十四）控御：《説文》云：引也。從手空聲。（卷六十二）或控：《説文》云匈奴引弓曰控也。從手空聲也。（卷六十三）

按，控，二徐作引也，從手空聲。與慧琳卷六十二所引同。卷六十三、五十四乃推衍其説。

197. 柂身：《説文》從木它聲。（卷五十四）欋柂：《説文》作柂。（卷九十九）爲扡：《説文》從木它聲。（卷五十七）

按，柂，二徐未見。二徐有「扡」字。

198. 撝搒：《説文》：搒，笞擊也。從手旁聲也。（卷七十五）（卷五十五）提搒：《説文》掩也。從手旁聲也。（卷一百）

按，搒，二徐與慧琳卷一百所引同。丁福保認爲卷七十五所引「笞擊」乃其本義。

199. 瘀疼：《說文》云瘀亦疼也，從疒妥聲。《說文》從疒多聲。（卷五十五）
（卷七十九）（卷八十六）
按，瘀，二徐未見。

200. 大吼歉：《說文》云歉猶縮鼻吸也。從欠翕聲。（卷五十五）歉煙：《說文》
云歉，縮鼻也。從欠翕聲。（卷六十三）（卷七十九）
按，歉，二徐與慧琳卷六十三所引同，卷五十五所引乃意引。

201. 一盄：《說文》：飯器也，從皿亏聲。（卷五十七）（卷八十九）銅盄：《說
文》：飲器。從皿亏聲。（卷一百）
按，盄，二徐與慧琳卷一百所引同。卷五十七乃意引。

202. 貂蟬：《說文》：腹下鳴者。（卷六十）鳴蟬：《說文》以旁鳴者也。從虫
單聲。（卷九十九）（卷七十六）
按，蟬，二徐作以旁鳴者。從虫單聲。與慧琳卷九十九所引同。卷六十
乃推衍其說。

203. 擳裙：《說文》：正體從巾作帬。《說文》：帬，裳也。（卷六十一）帬應：
《說文》：帬，亦下裳也。從巾君聲。《說文》正體從巾作常。（卷六十
二）（卷八十一）
按，帬，二徐作下裳也。從巾君聲。與慧琳卷六十二所引同。卷六十一
有脫文。

204. 緝爲：《說文》：績也。從糸咠聲。（卷六十一）（卷六十九）緝而編之：
《說文》：績也。從糸咠聲。（卷八十）
按，緝，二徐作績也。從糸咠聲。與慧琳卷八十所引同，卷六十一所引
「續」當作「績」，形近而訛。

205. 老耄：《說文》：老人也。從宀又聲也。（卷六十一）愚耄：《說文》從又
宀聲也。（卷九十七）（卷一百）
按，耄，二徐作老也，從又從宀，闕。慧琳卷六十一乃意引。耄，《段
注》在五部。又、宀，《段注》皆在一部。不當爲形聲。慧琳所引構
形不確。

206. 牆柵：《說文》云編豎木爲牆也。從木冊聲。（卷六十二）木柵：《說文》：
柵，編豎木也。從木冊聲。（卷七十四）（卷九十）

按，柵，二徐作編樹木也。從木從冊冊亦聲。《說文古本考》認爲古本作
竪，不作樹。《段注》亦作竪，豎立也。其說可從。慧琳卷七十四
所引釋義當爲古本。卷六十二所引乃推衍其說。

207. 鳴鼙：《說文》云鼙，綺鼓也。從鼓卑聲。（卷六十二）鳴鼙：《說文》云
鼙，騎鼓也。軍行戰鼓也。（卷九十）鼓鼙：《說文》：騎鼓也。從鼓卑
聲。（卷九十五）

按，鼙，二徐與慧琳卷九十五所引同，卷六十二所引「綺」當作「騎」，
形近而訛。卷九十所引乃推衍其說。

208. 多釀：《說文》云醞，得酒曰釀。從酉襄聲也。（卷六十二）醞釀：《說文》：
醞也。作酒曰釀。酒母也。釀，投也。（卷七十一）（卷七十九）

按，釀，二徐與慧琳卷六十二所引同。卷七十一乃推衍其說。

209. 無穴：《說文》云穴，土室也。從宀八聲。（卷六十三）（卷七十）如穴：
《說文》：土室也。從宀八。（卷六十九）

按，穴，二徐與慧琳卷六十三所引同。穴，《段注》在十二部，八，在
十一部，二者韻近，可爲形聲。

210. 泝流：《說文》云水欲下違而上也。從水從遡省聲也。（卷六十三）泝流：
《說文》云逆流而上曰泝。從水㡿聲。（卷九十二）（卷九十三）

按，泝，二徐作逆流而上曰泝洄，從水㡿聲。卷六十三所引釋義乃推衍
其說。泝、遡，《段注》皆在五部。卷六十三所引構形亦可從。

211. 蕤蔗：《說文》草木華盛皃也。（卷六十四）葳蕤：《說文》作葳蕤，二字
並從草。（卷八十六）葳蕤：《說文》：葳，草木花盛皃也。並從草，威
皆聲。（卷九十八）

按，蕤，二徐作艸木華垂皃。丁福保據《文選》李善注認爲慧琳所引「艸
木華盛皃」當爲古本，二徐所引有訛誤。

212. 若剝：《說文》：裂也，剮割也。從刀彔聲。（卷六十四）皮剝：《說文》
刻也，從刀彔聲也。（卷七十五）（卷八十四）

按，剝，二徐作裂也，從刀從彔。彔亦聲。卷七十五所引釋義乃「彔」
字。

213. 歐逆：《說文》云歐，吐也。從欠區聲。（卷六十六）（卷八十九）歐噦：

《說文》云歐即吐也。從欠從謳省聲。（卷八十）

　　按，歐，二徐與慧琳卷六十六所引同，歐、謳，《段注》皆在四部，卷
　　八十所引構形可從。

214. 隄隄：《說文》：隄，隄也。從阜是聲也。（卷六十七）（卷七十）隄隄：
　　《說文》：唐也。從阜是聲也。（卷七十七）

　　按，隄，二徐與慧琳卷七十七所引同，卷六十七所引乃俗體。

215. 乳糜：《說文》從米麻聲。（卷六十八）（卷九十五）自糜：《說文》：糜，
　　粥也。（卷八十八）

　　按，糜，二徐作糝也。慧琳卷八十八所引乃意引。

216. 驚慴：《說文》從心習聲。（卷六十八）（卷八十八）驚慴：《說文》：慴，
　　怖懼也。從心。（卷六十九）

　　按，慴，二徐作懼也，從心習聲。卷六十九所引衍「怖」字。

217. 執駐：《說文》：駐，馬立也。（卷七十）不駐：《說文》云立馬也。從馬
　　主聲。（卷七十八）（卷八十七）

　　按，駐，二徐與慧琳卷七十所引同，卷七十八所引有倒置。

218. 庖厨：《說文》：庖，厨也。（卷七十）庖炎：許慎《說文》序云古者庖犧
　　氏王天下也，始作易，垂憲而及炎帝。《說文》從广包聲。（卷八十六）
　　（卷九十七）

　　按，庖，二徐作廚也。慧琳卷八十六前段所引乃推衍其說。

219. 驍健：《說文》：良馬駿勇。（卷七十一）驍捍：《說文》云驍，良馬也。
　　從馬堯聲。（卷九十四）（卷七十二）

220. 黼黻：《說文》從黹從甫。（卷七十四）黼縠：《說文》從黹甫聲。（卷八
　　十八）黼黻：《說文》從黹從友。（卷七十四）

　　按，黼，二徐與慧琳卷八十八所引構形同，黼、甫，《段注》皆在五部，
　　　二者可爲形聲，慧琳卷七十四所引構形不確。黻，二徐亦爲形聲，
　　　慧琳卷七十四所引構形亦不確。

221. 蝡動：《說文》：蝡，蟲豸動皃。（卷七十四）蝡蝡：《說文》：蝡，動也。
　　從虫耎聲。（卷九十四）（卷九十五）

　　按，蝡，二徐與慧琳卷九十四所引同，卷七十四乃推衍其說。

222. 撾棒：《說文》從手過聲。（卷七十五）撾搒：《說文》：撾，捶也。（卷七十五）撾打：《說文》：馬策也。擊也。（卷七十八）

按，撾，二徐未見。

223. 千斛：《儀禮》：十斗曰斛。《說文》義同，從斗從角。（卷七十五）一斛：《說文》：量器也。從斗角聲。（卷七十八）千斛：《儀禮》：十斗曰斛。《說文》義同，從斗角聲。（卷八十九）

按，斛，二徐作十斗也，從斗角聲。與慧琳卷八十九所引同，斛、角，《段注》皆在三部，慧琳卷七十五所引構形不確，卷七十八乃意引。

224. 囊葩：《說文》：草花之皃也。從白巴聲。（卷七十六）楊葩：《說文》：華也。從草葩聲。（卷八十一）詞葩：《說文》云葩，花也。從草葩聲。（卷八十七）

按，葩，二徐作艸華之白也。從白巴聲。慧琳所引乃意引。卷八十七、八十一所引構形乃據俗體爲說。

225. 栽櫱：《說文》從木薛（辥）聲。（卷七十七）檉株：《說文》作櫱，是杌上再生藥也。（卷八十二）莁櫱：《說文》禽獸虫蝗之怪謂之櫱。（卷九十七）

按，櫱，二徐作伐木餘也。從木獻聲。或從木辥聲。慧琳卷八十二所引乃推衍其說。莁，二徐作地反物爲莁也。慧琳卷九十七所引乃推衍其說。

226. 繁縟：《說文》：縟，繁也。采飾也。從糸辱聲。（卷七十七）縟錦：《說文》云縟，繁采飾也，從糸辱聲。（卷九十四）（卷九十八）

按，縟，二徐作繁采色也。《段注》據《文選·西京賦》，與慧琳卷九十四所引同，蓋古本如是，慧琳卷七十七所引衍「也」字。

227. 系嫡：《說文》亦繫也，從系系聲也。（卷七十七）根系：《說文》：系亦繫也。從糸丿聲。（卷八十三）（卷九十三）

按，系，二徐與慧琳卷八十三所引同，卷七十七所引構形不確。

228. 珠珩：《說文》：珩，珮玉上也，所以節行止也。從玉行聲。（卷七十七）（卷九十四）珩珮：《說文》所以節行止也。從玉從行也。（卷九十八）

按，珩，二徐作佩上玉也，所以節行止也。從玉行聲。慧琳所引「珮玉
　　上」當作「佩上玉」，有倒置。卷九十八所引構形不確。

229. 彝訓：《說文》：器也。象形，與爵同。從系。從彑彑亦聲。（卷八十）
　　彝章：《說文》從糸米廾彑。（卷八十八）彝倫：《說文》云宗廟常器。象
　　形字也。從米從糸。（卷九十一）
　　按，彝，二徐作宗廟常器也。從糸，廾持米，彑聲。慧琳卷八十乃節引，
　　　　卷八十八、九十一所引構形不確。

230. 鏨金陵：《說文》：小鑿也。從金斬聲也。（卷八十）（卷九十四）剗鏨：
　　《說文》云鏨也。從金斬聲也。（卷八十一）
　　按，鏨，二徐與慧琳卷八十所引同，卷八十一所引不確。

231. 誼譁：《說文》：正從萑作譁。《說文》從言華聲也。（卷八十）譁躑：《說
　　文》誼譁也。從言萑聲。（卷八十一）（卷九十二）
　　按，譁，二徐作誼譁也，從言萑聲。慧琳所引衍「誼」字。

232. 商搉：《說文》云敲擊也。從手寉聲。（卷八十一）（卷九十三）商搉：
　　《說文》從木寉聲。（卷九十一）
　　按，搉，二徐與慧琳卷八十一所引同，卷九十一所引「木」當作「手」，
　　　　形近而訛。

233. 瘞葬：《說文》從广從古文陸省聲也。（卷八十二）瘞于：《說文》從㾆土
　　聲。（卷九十二）禋瘞：《說文》：幽薶也。從土㾆聲。（卷九十五）
　　按，陸，瘞異體。慧琳卷九十五所引與二徐同。卷八十二所引不確。

234. 文榱：《說文》：屋椽也，從木毲聲。（卷八十三）（卷八十五）文榱：《說
　　文》：椽也，從木毲聲。（卷八十八）
　　按，榱，二徐與慧琳卷八十八所引同，卷八十三所引乃衍「屋」字。

235. 豻兕：《說文》：如野牛而青，象形。（卷八十三）（卷八十七）虎兕：《說
　　文》云獸也。如野牛，青色，象形。（卷一百）
　　按，兕，二徐作如野牛，青色，其皮堅厚，可製鎧。慧琳所引有節引。

236. 鯨鯢：《說文》亦大魚也。鯨鯢二字並從魚，兒聲。（卷八十六）（卷八十
　　三）鯨鯢：《說文》鯢，刺魚也。從魚兒聲。（卷九十二）

按，鯢，二徐作刺魚也，從魚兒聲。《段注》認爲當作剌魚，乃乖剌之魚。蓋古本當作刺魚，慧琳卷九十二所引不確。鯨，二徐作海大魚也。慧琳乃節引。

237. 蒺茨：《說文》二字並從草，疾次並聲也。（卷八十四）茅茨：《說文》以茅覆屋也。從艸次聲。（卷九十七）（卷九十七）

按，蒺，二徐未見。茨，二徐作以茅葦蓋屋，從艸次聲。慧琳乃意引。

238. 拉天：《說文》云拉，摧也。從手立聲。（卷八十七）（卷八十四）挫拉：《說文》：摧折也。從手立聲。（卷九十一）

按，拉，二徐與慧琳卷八十七所引同，卷九十一所引乃推衍其說。

239. 蒁末：《說文》從艸造。（卷八十五）叨蒁：《說文》從草造聲。（卷八十八）（卷九十三）

按，蒁，二徐與慧琳卷八十八所引同，卷八十五所引構形不確。

240. 芻豢：《說文》刈草也。《說文》以圂以穀養豕也。從豕。（卷八十五）蒭豢：《說文》穀圈養豕也。從豕卷省聲。（卷九十五）豢龍：《說文》從豕关聲。（卷九十七）

按，豢，二徐作以穀圈養豕也。慧琳所引有節引，豢，《段注》在十四部，卷，亦在十四部。卷九十五所引構形亦可從。慧琳卷九十七所引構形不確。

241. 藻鏡：《說文》從艸澡，澡亦聲。（卷九十七）（卷八十五）才藻：《說文》從王作璪，義同也。（卷八十九）

按，藻，二徐作從水從艸，巢聲。或從澡。慧琳卷八十九所引構形不確。

242. 遯世：《說文》作遂，古字逃也。從辵豩聲。（卷八十六）遯世：《說文》從辵豚聲。（卷九十五）遙遯：《說文》遁，遷也。（卷九十九）

按，遯，二徐作從辵豚。遯，《段注》在十三部，豚，亦在十三部。慧琳卷九十五所引構形可從。卷九十九乃意引。

243. 璿毫：《說文》美人也。從玉睿聲。（卷八十七）璿璣：孔注云正天文之器運轉者也。《說文》義同，二字並從玉，睿聲。（卷九十六）（卷九十八）

按，璿，二徐作美玉也，從玉睿聲。慧琳卷八十七所引「人」當作「玉」。

244. 心瞀：《說文》低目謹視也。從目敄聲。（卷九十一）（卷八十八）迷瞀：《說文》低目謹也。從目敄聲。（卷九十六）

按，瞀，二徐作氐目謹視也。從目敄聲。慧琳所引低，當作氐，古今字。卷九十六有節引。

245. 浹絢：《說文》從糸從旬聲。（卷八十八）（卷九十三）芳絢：《說文》或從筍作綰（卷九十八）

按，絢，二徐與慧琳卷八十八所引同，未見卷九十八所引構形。

246. 賑貧：《說文》：救也。從貝辰聲。（卷九十）賑恤：《說文》：亦富也。從貝辰聲。（卷九十八）賑給：《爾雅》：賑，富也。《說文》從貝辰聲也。（卷一百）

按，賑，二徐作富也。從貝辰聲。與慧琳卷九十八所引同，卷九十乃意引。

247. 縑纊：《說文》云縑，合絲繒也。從糸兼聲。（卷九十二）賜縑：《說文》縑，絲繒也。從糸兼聲。（卷九十三）縑纊：《說文》云縑，絹也，纊，綿也。（卷九十七）

按，縑，二徐作并絲繒也。慧琳卷九十二、九十七乃意引，卷九十三乃節引。

248. 麚霞：《說文》：霞，牝鹿也。夏至之日，鹿解角也。從鹿叚聲也。（卷九十二）（卷九十七）麚霞：《說文》：鹿以夏至日解角也。並從鹿，形聲字也。（卷九十四）

按，霞，二徐作牡鹿。以夏至解角。慧琳所引「牝」當作「牡」，形近而訛。「以夏至解角」，慧琳所推衍其說。

249. 愧忸：《說文》：心慙也。從心丑聲也。（卷八十四）（卷八十八）忸怩：《說文》，面慚也。形聲字也。（卷九十一）

按，忸，二徐未見。二徐有恧字，慧琳所引蓋俗體。

250. 金：《說文》：五色金，黃之爲長，久埋不生，百鍊不輕，從革不違。西方之行，生於土，故從土，左右點象金在土中之形，今聲也。（卷二十七）金剛：《說文》：五色金也，黃爲之長。久埋不生衣，百鍊不輕，從革不

違，西方之行。生於土，左右注，象金在土中之形也。從土今聲也。《說文》：強也。從刀岡聲。（卷八）金光硐：《說文》云五色之金，黃爲之長，久埋不生，百鍊不輕，從革不違。西方之行，土生金，故從土，左右點象金在土中上（形），今聲也。（卷二十九）

> 按，剛，大徐作彊斷也。小徐與慧琳所引同，作彊也。金，二徐作五色金也，黃爲之長，久薶不生衣，百鍊不輕。從革不違，西方之行，生於土。從土左右注，象金在土中形。今聲。與慧琳所引略異。

251. 魍魎：《說文》：蜽蛧，山川之精物也。（卷二十七）（卷七十一）魍魎：《說文》作蜽蛧，云山川之精物也。並從虫，罔兩皆聲也。（卷四十三）

> 按，魍魎，二徐作蜽蛧，訓釋與慧琳所引同。

252. 衢街：《說文》：四通道也，從行圭聲。（卷三十二）（卷八十）街中：《說文》：四達道也。（卷三十八）

> 按，街，二徐與慧琳卷三十二所引同。卷三十八所引乃意引。

253. 鋌杖：《說文》云銅鐵璞也。從金廷聲。（卷四十）（卷三十五）金鋌：《說文》云銅鐵朴也。從金廷聲。（卷四十）

> 按，鋌，二徐作銅鐵樸也。卷四十所引「璞」當作「樸」，形近而訛。朴、樸異體。

254. 深澹：《說文》：不（水）搖也。從水詹聲也。（卷三十七）（卷四十）澹潤：《說文》：水搖動也。從水從詹。（卷七十四）

> 按，澹，二徐作水搖也。從水詹聲。澹、詹，《段注》皆在八部。當爲形聲，慧琳卷七十四所引構形不確。卷七十四所引構形衍「動」字。

三、引《說文》同字條有四次

1. 隆替：《說文》：豐大也。從阜形聲也。（卷一）有窪隆：《說文》從穴洼聲。《說文》云從自從夅。（卷八十九）窊隆：《說文》隆，豐大也，從阜夅從土。（卷九十四）窪曲：《說文》：從穴洼聲也。（卷十二）

按，二徐作隆，豐大也，從生降聲。慧琳所引「豊」當作「豐」，形近而訛。慧琳卷九十四所引構形不確。

2. 褒贊：《說文》：衣博裾也。從衣保聲。（卷一）褒貶：《說文》衣博褥裾也。從衣保聲。（卷八十五）（卷八十一）褒爲：《說文》從衣𠈃聲。（卷八十四）

按，褒，大徐作博裾，從衣𠈃省聲。小徐與慧琳卷八十四所引同。褒，《段注》作衣博裾也，古音在三部，保，亦在三部，𠈃，亦在三部。慧琳所引構形皆可從。慧琳卷八十五所引釋義乃意引。

3. 無礙：《說文》：礙，止也。《說文》：外閇（閉）也。《說文》：得，取也。（卷二十七）躓礙：《說文》：止也，從石從疑。（卷五十四）無礙：《說文》云礙，止也，從石疑聲。（卷一）（卷九十五）

按，礙，卷一、卷九十五所引與今二徐同。礙、疑，《段注》皆在一部，當爲形聲，卷五十四所引構形不確。

4. 寃敵：《說文》：恚也。從心宛聲，或作冤。《說文》：仇也。從文啇聲也。（卷一）報寃：《說文》：屈草自覆也。從宀怨聲也。（卷三）寃讎：《說文》：恚也。從心宛聲。《說文》：從言雔聲。（卷十五）寃家：《說文》：從宀怨聲也。（卷三）

按，寃，二徐作宛，屈草自覆也。從宀夗聲。或從心。怨，二徐作恚也，從心夗聲。慧琳卷一、卷十五所引當爲「怨」字，卷三所引當爲「怨」字。慧琳混淆二者。寃，《段注》在十四部，怨，亦在十四部，慧琳卷三所引構形可從。敵，二徐作從攴啇聲。攴、文，形近而訛。

5. 軌範：《說文》：車轍也。從車從宄省聲也。《說文》：從車從笵省聲也。（卷一）師範：《說文》從車笵省聲。（卷三十）儀範：《說文》：法也。古法有竹形，以竹簡書之，故言法也，從竹從車從氾省聲也。（卷五十四）物範：《說文》法也。從竹從車從范省聲也。（卷九十）

按，軌，二徐作車徹也。《說文校錄》認爲《韻會》引徹作轍爲非，《說文》無轍字。二徐本作從車 九聲。軌，《段注》在三部，宄，亦在三部。慧琳所引構形亦可從。範，二徐作範軷也，從車笵省聲。與慧琳卷一、卷三十同。範，《段注》在七部，氾，在七部，范，在八部，三者韻近，慧琳卷五十四、卷九十所引構形亦可從。

6. 所詮：《說文》：衡也。從言全聲也。（卷二）詮窮：《說文》云具說事理也。從言全聲。（卷三十）詮而：《說文》云詮，具也。從言全聲。（卷八十一）（卷五十）

按，詮，二徐本作具也。與卷八十一所引同，卷二所引或非詮字，卷三十所引乃推衍其說。

7. 譴罰：《說文》：小罪也。從刀從詈。石經從寸。（卷二）謫罰：《說文》從刀從詈。（卷三十八）謫（謫）罰：《說文》云辜之小者也，言未以力，但持刀詈罵，則應罰也。從力詈聲。（卷五十三）治爵：《說文》罪之小者也。從刀從詈。會意字。或從寸，俗字也。（卷四十一）

按，罰，二徐作罪之小者，從刀從詈。與慧琳卷四十一所引同。罰，《段注》在十五部，詈，在十六部，二者韻近，可為形聲。慧琳卷五十三所引構形可從。卷二、卷三十八、卷四十一所引構形不確。

8. 假藉：《說文》：祭藉，薦也。從草耤聲。（卷二）然藉：《說文》云藉，祭也，從草耤（耤）聲也。（卷七十二）（卷五十四）（卷八十八）

按，據丁福保，慧琳所引「祭藉，薦也」當為顛倒之誤，應為「薦，祭藉也」。卷七十二所引有脫文。

9. 癲癇：《說文》又作瘨。《說文》：癇，風病也。從疒間聲也。（卷二）癲狂：《說文》從疒眞聲。（卷三十二）癲癇：《說文》風病也。從疒顚聲。（卷三十七）（卷五十三）

按，癇，二徐作病也，無「風」字。慧琳所引皆有「風」字。《說文古本考》認為慧琳所引為古本。可從。

10. 自陷：《說文》：隨也。從自臽聲也。臽，陷坑阱也，從人在臼中。（卷二）陷穽：《說文》：隨也。從阜臽聲。（卷四十一）坑陷：《說文》從高而下也。一日墮也。從阜臽聲也。（卷四十七）陥斷：《說文》：陷，墮也。從阜臽聲。《說文》：斷，截也。從斤㡭聲。古文絕字也。（卷十八）

按，陷，二徐作高下也，一日陊也。從阜從臽，臽亦聲。陊、墮異體。斷，二徐作從斤從㡭。慧琳卷二、卷四十一所引隨字恐為墮字，《說文古本考》認為作墮，義得兩通。臽，二徐作小阱也，與慧琳卷二所引略異。

11. 稽留：《說文》：畱止也。從旨秎聲。《說文》：田（止）也。從田丌聲。〔註6〕（卷三）稽首：《說文》從旨從秎省聲也。（卷四十四）稽遲：《說文》：留止曰稽也。（卷七十一）稽大偽：《說文》從禾九（尤）盲聲。（卷七十七）

按，稽，二徐作從禾從尤旨聲，與卷七十七所引相同。卷七十一、卷三所引構形不確。

12. 乏趁：《說文》：《左傳》曰反正爲乏。《說文》從是作尟，少聲也。或作鮮，同也。（卷三）匱乏：《說文》引《春秋傳》曰反正爲乏，乏，少也。（卷二十九）趁能：《說文》能也。從是少聲。會意字也。（卷八十九）（卷五十四）

按，尟，二徐作從是少。《段注》在十四部，少，在二部，二者韻遠，不當爲形聲，慧琳卷三、卷八十九所引構形不確。

13. 俳優：《說文》：戲笑也。從人從排省聲也。《說文》：俳，戲也。優，倡也。並從人，形聲字。（卷四）俳優：《說文》：俳，戲也。優，倡也。二字並從人，非憂皆聲。（卷六十八）（卷四十一）（卷九十四）

按，俳，二徐作戲也，從人非聲。慧琳卷四所引「戲笑也」乃推衍其說。俳，《段注》在十五部，排，亦在十五部，慧琳卷四所引構形可從。

14. 心肝：《說文》：土藏也。主於舌。《說文》：金藏也。從肉干聲也。（卷五）肝膽：《說文》從肉干聲。（卷四十一）（卷六十八）肝肺：《說文》：肝，木藏也。（卷六十八）

按，心，二徐作未見「主於舌」之訓，肝，二徐作木藏也。《說文校議》認爲當作金藏也。慧琳諸卷所引或作土藏，或作金藏，或作木藏。

15. 慊恨：《說文》：從女從兼聲也。（卷五）嗤嫌：《說文》云嫌，不平於心也，一云疑也，從女兼聲。（卷六十二）（卷六十五）（卷七十六）

按，慊，二徐作從心兼聲。嫌，二徐作不平於心也，一曰疑也。從女兼聲。慧琳卷五所釋乃嫌字。

16. 惇肅：《說文》：持事謹敬也。從聿在𣶒上。（卷六）威肅：《說文》：持事謹敬也。從聿在𣶒上，戰戰兢兢也，肅然懼而嚴敬也。（卷六）惇

〔註6〕據徐時儀，獅作止。

肅：《說文》從𣶒。《說文》：持事謹敬也。從聿從𠀃，會意字也。（卷四）肅然：《說文》義同，從聿，汝（如）涉在𠀃。（卷三十四）

按，卷三十四從聿當作從聿，形近而訛。

17. 變易：《說文》：從攵從䜌聲也。《說文》：象形字，如蜥易。一說：上日下月共爲易，總九畫，陽之數也。會意字（卷六）無易：《說文》：賈秘書說日月爲易字，一云從勿省，此皆臆斷，非正也。（卷六）變易：《說文》從友䜌聲。（卷五十一）易處：《說文》：易，象形字也。秘書日月爲易。一云從勿。（卷四十三）

按，易，二徐作蜥易，蝘蜓，守宮也，象形，祕書說，日月爲易，象陰陽也。一曰從勿。與慧琳諸卷所引略異。卷六所引衍「省」字。

18. 殄滅：《說文》：盡也。從水從戌從火。（卷六）《說文》：滅，盡也。從水從戌從火。（卷七）銷滅：《說文》：滅，盡也。從水從戌從火。（卷十一）擇滅：《說文》：盡也。從水從威。（卷五十一）

按，滅，二徐作從水威聲。滅，《段注》在十五部，威，亦在十五部，慧琳諸卷所引構形皆爲會意，不確。

19. 險阻：《說文》：從𨸏從且省聲也。（卷六）險阻：《說文》從𨸏，且聲。（卷四十四）（卷九十八）阻礙：《說文》：除（險）也，從𨸏且聲。（卷九十一）

按，阻，二徐作從𨸏且聲。阻，《段注》在五部，且，亦在五部，慧琳卷六所引構形可從。

20. 深奧：《說文》：從水𡩻聲也。《說文》：奧亦深也。從釆從大作奧也（卷六）深奧：《說文》：奧，究也，藏也。（卷二十七）奧賾：《說文》云究也，室之西南隅也。《說文》《字林》並闕。（卷三十一）深奧（奧）：《說文》：究也。室之西南隅也。從穴莽聲也。從米作奧非也。（卷七）

按，奧，二徐作宛也。從宀㸚聲。究，二徐作窮也。宛，二徐作屈草自覆也。《說文段注》認爲，宛奧雙聲，宛者，委曲也。慧琳所引釋義乃意引，所引構形皆不確。

21. 浮囊：《說文》：浮，泛也。從水孚聲。（卷六）浮磬：《說文》從水

孚聲。（卷九十九）浮囊：《說文》：浮，泛也。從水子（孚）聲也。

（卷七）浮囊：《說文》：浮，泛也。從水孚聲。（卷六）

按，浮，二徐作氾也，從水孚聲。慧琳諸卷多作泛字，蓋古本如是。卷
　　七所引「子」黨作「孚」，形近而訛。

22. 鮮淨：《說文》：鮮，善也。《說文》：鱻，精也。（卷七）鮮潔：《說
　　文》：鮮字古文從三魚作鱻。（卷二十九）（卷八十三）鮮於：《說文》
　　從魚羴省聲。（卷二十九）

按，鮮，二徐作魚名。《玉篇》作善也。慧琳卷七所引釋義或據他本。
　　鱻，二徐作新魚精也。慧琳卷七有節引。

23. 枯頼：《說文》：顑頼也。（卷七）枯悴：《說文》從頁作頼，亦正也。
　　（卷二十九）窮頼：《說文》憔頼也，從頁卒聲。（卷三十九）（卷六
　　十八）

按，枯，二徐作槀也。與慧琳所引略異。頼，二徐作顑頼也。從頁卒聲。
　　卷三十九所引爲俗體。

24. 技藝：《說文》：技，巧也。從扌支聲也。（卷七）技藝：《說文》：
　　巧也。從手支聲也。（卷八）技術：《說文》：巧也，從手支聲。（卷
　　二十九）（卷四十七）

按，技，二徐作技，從手支聲。卷七所引「技」乃俗體。

25. 惡蠍：《說文》：蠆也。從虫歇聲也。（卷七）蝮蠍：《說文》云毒蟲
　　也。尾上拳有毒刺，篆字象形。（卷四十一）（卷五十一）蠍蜇：《說
　　文》並從虫，歇、折聲。（卷五十一）

按，蠍，二徐作蝎，蝤蠐也，從虫曷聲。慧琳諸卷乃據俗體爲說，所引
　　釋義乃意引。

26. 乃毆：《說文》：歐（毆），捶擊也。從攴區聲。（卷八十）（卷六十
　　二）毆之：《說文》：擊也。（卷八十一）毆擊：《說文》：毆，捶毄
　　也。從攴區聲。《說文》：攴也。從手隹聲。（卷十八）

按，毆，二徐作捶毄物也。從殳區聲。慧琳卷八十卷六十二卷八十一誤
　　將「毆」作「歐」。

27. 覆罩：《說文》：捕魚竹器也。從网卓聲也。（卷八）籠罩：《說文》

捕魚籠也。從冈卓聲。（卷八十九）（卷八十四）籠罩：《說文》從竹龍聲。《說文》：罩，捕魚籠也。一名罞，從冈卓聲也。（卷十五）

按，罩，二徐作捕魚器也。慧琳諸卷所引乃音。

28. 腥臊：《說文》：犬膏臭也。從肉星聲也。《說文》又作鮏，魚鮏也。（卷八）腥臊：《說文》云星見食豕，今肉中生息肉，形聲字也。（卷三十五）腥臊：《說文》豕豪臭也。二字並從肉，星臬皆聲也。（卷四十二）腥臊：《說文》從肉生聲。（卷五十五）

　　按，腥，二徐作星見食豕，令肉中生小息肉也。從肉從星，星亦聲。卷三十五所引令，訛作今。卷五十五所引構形不確。鮏，二徐作魚臭也。臊，二徐作豕膏臭也，從肉臬聲。卷八所引「豕」訛作「犬」。

29. 誘化：《說文》作羑，羑，導也，教也，引也，進也，相勸動也。從言從秀聲也。（卷八）誘進：《說文》作羑，進善也。從羊久聲。（卷二十九）（卷八十五）拘羑：《說文》云文王所拘羑里，在湯陰。從羊久聲。（卷八十八）

　　按，羑，二徐作進善也。羑，二徐作相詶呼也。慧琳卷八所引當為羑字。羑，或作誘，二徐作從言秀。誘，《段注》在三部，根據同龥聲者必同部，秀當在三部，慧琳卷八所引構形可從。

30. 塡布：《說文》：從土眞聲也。（卷八）金寘：《說文》：寘，塞也。從穴從眞亦聲也。（卷五十三）（卷九十四）（卷四十二）

　　按，塡，二徐作寘，塞也，從穴眞聲。慧琳卷八據俗體釋形。

31. 營搆（構）：《說文》：積財也。象對交之形也。從木冓聲也（卷八）。締構：《說文》云積材也。從木冓聲也。（卷八十一）（卷三十）（卷三十一）

　　按，構，二徐作蓋也，冓，二徐作交積材也。慧琳諸卷所釋乃「冓」字，且有節引。卷八所引「材」訛作「財」。

32. 虹蜺：《說文》似虫，故從虫工聲也。古文作䖶，籀文蚰從申。（卷八）虹霓：《說文》螮蝀也。狀似蟲，從虫，陰氣也，形聲字。（卷四十二）虹起：《說文》從虫工聲。（卷四十四）虹蜺：《說文》：螮蝀，虹也。江東呼為雩。（卷七十一）

按，虹，二徐作螮蝀也，狀似蟲，從虫工聲。慧琳卷八所引「蚣」字乃
　　俗體。

33. 灰燼：《說文》：死火也。從火又聲也。《說文》：火餘。從火盡省聲
　　也。（卷八）餘燼：《說文》火之餘木。正從火聿省聲也。（卷四十一）
　　（卷七十）灰燼：《說文》從火盡聲也。（卷五十）
　　按，灰，二徐作死火餘㶳也。從火從又。燼，二徐作㶳，火之餘木也，
　　　　從火聿聲。徐鉉認爲聿非聲，疑從聿省，今俗別作燼，非是。卷八
　　　　所引釋義乃節引。卷八、卷五十所引構形衍「省」字。

34. 煙焰：《說文》：火氣也。從火從亞（垔）聲也。古文作窐，籀文作𤎡。
　　《說文》：火微行也。（卷八）歘煙：《說文》云火氣也。從火垔聲。
　　（卷六十三）（卷五十一）（卷六十六）
　　按，焰，二徐作火行微㶢㶢也。與慧琳所引略異。

35. 寔惟：《說文》：止也。宀音綿，是字從日從疋也。（卷八）寔繁：《說
　　文》：止也。從宀是聲。（卷五十一）（卷七十一）（卷九十）
　　按，是，二徐作從日正。慧琳卷八所引有誤。

36. 襲予：《說文》：從衣從龍。（卷八）夾襲：《說文》從衣龍聲也。（卷
　　六十二）一襲：《說文》從衣從龖省聲。（卷八十三）內襲：《說文》
　　左衽衣。從龍從衣。（卷九十一）
　　按，襲，二徐作從衣龖省聲。襲，《段注》在七部，龖，在八部，二者
　　　　韻近，龍，在九部，與「襲」韻遠，慧琳卷八、卷六十二、卷九十
　　　　一所引構形不確。

37. 偏袒：《說文》：衣縫解也。《說文》：從肉從亶作膻。（卷八）偏黨：
　　《說文》偏，頗也。從人扁聲。（卷二十九）（卷三十一）（卷九十八）
　　按，偏，二徐作頗也。褊，二徐作衣小也。慧琳卷八所引蓋「褊」字，
　　　　且爲意引。

38. 猫兔：《說文》闕此字。《說文》：狩名也。（卷十一）兔猫：《說文》
　　云獸名也。象踞，後點象其尾形，兔頭與龜頭同，故從龜省。（卷三十
　　二）（卷一百）兔彪：《說文》：兔，獸也，象踞，後點象其尾。（卷
　　九十四）

按，兔，二徐作獸名，慧琳作狩名，宜改爲獸名，音近而訛。卷九十四所引乃節引。

39. 癈瘡：《說文》亦音療。（卷十一）療：《說文》作癈，同。（卷二十七）（卷七十）療諸：《說文》亦云療，醫，又治病。從广尞聲。（卷二十九）

按，癈，大徐作力照反，小徐作弋勺反。癈，二徐作治也，從广樂聲。或從尞。慧琳卷二十九所引乃意引。

40. 毒燄：《說文》：火行微燄燄然也。（卷十二）時燄：《說文》亦火微燄燄也。從炎臽聲。（卷三十三）（卷九十八）煙燄：《說文》云火行微燄也。從炎臽聲。（卷六十六）

按，燄，二徐作火行微燄燄也。卷三十三、卷六十六所引乃節引。

41. 蹶失：《說文》：縱也，從手乙作失也。（卷十二）失魄：《說文》：從手從乙。（卷十八）瞥失：《說文》：失，縱也。從手從乙。（卷三）失緒：《說文》：縱也。從手乙聲。（卷二十九）

按，失，縱也，二徐作從手乙聲。失，《段注》在十二部，乙，亦十二部，慧琳諸卷所引構形多作會意，不確。

42. 猛勵：《說文》從厂萬聲也。（卷十二）勉勵：《說文》：勉力也。從力厲聲。（卷四十一）（卷六十）剋勵：《說文》從力厲。（卷七十五）

按，勵，二徐作厲，旱石也，從厂蠆省聲。慧琳諸卷所引乃據俗字爲說。

43. 叵知：《說文》闕訓。（卷十二）叵差：《說文》從口匚聲。（卷五十四）叵得：《說文》：不可字也。（卷七十八）叵惻：《說文》反可也。（卷八十八）

按，叵，二徐作不可也。慧琳卷七十八所引衍「字」字。卷八十八所引「反可」當作「不可」，二字形近而訛。

44. 策勵：《說文》：馬箠也。從竹從朿亦聲也。（卷十二）策勵：《說文》云策，箠也，從竹朿聲。（卷二十九）策（策）勵：《說文》：馬箠也。從竹朿聲。（卷六十）籌策：《說文》從竹壽聲。《說文》：從竹從朿。（卷十八）

按，策，二徐作馬箠也，從竹朿聲。策，《段注》在十六部，朿，亦十

六部，慧琳卷十八所引構形不確。慧琳卷二十九所引釋義有節引。
慧琳卷六十所引「柬」當作「束」，形近而訛。

45. 髑髏：《說文》：人之頂骨也。（卷十二）髑髏：《說文》云頂骨也。
　　形聲字。（卷六十二）（卷七十五）髑髏：《說文》：髑髏，頂骨也。
　　（卷五）
　　按，髑，二徐作髑髏頂也。丁福保認爲二徐脫「骨」字。慧琳諸卷皆有
　　「頂骨」二字，蓋古本如是。

46. 依膽：《說文》：連肝之府也。從肉從擔省聲也。（卷十二）肝膽：《說
　　文》從肉詹聲也。（卷四十一）（卷六十八）（卷六十八）
　　按，膽，二徐作從肉詹聲。膽，《段注》在八部，擔，即儋字，亦在八
　　部，慧琳卷十二所引構形亦可從。

47. 旌鼓：《說文》：游車載旌所以精進士卒也。從㫃從生，生聲也。《說
　　文》：鼓，郭也。從壴從攴。（卷十四）鼓聲：《說文》：從壴從攴。
　　（卷十四）法鼓：《說文》：從壴從支（攴）（卷十二）鼓槌：《說文》：
　　從壴從夊。（卷八十八）
　　按，鼓，二徐作從攴從壴壴亦聲。鼓，《段注》在四部，壴，亦四部，
　　慧琳卷十四、卷十二、卷八十八所引構形不確。

48. 顣頞：《說文》：鼻莖皺也。從頁安聲。（卷十五）頞頔：《說文》：
　　鼻莖也。從頁安聲。（卷七十五）（卷九十九）（卷九十七）
　　按，頞，二徐作鼻莖也。慧琳卷十五所引衍「皺」字。

49. 卻粒：《說文》：從卩合聲。《說文》：粟曰粒。（卷十五）一粒：《說
　　文》粒，糈也。從米立聲。（卷八十九）（卷八十五）（卷九十二）
　　按，粒，二徐作糈也。粟，二徐作嘉穀實也。卷十五乃意引。

50. 垂皺：《說文》：皮聚也。從皮芻聲也。（卷十五）面皺：《說文》闕
　　文，無此字。從皮芻聲，俗皺，訛。（卷四十一）（卷五十三）（卷七
　　十五）
　　按，皺，二徐未見。

51. 枷鎖：《說文》：鎖，鎖也。從金貞聲。（卷十五）韁鎖：《說文》從
　　玉作璅。（卷四十九）骨鎖：《說文》：連環也。從金貞聲。（卷七十）

（卷八十三）

按，鎖，二徐作鐵鎖門鍵也。慧琳乃意引。

52. 滿匊：《說文》：曲指捧物也。（卷十五）滿匊：《說文》在手曰匊。
從勺米聲。（卷二十八）匊物：《說文》在手曰匊。從勺米。會意字也。
（卷四十二）掬中：《說文》從米勺聲也。（卷十七）

按，匊，二徐作在手曰匊。卷十五所引恐爲意引。

53. 傀琦：《說文》：偉也。從人鬼省聲也。（卷十七）傀偉：《說文》：
傀，偉也。從人鬼聲。（卷六十二）（卷八十四）瑰奇：《說文》云以
珍瑰爲傀，亦在人部中。今也從玉鬼聲。（卷八十）

按，傀，二徐作從人鬼聲，慧琳卷十七所引衍「省」字。

54. 矛戟：《說文》矛字象形，戟字從幹省從戈。（卷十七）三戟：《說文》
云有枝兵器也。從戈從軑。（卷二十九）（卷三十八）戟稍：《說文》：
戟，有歧兵器也。長丈六，從卓（卓）從戈作戟，（卷六十八）

按，戟，二徐作從戈軑。卷六十八所引釋義「歧」當作「枝」，形近而
訛。

55. 醇化：《說文》：淳粹不雜也。（卷十八）醇醲：《說文》云醇，不澆
酒也。（卷七十七）（卷八十二）醇澆：《說文》：不澆也。從酉臺聲。
（卷八十七）

按，淳，二徐作不澆酒也。淳，二徐作淥也。慧琳混淆醇、淳。

56. 顛墜：《說文》從高墜下也。（卷十八）墜生：《說文》從高而墮地。
從阜豕聲。（卷二十九）顛墜：《說文》從頁眞聲也。《說文》作墜，
從高而下也。從自遂省聲也（卷七十二）巔墜：《說文》從高墮聲也。
（卷八十八）

按，顛，二徐作頂也。墜，新附作陊也。慧琳諸卷多作從高墜下。蓋古
本如是。卷八十八所引構形乃墮字，但構形不確。

57. 劬勞：《說文》：用力者勞。從力從熒省聲也。（卷十八）劬勞：《說
文》劇也，從力從熒省。（卷四十一）（卷五十三）劬勞：《說文》：
劇也。從力。（卷五十一）

按，勞，二徐作劇也。從力熒省。卷十八所引乃意引其說。

58. 池沼：《說文》：沼即池之異名也。（卷十八）池沼：《說文》從水召聲。（卷三十）（卷五十三）池沼：《說文》：沼，池也。（卷七十一）

按，沼，二徐作池水。池，二徐作沱，水之流。慧琳蓋節引。

59. 成辦：《說文》：判也，從力辡聲。（卷十八）能辦：《說文》從刀辡，是也。（卷二）辦：《說文》：判也。從力辡聲也。（卷二）已辦：《說文》：判也。從力辡聲也。（卷八）

按，辦，二徐作致力也，從力辡聲。疑慧琳所引乃辨字。刀，訛作力。

60. 彎弓：《說文》：持弓閱（關）矢也。從弓絲省聲也。（卷十八）彎弓：《說文》：持弓關矢也。從弓絲聲也。（卷五十）彎弓：《說文》：持弓引矢也。從弓絲聲。（卷六十七）彎弓：《說文》：持弓開矢也。從弓絲聲。（卷六十八）

按，彎，二徐作從弓絲聲，慧琳卷十八所引衍「省」字。卷六十七、六十八所引乃意引其說。

61. 投擲：《說文》：摘也，從手殳聲。（卷十八）投趣：《說文》作殺，古投字也，遙擊也。從手從殳。（卷三）投趣：《說文》：遙擊也。（卷五）投竄：《說文》作殺，遙擊也。（卷十一）

按，投，二徐作摘也，從手從殳。殺，乃俗體。「遙擊也」恐《說文》古本「一曰」之訓。

62. 俸祿：《說文》從半從手。（卷十九）奉屬（屬）：《說文》：奉，承也。從廾從丰丰聲也。《說文》：連也。從尾蜀聲也。（卷四）奉法：《說文》：奉，承也。從半從廾從手。（卷六十五）屬續：《說文》：屬，連也。從尾蜀聲。（卷九十五）

按，奉，二徐作從手從廾半聲。慧琳脫「半聲」。

63. 樞闔：《說文》：戶樞也。從木區聲也。《說文》：闔猶閉也。從門盍，盍亦聲也。（卷十九）闔羅：《說文》：闔，閉也，從門盍聲。（卷四十五）（卷八十四）閶闔：《說文》云楚人名宮門曰閶闔門，楚宮也。（卷八十五）

按，闔，二徐作門扇也，一曰閉也，從門盍聲。慧琳所引乃節引。閶，二徐作天門也，從門昌聲。楚人名門曰閶闔。卷八十五所引乃意引其說。

64. 黏汙：《說文》：相著也。從黍占聲。（卷十九）（卷六十一）（卷一百）膠黏：《說文》：相著也。從黍占聲也。（卷十四）

按，黏，大徐作相箸也，小徐與慧琳所引同。蓋古本如是。

65. 頑騃：《說文》：馬行癡佁佁也。駑馬也，從馬矣聲。（卷十九）聾騃：《說文》：從馬矣省聲。（卷十五）癡騃：《說文》從馬矣聲也。（卷三十）（卷三十二）愚騃：《說文》：行佁皃也。從馬矣聲。（卷五十三）

按，騃，二徐作馬行仡仡也，從馬矣聲。慧琳卷十五所引衍「省」字。《玉篇》：馬行也，又無知也。仡、佁異體。卷十九所引乃推衍其說，卷五十三所引乃節引。

66. 爰懋：《說文》：引也。從受于聲。《說文》：懋，盛也。從心楙聲也。（卷十九）爰自：《說文》：引也。從受于聲。（卷一）爰令：《說文》：引也。從受于聲。（卷八）爰及：《說文》：引也。從受于聲。《說文》：逮也。從人從乃部。古文作乁。（卷十八）

按，爰，二徐作從受從于。慧琳諸卷皆作形聲，蓋古本如是。及，二徐作從又從人。懋，二徐作勉也。與慧琳所引不同。

67. 傲慢耐：《說文》從人敖聲。《說文》：慢，情不畏也。從心曼聲。《說文》作耏（耏），古字也。從彡從而。又云或從寸作耐，諸法度也，故從寸。（卷十九）聰慢：《說文》：慢，惰也，從心曼聲也。（卷六十八）（卷六十九）（卷九十一）

按，慢，二徐作惰也，從心曼聲。一曰慢不畏也。《玉篇》作輕侮也，不畏也。慧琳所引「慢」字形近而訛作「情」。卷六十八、十九乃節引。

68. 幻術：《說文》：邑中道也。從行术聲。（卷十九）技術：《說文》：術，道也。從行术聲。（卷三）技術：《說文》邑中道也。從行术聲。（卷二十九）射術：《說文》：邑中道也。從行术聲也。（卷十五）

按，術，二徐作邑中道也。從行术聲。慧琳卷三所引釋義乃節引。

69. 璽印：《說文》：王者印也。從土爾聲。今相承從玉作璽。《說文》：印，執政者之所持信也。從爪從卩。（卷十九）印璽：《說文》從土作

璽。（卷十九）璽書：《說文》王者印也。從玉爾聲。（卷八十六）（卷八十八）

按，璽，二徐作壐，王者印也，所以主土，從土爾聲。籀文從玉。按，印，二徐作執政所持信也。慧琳所引較爲完備。

70. 採摘：《說文》：探，取也。從手釆聲也。《說文》：拓果樹實也。從手從商省聲也。（卷八）采蓮：《說文》從爪從木。（卷三十四）摘頭：《說文》從手商聲。（卷八十四）欲摘：《說文》：摘，拈果樹實。一云指近之也。從手商聲。（卷十九）

按，探，二徐作釆，捋取也。從木從爪。慧琳卷八所引乃據俗體。摘，二徐作拓果樹實也。從手商聲。慧琳所引衍「省」字。拓，二徐釋爲拾也。拈，二徐釋作挋也。當作「拓」。

71. 繪綵：《說文》：繪，帛之總名也。從糸曾聲。《說文》從糸采聲。（卷十九）繪纊：《說文》：繪，帛也。（卷二十七）繪交絡：《說文》：帛之總名也。從糸曾聲。（卷三十六）繪磬：《說文》：帛之輕者總名也。古文從辛作綷。《說文》云樂石也。（卷四十二）

按，繪，二徐作帛也。唐寫本《玉篇》作帛，總名也。慧琳所引與唐寫本《玉篇》相近。丁福保認爲二徐奪「總」字。其說可從。綵，二徐未見。慧琳據俗體釋形。

72. 小疣：《說文》作肬，云：贅也。從月尤聲。（卷十九）瘡疣：《說文》從广。（卷六十九）懸疣：《說文》從广尤聲。（卷八十六）（卷九十七）

按，肬，二徐作從肉尤聲，慧琳所引月乃肉之俗體。

73. 髇髁：《說文》作髁，訓云：髀也。（卷十五）縵髁：《說文》云髁，髀也。從骨果聲。（卷四十）（卷六十二）髁巳下：《說文》：髁，髀上骨也，從骨果聲。（卷十九）

按，髁，二徐作髀骨也。慧琳所引或節引。

74. 蹈空：《說文》：踐也。從足舀聲。（卷十二）蹈七：《說文》：踐也，履行也。（卷二十七）蹈地：《說文》：踐也。從足舀聲。（卷三十三）（卷七十五）

按，蹈，二徐作從足舀聲，慧琳所引「舀」訛作「臽」。

75. 慢捍：《說文》從心曼聲。《說文》：止也，版（攴）也。捍，從字（手）旱聲，正作扞，或從心作忓，又從攴作扞，並通用也。〔註7〕（卷二十四）扞敵：《說文》：攴也，從手干聲。（卷六十三）（卷九十七）強扞：《說文》被也。從手干聲。（卷八十九）

> 按，扞，大徐作攴也。小徐作伎也。慧琳所引與大徐同，蓋古本如是。《說文校錄》認為作止也當不誤。卷八十九所引釋義不確。

76. 御寓：《說文》：從宀禹聲。（卷二十四）寰寓：《說文》從宀于聲。（卷七十七）御寓：《說文》從宀禹聲也。（卷八十）（卷九十二）

> 按，寓，二徐作宇，從宀于聲。慧琳據籀文「寓」釋形。

77. 圄圉：《說文》：圄，獄也，圉，守也。二字並從囗，令吾皆聲。（卷二十四）圄圉：《說文》云守也。並從囗，令與吾皆聲。（卷六十八）（卷六十九）（卷八十五）

> 按，圉，二徐作守之也。與慧琳所引略異。

78. 咼斜：《說文》：咼，口戾也。從口咼聲。（卷二十四）喎戾：《說文》正體作咼，口戾也。從口從咼聲。《說文》：曲也。犬出戶下身必曲戾，故從犬。（卷十五）咼斜：《說文》：口戾也。（卷二十七）咼衺：《說文》云咼，口戾也。從口冎聲。（卷六十二）（卷六十六）

> 按，咼，二徐作口戾不正也。丁福保認為慧琳所引當為古本。今本「不正」二字為後人所加。其說可從。

79. 飲吮：《說文》：吮，嗽也，從口允聲。（卷二十四）或吮：《說文》：嗽也。（卷十二）吮已：《說文》云吮，欶也。從口允聲。（卷五十三）（卷六十九）

> 按，吮，大徐作欶也，小徐作嗽也。《說文校錄》認為嗽乃俗字。嗽、嗽、欶異體。

80. 躄者：《說文》：跛也。（卷二十四）攣躄：《說文》：不能行也。從止辟聲。（卷三十二）痿躄：《說文》：躄，謂人不能行也，從足辟聲。（卷三十三）拘躄：《說文》：不能行也。（卷二十五）

按，蹕，二徐作壁，人不能行也。《說文古本考》認爲古本無「人」字。卷二十四所引乃意引。

81. 利鑇：《說文》云大鋤。（卷二十五）鑇鈃：《說文》云鑇，大鉏也。從金豐聲也。（卷四十）（卷九十四）杷鑇：《說文》：大鉏也，從金從豐省聲也。（卷六十）

按，鑇，二徐作大鉏也。從金豐聲也。卷六十所引爲省聲。鉏、鋤形近而訛。

82. 樘觸：《說文》云柱也。（卷二十五）輪樘：《說文》：樘，刹柱也。從木堂聲。足而是之。（卷三十五）輪樘：《說文》亦柱也。從木堂聲。（卷三十七）（卷七十五）

按，樘，二徐作衺柱也。《說文古本考》認爲古本無「衺」字。慧琳諸卷亦無「衺」字。卷三十五所引乃意引其說。

83. 和液：《說文》：津潤也。（卷二十六）霜液：《說文》：液，津液也。（卷十八）流液：《說文》液，津也。從水從夜聲也。（卷四十一）津液：《說文》：液，津潤也。（卷七十一）

按，液，大徐作盡也。小徐作津也。《說文古本考》認爲古本爲津潤也。筆者認爲慧琳卷十八所引更近古本。

84. 罐綆：《說文》：汲井繩也。（卷二十六）綆汲：《說文》從系（糸）更聲。（卷九十九）無綆：《說文》云汲井綆也。（卷六十二）短綆：《說文》從糸更聲。（卷八十九）

按，綆，二徐作汲井綆也。丁福保認爲慧琳卷二十六所引爲古本，其說可商。卷六十二與二徐同。

85. 軒飾：《說文》：曲輈轓車也。（卷二十七）軒宇：《說文》從車干聲也。（卷三十一）軒牕：《說文》從車干聲也。（卷三十二）（卷八十八）

按，軒，二徐作曲輈藩車，從車干聲。《說文校錄》認爲《說文》無「轓」字，作「轓」非。《段注》認爲「轓」乃俗字。可從。

86. 推排：《說文》：排，擠。（卷二十七）牽排：《說文》從手從非聲也。（卷五十三）排抗：《說文》：擠也。從手從非聲也。（卷七十七）（卷九十五）

按，排，二徐作擠也。從手非聲。《說文古本考》認爲所引「盪」乃古本之一訓。

87. 痟瘶：《說文》作消，盡也。（卷二十七）狂痟：《說文》從疒肖聲。（卷五十）肉痟：《說文》云痟，首病也。從疒肖聲。（卷七十八）（卷八十七）

　　按，消，二徐作盡也。從水肖聲。痟，二徐作酸痟頭痛。從疒肖聲。慧琳卷七十八所引乃意引。

88. 承攬：《說文》作攬（擥），撮持也。（卷二十七）攬光：《說文》：攬，撮持也。從手覽聲。（卷四十三）（卷四十四）（卷六十九）

　　按，攬，二徐作擥，撮持也。從手監聲。慧琳所引構形乃據俗體。

89. 除愈：《說文》：病瘳也。（卷二十七）（卷二十九）（卷七十）愈縟：《說文》從心俞聲。（卷九十八）

　　按，愈，二徐作病瘳也，從疒俞聲。卷九十八構形據俗體爲說。

90. 龜毛：《說文》：龜，舊也。外骨而內肉者也。（卷二十九）（卷三十九）（卷四十七）龜黿：《說文》：介蟲也。外骨而內肉。從黽敝聲。（卷六十）

　　按，龜，二徐作舊也，外骨內肉者也。從它，龜頭與它頭同。卷六十所引爲「鼈」字，二徐作甲蟲也，從黽敝聲。甲、介義近可通。

91. 如鋒：《說文》：兵刃。鋒，槍刃，刀刃端也。從金夆聲。（卷二十九）針鋒：《說文》：刃端也。從金夆聲。（卷七十六）鋒鍔：《說文》：鋒，兵刃端也。從金夆聲。（卷八十一）（卷八十九）

　　按，鋒，二徐作鏠，兵耑也。從金逢聲。慧琳所引乃據俗體爲說。釋義方面，慧琳卷八十一所引較爲完備，當爲古本，其他諸卷所引有節引。

92. 備整：《說文》：齊也。從束支（正）聲。（卷二十九）（卷四十一）（卷六十二）意整：《說文》：整，齊也。從敕從正。（卷三十二）

　　按，整，二徐作齊也，從支從束從正，正亦聲。正、整《段注》皆在十一部，當作形聲，慧琳卷三十二所作會意，不確。

93. 薄蝕：《說文》從虫食聲。或名交蝕。（卷二十九）（卷四十一）（卷

七十六）薄蝕：《說文》從虫從飤。（卷三十二）

按，蝕，二徐作飻，敗創也，從虫、人，食，食亦聲。慧琳卷二十九所引乃據俗體爲說。食、飻，《段注》皆在一部，當爲形聲，卷三十二作會意不確。

94. 餌藥：《說文》從弻作𩜁，粉餅也。從弻耳聲，古字也。《說文》從食耳聲。（卷二十九）（卷六十九）服餌：《說文》云餌，即餅也。從食耳聲。（卷九十四）（卷九十九）

按，𩜁，二徐作粉餅也，從弻耳聲。餌，乃《說文》或體。卷九十四乃節引。

95. 旋輪：《說文》從𠂤疋聲。（卷三十）（卷三十二）旋夗：《說文》：從𠂤從疋。（卷三十二）旋環：《說文》：從於從疋。（卷四十三）

按，旋，二徐作從𠂤從疋。旋，《段注》在十四部，疋在五部。卷三十作形聲不確，當爲會意。卷四十三所引「於」當作「𠂤」，形近而訛。

96. 漉水箛：《說文》：箛，斷竹也。從竹甬聲。（卷三十）（卷四十三）（卷六十四）畜箛：《說文》云斷竹也。從竹甫聲。（卷六十二）

按，箛，二徐作從竹甬聲。卷六十二所引構形「甫」當作「甬」，形近而訛。

97. 瓦瓨：《說文》云瓨，似罃長頸也。受十升，從瓦從工聲。（卷三十七）（卷三十）（卷五十三）瓶瓨：《說文》似缶，長頸，受十升，從瓦工聲。（卷五十七）

按，瓨，二徐作似罌長頸，受十升。從瓦工聲。卷三十七衍「從」字，卷五十七乃意引。

98. 幢幟：《說文》並從巾，童戠皆聲。（卷三十）（卷六十四）（卷九十七）緹幟：《說文》行也。《說文》從巾也。（卷九十八）

按，緹，二徐作帛丹黃色。慧琳所引「行也」有誤。

99. 臆度：《說文》：臆，匈骨也。從肉意聲。古文正作肊，從肉從乙，會意字也。（卷三十一）（卷八十三）（卷九十八）胸臆：《說文》：胸，膺也。（卷六十二）

按，臆，二徐作肊，匈骨也。從肉乙。或從意。《段注》在一部。意，
亦在一部。慧琳所引形聲當是。

100. 籠檻：《說文》：檻，圈也，亦籠也。從木監聲。（卷三十一）（卷八
十）軒檻：《說文》：檻，亦櫳也。從木監聲。（卷八十三）（卷八十
五）

按，檻，二徐作櫳也，從木監聲。一曰圈。卷三十一所引「籠」當作「櫳」。

101. 挺埴：《說文》：從手延聲。從土作埏者，非。《說文》：從土直聲。
（卷六十九）（卷三十一）（卷八十五）挻埴：《說文》：黏土也。從
土直聲也。（卷九十五）

按，挻，二徐作長也，從手，從延，延亦聲。與慧琳所引略異。

102. 翾飛：《說文》：小飛也。從羽瞏聲。（卷三十二）（卷八十三）翾飛：
《說文》：小飛兒也。從羽瞏聲。（卷六十四）翾鵬：《說文》：小蟲
飛也。從羽瞏聲。（卷八十八）

按，翾，二徐作小飛也，從羽瞏聲。卷六十四所引與《玉篇》所引同。
卷八十八所引乃意引。

103. 隍壍：《說文》城池有水曰池，無水曰隍也。從𨸏皇聲。（卷三十二）
（卷五十）（卷五十三）隍壍：《說文》云城下有水曰池，無水曰隍。
（卷六十三）

按，隍，二徐作城池也，有水曰池，無水曰隍。慧琳卷三十二所引「城
池」下脫「也」字。卷六十三所引乃意引。

104. 拔其：《說文》云拔，擢也，引而出之也。從手犮聲。（卷四十）（卷
六十二）（卷九十七）鐵鉆拔：《說文》拔猶擢也。從手從犮。（卷八
十）

按，拔，二徐作擢也，從手犮聲。卷四十所引推衍其說。犮、拔，《段
注》皆在十五部。卷八十所引構形爲會意不確。

105. 俄誕：《說文》：從人我聲也。《說文》：從言延聲也。（卷三十二）
誇誕：《說文》云：詭也，從言延聲也。（卷六十二）（卷八十六）（卷
九十五）

按，誕，二徐作詞誕也。慧琳卷六十二所引乃意引。

106. 儲資：《說文》：從人諸聲也。（卷三十三）儲偫：《說文》：偫蓄也，從人諸聲。（卷五十四）儲蓄：《說文》：儲，待也。儲，具也。一曰蓄財也。（卷七十）倉儲：《說文》：儲，偫也。（卷七十六）
按，儲，二徐作偫也，從人諸聲。卷五十四所引乃意引。卷七十所引乃推衍其說。

107. 係屬：《說文》系猶繫字，從人系聲。（卷四十五）（卷三十三）係念：《說文》：係，絜束也。從人系聲。（卷七十五）係鞻：《說文》云係，結束也。從人系聲。（卷九十四）
按，係，二徐作絜束也。從人系，系亦聲。卷九十四所引乃意引。

108. 舂米：《說文》：治粟也。從廾持杵以臨臼上。會意字也。（卷三十三）舂擣：《說文》云擣粟也。從廾持杵臨臼，杵省聲。（卷六十二）（卷六十）（卷七十八）
按，舂，二徐作擣粟也。從廾持杵臨臼上。午，杵省也。舂，《段注》在六部。杵，《段注》在五部。二者韻不同，當爲會意。卷六十二所引構形不確，卷三十三所用釋義乃意引。

109. 枯槁：《說文》槁亦枯也。（卷三十四）枯槁：《說文》云木枯也。從木高聲。（卷四十二）（卷四十五）（卷八十四）
按，槁，二徐作木枯也。從木高聲。慧琳卷三十四脫「木」字。

110. 須蕤：《說文》從屮從三心從糸也。（卷三十四）鬢蕤：《說文》：葺也。從⁺⁺縈聲。（卷三十九）（卷三十五）葳蕤：蕤，草花心也。並從草，威縈皆聲。（卷九十八）
按，蕤，二徐作縈，垂也。慧琳據俗體爲說，卷九十八所引乃意引。

111. 矟刃：《說文》：矛也。從矛肖聲也。（卷三十五）（卷七十六）槍矟：《說文》：長矛也。今人謂之戟矟，從矛肖聲。（卷四十一）（卷八十四）
按，矟，二徐作槊，矛也，從木朔聲。慧琳所引乃據俗體爲說。

112. 腰絛：《說文》：從糸從條省。（卷三十五）寶絛：《說文》從糸從攸聲。（卷三十七）罽絛：《說文》編絲也。從糸攸聲。（卷四十）金絛：《說文》：織成也。從糸條省聲。（卷六十九）

按，絛，二徐作扁緒也。從糸攸聲。《說文句讀》認爲亦作編緒、偏諸。慧琳卷四十所引乃意引。絛、攸、條，《段注》皆在三部。慧琳所引省聲亦可。

113. 蔕芙蕖：《說文》云蔕，瓜當也。從草帶聲。（卷八十七）（卷三十五）
花蔕：《說文》：蔕者，瓜果當蔕也。從草帶聲也。（卷七十二）（卷九十八）
按，蔕，二徐作瓜當也，從艸帶聲。卷七十二所引乃意引。

114. 搰塗：《說文》：沒也。從手㬍聲。（卷三十六）（卷四十）（卷四十三）蘇搰：《說文》云：搰，淺投水也。從手㬍聲。（卷三十九）
按，搰，二徐作沒也。卷三是機會所引乃意引。

115. 翊侍：《說文》：從羽從立，會意字也。（卷三十六）（卷六十二）羽翊：《說文》：翊，飛皃也。從羽立聲。（卷七十七）（卷九十七）
按，翊，二徐作飛皃。從羽立聲。《段注》在一部。立，在七部。二者韻遠，當爲會意。

116. 交掔：《說文》云掌後節也。正從手從又從目，會意字也。（卷三十六）（卷六十）今掔：《說文》：掌後節也。（卷三十五）挍掔：《說文》作搞，從手鬲聲。（卷八十七）
按，掔，二徐作手掔也。從手臤聲。慧琳所引乃意引。掔，《段注》在十四部，臤，在十五部。二者韻近，可爲形聲。

117. 革屣：履，屦也，以皮作之，故名革屣。（卷三十六）革屣：《說文》：躧，亦履也。（卷六十四）著屣：《說文》舞履也。（卷六十四）斑屣：《說文》：屣，履也。（卷八十八）
按，屣，二徐作鞮屬，從革徙聲。《繫傳》認爲俗作屣。慧琳所引乃意引。

118. 撼爲鈴：《說文》：搖也。從手感聲也。（卷三十六）（卷四十二）（卷九十四）撼頭：《說文》：搖也。從手從感也。（卷七十四）
按，撼，大徐作搣，搖也，從手咸聲。撼，俗字。小徐作搖也。與慧琳所引同。

119. 佩衆：《說文》：大帶曰佩。從人從凡。（卷三十六）佩觿：《說文》：
大帶佩也，從人凡聲。必有巾，從巾，巾謂之飾也。（卷八十三）珩珮：
佩，從人凡聲。（卷九十四）簪佩：《說文》大帶也。從人几（凡）聲。
佩必有巾。（卷九十六）
　　　按，佩，大徐作大帶佩也。從人從凡從巾。佩必有巾，巾謂之飾。小徐
　　　　作大帶也。佩，《段注》在一部，凡，《段注》在七部，二者韻部
　　　　較遠，「凡」不可作「佩」形聲聲符，慧琳卷九十四、九十六所引
　　　　構形不確。凡，當爲佩字右邊部分。

120. 欱取：《說文》云欱，啜也，從欠合聲。（卷三十七）吸欱：《說文》
云欱，歡也。從欠合聲。（卷四十）（卷六十三）呼欱：《說文》：口
歡（歡）也。從欠合聲。（卷七十六）
　　　按，欱，二徐作歡也，從欠合聲。與慧琳卷四十所引同，卷七十六所引
　　　　乃衍「口」字，卷三十七所引「啜」當爲「歡」之異體。

121. 風齲：《說文》齒蠹也。（卷三十八）（卷四十三）齲齒：《說文》：
齒不正也。（卷六十）齒齲：《說文》：齲，齒病也。從齒禹聲。（卷
八十八）
　　　按，齲，二徐與卷三十八所引同，卷八十八、六十所引乃意引。

122. 悃御：《說文》云從心困聲也。（卷三十九）（卷八十三）（卷八十七）
悃愊：《說文》云憤至誠，謂之悃愊。二字並從心，困皆聲也。（卷八
十九）
　　　按，悃，二徐作愊也。從心困聲。慧琳卷八十九所引乃推衍其說。

123. 湫淵：《說文》：回水也。從水，象形。（卷三十九）（卷一百）淵泓：
《說文》：淵亦深泉也。從水𣶒聲也。（卷五十七）淵壑：《說文》：
淵，水深也。從水𣶒聲。（卷八十八）
　　　按，淵，二徐作回水也。從水象形。卷五十七、八十八所引乃意引。淵，
　　　　《段注》在十二部，𣶒，亦在十二部，形聲亦可。

124. 占籍：《說文》：古文籍字也。（卷三十九）簡冊：《說文》：符命也。
諸侯進受於王，象其扎（札），一長一短，中有二編也。古文從竹作籍
也。（卷八十七）（卷九十一）（卷九十七）

　　按，冊，二徐作符命也。諸侯進受於王也。象其札一長一短，中有二編
　　之形。與慧琳卷八十七所引同。

125. 煜爔：《說文》二字並從火，昱龠皆聲。（卷三十九）晃煜：《說文》：
　　耀也。從火昱。（卷七十四）晃煜：《說文》：煜，耀也。亦熾也。從
　　火昱聲。（卷八十一）（卷八十二）
　　按，煜，大徐作熠也，從火昱聲。小徐作耀也，從火昱聲。與慧琳卷八
　　十一所引同。煜、昱，《段注》皆在七部。當為形聲。卷七十四所
　　引構形不確。

126. 聖翮：《說文》：羽莖也。從羽鬲聲。（卷三十九）（卷六十九）（卷
　　九十二）羽翮：《說文》翮羽之根莖也。從羽鬲聲。（卷一百）
　　按，翮，二徐與慧琳卷三十九所引同。卷一百所引乃推衍其說。

127. 白縠：《說文》：細縛也。從糸縠省聲。（卷三十九）（卷九十一）繻
　　縠：《說文》：羅屬也。從糸縠聲。（卷八十八）羅縠：《說文》從糸
　　穀也。（卷九十八）
　　按，縠，二徐作細縛也。從糸縠聲。卷八十八所引乃意引。縠、穀，《段
　　注》皆在三部，當為形聲。卷九十八所引不確。

128. 鈔功：《說文》：扠取也。從金少聲。（卷三十九）（卷四十五）（卷
　　五十七）鈔摛：《說文》云故取物也。從金少聲。一云掠也。（卷九十
　　四）
　　按，鈔，二徐作叉取也。從金少聲。卷三十九、九十四所引乃意引。

129. 躄地：《說文》作躄，云人不能行也。從止辟聲也。（卷四十）（卷四
　　十五）（卷七十三）攣躄：《說文》亦不能行也，從止辟聲。（卷七十
　　八）
　　按，躄，二徐與慧琳卷四十所引同，卷七十八所引有節引。

130. 僕隸：《說文》：附著也。（卷六）僕隸：《說文》附著也。從隸奈聲。
　　篆文作隸。（卷四十）（卷八十一）謟篆隸：《說文》：從奈隸聲。（卷
　　九十一）：《
　　按，隸，二徐與慧琳卷四十所引同。隸、奈、隸，《段注》皆在十五部。
　　卷四十、卷九十一所引構形皆可。

131. 角觡：《說文》：獸角，象形。（卷四十）（卷六十八）角勝：《說文》：
角，平斗斛也。（卷七十）角觖：《說文》云車輨上曲鉤也。（卷八十四）
按，角，二徐作獸角也，象形。慧琳卷七十、八十四所引乃另有所本。

132. 洒㕞：《說文》：拭也。從又持巾在尸下也。（卷四十）（卷七十九）
梳刷：《說文》：刮也。從刀㕞。（卷六十二）刷身：《說文》：刮也，
從刀㕞省聲也。（卷七十六）
按，㕞，二徐與慧琳卷四十所引同。刷，二徐與慧琳卷七十六所引同。
卷六十二構形不確。

133. 魚蚌：《說文》從刀，象形字也。《說文》從虫丰聲也。或作蜯，俗字
也。（卷四十一）蚌蛤：《說文》：蚌，蠣也。從虫丰聲。（卷六十二）
蚌彚：《說文》云蚌，蜃屬也。從虫丰聲。（卷六十六）（卷九十五）
按，蚌，二徐與慧琳卷六十六所引同。卷六十二所引乃意引。

134. 貶黜：古文作㝵，從寸從臼，覆之也。《說文》：貶下也，從黑出聲。
（卷四十一）（卷四十五）（卷七十七）黜廗：《說文》：貶也。從黑
出聲也。（卷七十八）
按，黜，二徐作貶下也，從黑出聲。與慧琳卷四十一所引同，卷七十八
乃節引。

135. 陷穽：《說文》從穴井聲。（卷四十一）坑穽：《說文》：穽，大陷也。
（卷七十）丘穽：《說文》云阱，陷坑也。從𨸏井聲。（卷九十二）臽
穽：《說文》：《說文》：窞亦坑也。從㕚井聲。（卷九十八）
按，穽，二徐作阱，陷也，從𨸏從井，井亦聲。或從穴。卷七十所引乃
衍「大」字。卷九十二所引乃意引。

136. 頒告：若據《說文》：頒，大頭也。鬢也。（卷四十一）已頒：《說文》：
分也。從頁分聲。（卷九十一）（卷八十三）（卷九十三）
按，頒，二徐與慧琳卷四十一所引同。卷九十一所引乃意引。

137. 幖幟：《說文》：幖亦幟也。從巾票聲。（卷四十二）（卷四十五）（卷
六十六）幖幟：《說文》幖，亦幟也。從巾從票。（卷六十四）
按，幖，二徐與慧琳卷四十二所引同。幖、票，《段注》皆在二部。慧
琳卷六十四所引構形不確。

138. 舐吻：《說文》：口邊也，從口勿聲。（卷四十二）（卷八十七）唇吻：《蒼頡篇》云吻，唇邊也。《說文》義同。從口勿聲。（卷四十二）（卷八十四）

按，吻，二徐與慧琳卷八十七所引同。卷八十四所引乃意引。

139. 爇此：《蒼頡篇》：然也。《說文》同。（卷四十二）爇火：《說文》從火蓺聲也。（卷六十二）（卷八十七）爇火：《說文》從艸熱聲也。（卷八十三）

按，爇，二徐作燒也，從火蓺聲。慧琳卷四十二所引乃意引。爇、熱，《段注》皆在十五部。慧琳卷八十三所引構形亦可。

140. 蟬蛻：《說文》：蟬蛇所退皮也，並從虫從單兌聲也。（卷七十六）（卷四十二）羽蛻：《說文》云蛻，蟬解皮也。從虫兌聲。（卷九十六）羽蛻：《說文》蛻，謂蛇蟬所解皮也。從虫兌聲。（卷九十七）

按，蛻，二徐作蛇蟬所解皮也。從虫挩省。

141. 數噫：《說文》云噫，飽出息也。從口意聲。（卷四十三）（卷六十二）噫噦：《說文》：噫，飽也，出息也。（卷四十三）噫吐：《說文》：噫，飽食而息也，從口意聲也。（卷五十七）

按，噫，二徐作飽食息也。從口意聲。與慧琳卷五十七所引略同。《說文古本考》認爲古本當作飽出息也。

142. 食簞：《說文》：判竹圓以盛穀。（卷四十三）（卷七十）簞倉：《說文》：織竹圓器可以盛穀也。從竹單聲。（卷六十八）（卷六十一）如簞：《說文》云簞，以竹圓盛穀也。從竹單聲。（卷七十二）

按，簞，二徐作以判竹圓以盛穀也。從竹單聲。慧琳卷四十三所引當爲古本，二徐所引蓋衍「也」字。卷六十八所引乃意引。卷七十二所引乃節引。

143. 疲倦：《說文》從人卷聲也。《說文》作勌，並通用。（卷四十四）不倦：《說文》云勞也。罷也。從人卷聲。（卷八十）忘倦：《說文》云疲也。從人卷聲。（卷八十九）（卷九十六）

按，倦，二徐作罷也，從人卷聲。卷八十九乃意引。卷八十所引「勞也」亦屬意引。

144. 是觸：《說文》：觸，牴也，從角蜀聲。（卷四十四）（卷五十五）（卷六十一）觸故：《說文》云悅也，從角蜀聲也。（卷九十三）

　　按，觸，大徐作牴也，從角蜀聲。小徐與慧琳卷四十四所引同。慧琳卷九十三所引不確。

145. 悒邃：《說文》：不安也。從心邑聲。（卷五十七）（卷四十五）（卷九十七）忄凤悒：《說文》不悅也，從心邑聲也。（卷一百）

　　按，悒，二徐與慧琳卷五十七所引同，卷一百所引乃意引。

146. 倫媲：《說文》：配也。從女毘聲。（卷八十八）（卷四十七）媲偶：《說文》：媲，妃也，從女毘聲。（卷八十八）（卷九十九）

　　按，媲，二徐與慧琳卷八十八所引同。《說文句讀》據《字林》作「配也」。與慧琳卷八十八所引同，蓋古本如是。「媲偶」「倫媲」有配偶義。「妃」當作「配」，形近而訛。

147. 溷殽：《說文》云亂也。從水圂聲。（卷四十九）（卷七十五）（卷九十七）溷中：《說文》：溷亦廁也。從水圂聲。（卷八十三）

　　按，溷，二徐與慧琳卷四十九所引同。卷八十三所引不確。

148. 尸骸：《說文》云脛骨也。從骨亥聲。（卷五十一）（卷六十九）（卷八十九）屍骸：《說文》體脛骨也。從骨亥聲也。（卷六十二）

　　按，骸，二徐與慧琳卷五十一所引同。慧琳卷六十二所引蓋衍「體」字。

149. 分壇：《說文》：正作畺，從畕三其界畫也。（卷五十三）畺場：《說文》：界也。從二田。（卷八十）恢畺：《說文》從畕，三其界畫。（卷八十二）無畺：考聲：界也。境也。《說文》義同，從畕，三其界盡也。（卷八十三）

　　按，畺，二徐作界也，從畕，三，其界畫也。卷八十三所引「盡」當作「畫」，形近而訛。

150. 賢傿：《說文》下從弓催傿聲也。（卷五十三）稱傿：《說文》作俊者，才過千人曰俊。從人夋聲。（卷八十一）（卷六十二）之傿：《說文》從凹催。（卷八十八）

　　按，俊，大徐作材千人也。從人夋聲。小徐作才過千人也。與卷八十一所引同。蓋古本如是。傿，二徐未見。

151. 右脅：《說文》：脅，肚兩膀也。從三力作劦，從肉。（卷五十三）左
脅：《說文》云脅，在兩旁也。從肉劦聲。（卷七十二）脅疊：《說文》
云脅謂兩膀也。從肉從劦聲。（卷八十）右脅：《說文》肚二傍也。從
肉劦聲也。（卷八十六）
按，脅，二徐作兩膀也。從肉劦聲。與慧琳卷八十所引同。慧琳卷五十
三、八十六所引衍「肚」字，卷七十二所引衍「在」字。

152. 縣首：《說文》：倒首字也。斷首而倒懸也。（卷五十三）（卷五十五）
（卷八十四）縣首：《說文》：倒首也。賈侍中說：此斷其首倒懸即縣
字也。（卷六十九）
按，縣，大徐作到首也。小徐與慧琳卷六十九所引同。卷五十三有節引。

153. 長跽：《說文》云長跪也。從足忌聲也。（卷五十五）（卷五十三）（卷
八十九）擎跽：《說文》長跽也。從足忌聲也。（卷九十六）
按，跽，二徐與慧琳卷五十五所引同，卷九十六所引乃意引。

154. 言咆：《說文》：嗥也，從口包聲。（卷五十四）咆勃：《說文》：嗥
也。從口包聲。（卷八十七）（卷九十三）（卷九十四）
按，咆，二徐與慧琳卷八十七所引同，卷五十四所引「嗥」當作「嗥」，
形近而訛。

155. 噴吒：《說文》：噴，鼓鼻也。並從口，賁皆聲。（卷五十四）（卷六
十四）嚏噴：《說文》云噴，吒也。從口賁聲。（卷六十二）噴鳴：《說
文》云吒也。一云鼓鼻也。從口賁聲也。（卷七十七）
按，噴，二徐與慧琳卷七十七、六十二所引同，卷五十四所引乃意引。

156. 噴吒：《說文》：並從口，乇皆聲。（卷五十四）（卷九十九）歊吒：
《說文》：噴也，從口從乇。（卷七十四）（卷六十四）
按，吒，大徐與慧琳卷五十四所引構形同。小徐與慧琳卷五十四所引同。
吒、乇，《段注》皆在五部。當爲形聲。

157. 瞥想：《說文》云瞥，纔見，從目敝聲也。（卷九十六）（卷五十四）
（卷九十三）縹瞥：瞥謂暫見也。從目敝聲。（卷九十九）
按，瞥，熱徐作財見也。慧琳卷九十九乃意引。卷九十六「纔」、「財」，
可通。

158. 嘘唏：《說文》亦出氣也，從口虛聲。（卷五十四）（卷七十六）（卷七十七）嘘氣：《說文》云嘘，吹嘘也。從口虛聲。（卷八十六）
　　按，嘘，二徐作吹也。慧琳所引乃意引。

159. 敷演：《說文》云，散也，從攴專聲。（卷五十五）（卷八十九）敷榮：《說文》從攴從尃。（卷六十四）（卷七十四）
　　按，敷，敒也。「敒」即「施」字，慧琳所引乃意引。

160. 販樵：《說文》：採柴薪也。從木焦聲。形聲字也。（卷五十七）（卷八十六）（卷九十八）樵木：《說文》：木也，從木焦聲。（卷六十二）
　　按，樵，大徐作散也。從木焦聲。小徐作散木也。慧琳所引乃意引。

161. 來贖：《說文》：貿也。從二貝從㒼。（卷六十二）（卷五十七）贖不：《說文》：贖，賈也。從貝從賣。今俗從賣，誤也。（卷六十五）購贖：《說文》從貝賣聲。（卷六十五）
　　按，贖，二徐作貿也，從貝賣聲。贖，《段注》在三部，賣，《段注》在十六部。二者韻遠，不當為形聲。慧琳卷六十五所引構形可從。

162. 是祟：《說文》：神為禍也，從示從出聲。（卷五十七）（卷七十八）祅祟：《說文》云神禍也。從示從出，會意字。（卷八十二）祅祟：《說文》：神為禍也。從出從示。《說文》中從宗作祟，非也。（卷八十二）
　　按，祟，二徐與慧琳卷八十二所引同，卷五十七衍「為」字。祟、出，《段注》皆在十五部。當為形聲。

163. 更無遺孑：《說文》云從辵遺（貴）聲。《說文》：無右臂。從了，象形，一聲。（卷六十）（卷八十五）（卷八十二）孑然：《說文》：無左臂。象形字也。（卷八十三）
　　按，孑，二徐與慧琳卷六十所引同。卷八十三所引乃誤引。

164. 蜫蟻：《說文》正體作蚰者，蟲之總名也，從二虫。（卷六十）（卷六十二）蜫蟲：《說文》：蜫，小蟲也，從虫昆聲。（卷九十五）蜫蟻：《說文》：蜫，蟲總名。（卷九十七）
　　按，蚰，二徐與慧琳卷六十所引同。卷九十五乃據俗體意引，卷九十七脫「之」字。

165. 番秔餅：《說文》從黍從甘。《說文》：粒食也。（卷六十一）餅食：
《說文》云餅，食也。從食弁聲。（卷六十二）餅麵：《說文》作飯，
云食也。（卷六十二）一餴：《說文》火作飯，云食也，從食反聲。（卷
八十一）
　　按，餴，二徐作飯，食也，從食反聲。慧琳卷六十二據俗體爲說。秔，
　　二徐作稻屬。卷六十一乃意引。

166. 涼燠：《說文》：燠氣在中也。從火奧聲。（卷六十一）含燠：《說文》
云燠，熱在中也。從火奧聲也。（卷八十五）炎燠：《說文》：燠也，
熱在中也。從火奧聲。（卷九十一）涼燠：《說文》：燠，熱也。從火
奧聲。（卷九十六）
　　按，燠，二徐與慧琳卷八十五所引同。卷六十一乃意引，卷九十六乃節
　　引。

167. 販樵：《說文》：賤買貴賣也。從貝反聲。（卷六十一）販賣：《說文》
謂買賤賣貴也。從貝反聲。（卷六十四）（卷六十五）（卷七十八）
　　按，販，二徐與慧琳卷六十四所引同，卷六十一所引有倒置。

168. 城闉：《說文》：曲城重門也。從門垔聲。（卷六十二）城闉：《說文》：
城曲重門也。從門垔聲。（卷六十二）（卷九十八）城闉：《說文》：
城之重門曲處也。形聲字也。（卷九十一）
　　按，闉，二徐作城內重門也。從門垔聲。「城內」，慧琳諸卷皆作「城
　　曲」，蓋古本如是。卷六十二、九十一乃意引。

169. 蚌蛤：《說文》云蛤有三種，皆生於海。蛤蠣，千歲鵰所化。秦謂之牡
蠣，海蛤者百歲鷰所化也。魁蛤老，一名蒲螺者，伏翼所化也，從虫合
聲。（卷六十二）蜆蛤：《說文》蛤有三，皆生於海。蛤蠣者，千歲雀
所化也。秦謂之壯（牡）屬。海蛙者，百歲鷰所化也。魁蛤，一名復累，
老復翼所化也。從虫合聲。（卷六十八）蚌蛤：蛤有三，皆生於海。蛤
屬千歲鳥所化也。秦謂之牡屬。海中蛤者，百歲鷰化也。魁蛤，一名復
累，老服翼所化也。二字并從虫，合聲也。（卷九十五）爲蛤：《說文》
蛤有三，皆生海。海蛤者，百歲鷰所化也。一名蒲螺，老服翼所化也。
蛤蠣者，千歲鵰所化也。從虫合聲。（卷九十七）
　　按，蛤，二徐作蜃屬，有三，皆生於海，屬千歲，雀所化，秦人謂之牡

厲。海蛤者，百歲燕所化也。魁蛤者，一名復絫，老服翼所化也。從虫合聲。慧琳諸卷所引有節引。

170. 靦面：《說文》：靦，見也。從面見聲也。（卷六十二）（卷八十八）
靦顏：《說文》面見皃。從面見聲。（卷八十八）娗卒：《說文》靦，面也。（卷九十九）
　　按，靦，二徐作面見也，從面，見，見亦聲。與慧琳卷八十八所引略同。卷六十二、九十九所引有節引。

171. 爲阱：《說文》亦陷也。從阝井聲也。古文作汬。（卷六十二）（卷七十二）（卷一百）火阱：《說文》：陷坑也。從𨸏井聲。（卷七十九）
　　按，阱，二徐作陷也，從𨸏從井，井亦聲。慧琳卷七十九所引衍「坑」字。

172. 嚳虖：《說文》：急苦之甚也。從學省聲。（卷六十二）嚴酷：《說文》云嚳，急也。苦之甚也。從告從學省聲也。（卷六十八）（卷九十七）
酷法：《說文》作嚳，云以虎害之也。從學省告聲。（卷六十九）
　　按，嚳，二徐作急告之甚也。從告學省聲。嚳、告、學，《段注》皆在三部。慧琳所引構形可從。卷六十八、六十二所引「苦」當作「告」，形近而訛。

173. 赭衣：《說文》赤土也。從赤者聲也。（卷九十七）（卷六十二）（卷八十二）赭容：《說文》從赤從者，者聲也。（卷七十七）
　　按，赭，二徐與慧琳卷九十七所引同。

174. 廊廡：《說文》：堂下周室屋也。從广無聲。（卷六十三）（卷八十三）
廊廡：《說文》堂下周室也。從广無聲。（卷八十七）廣廡：《說文》：堂下周屋也。從广無聲。（卷九十九）
　　按，廡，二徐作堂下周屋。從广無聲。卷六十三所引衍「室」字。卷八十七所引「室」當作「屋」，義近可通。

175. 稊稗：《說文》從禾弟聲也。（卷六十四）稊稗：《說文》作苐。（卷七十八）稊稗：《說文》從草稊聲。（卷九十六）稊稂：《說文》從草梯聲。（卷九十七）
　　按，稊，二徐作引構形與卷九十六所引同，卷六十四所引乃據俗體，卷九十七所引構形中「梯」當作「稊」，形近而訛。

176. 尺蠖：《說文》：蠖，屈伸蟲也，從虫蒦聲。（卷六十八）（卷七十二）
（卷九十七）蚇蠖：《說文》：申屈蟲也。（卷七十一）
按，蠖，二徐作尺蠖，屈申蟲。慧琳卷六十八所引同，卷七十一所引有
倒置。

177. 局故：《說文》：局，促也。從口在尺下復句之也，象形。（卷六十九）
（卷八十）（卷八十一）局隨增：《說文》：促也。近也。從尺從口。
（卷七十）
按，局，二徐與慧琳卷六十九所引同，「句」，當作「局」，音近假借。
卷七十所引乃推衍其說。

178. 爲枕：《說文》：枕，臥時頭薦（薦）也。從木冘聲也。（卷七十四）
作枕：《說文》：臥頭薦（薦）也。從木冘聲。（卷七十五）作枕：顧
野王云臥以頭有所薦（薦）也。《說文》義同。從木冘聲。（卷七十五）
（卷八十九）
按，枕，二徐作臥所薦首者。從木冘聲。慧琳所引乃意引。

179. 種紵：《說文》云檾屬，細者也。從系（糸）宁聲。（卷八十一）（卷
七十五）夾紵：《說文》檾屬也。從糸宁聲。（卷八十三）（卷八十五）
按，紵，二徐作檾屬，細者爲絟，粗者爲紵，從糸宁聲。慧琳所引釋義
乃節引。

180. 懿列王：《說文》：懿，專久而美也。從壹從恣聲也。（卷八十五）（卷
七十七）（卷一百）純懿：《說文》從壹志聲。（卷八十四）
按，懿，二徐作從壹，從恣省聲。《段注》認爲當作從心從欠壹亦聲。
懿、壹，《段注》皆在十二部，慧琳所引構形不確。

181. 陗絕：《說文》：高也，從阝肖聲。（卷七十七）峭峻：《說文》作陗，
云峻也。從阜肖聲。（卷八十二）（卷八十三）（卷九十三）
按，陗，二徐作陖也，蓋古本如是。慧琳所引「峻」乃異體，卷七十七
所引乃意引。

182. 期頤：《說文》從臣，象形也。從頁作頤，篆文字。（卷七十七）解頤：
《說文》從臣頁聲。（卷八十三）（卷八十四）（卷九十）

按，頤，二徐作臣，不作臣，慧琳卷七十七所引不確，臣，《段注》在一部，頁，在十五部，二者較遠，慧琳卷八十三所引構形不確。

183. 屟然：《說文》：芸也，從弄在尸下。一云弄聲也。（卷七十七）屟然：《說文》亦謹也。從尸弄聲。（卷八十六）（卷九十八）屟然：《說文》穿也，一云呻吟也。從弄在尸下。（卷九十六）

按，屟，二徐作迣也，一曰呻吟也。從弄在尸下。慧琳諸卷所引「芸也」「謹也」「穿也」，不確。屟、弄，《段注》皆在十四部，可爲形聲。

184. 刊定：《說文》從刀干聲。（卷七十七）（卷八十）（卷八十七）刊石：《說文》云從刀從干也。（卷九十四）

按，刊，二徐與慧琳卷七十七所引構形同，刊、干，《段注》皆在十四部。慧琳卷九十四所引構形不確。

185. 懾伏：《說文》云失聲也。從心聶聲也。（卷七十八）（卷九十七）驚懾：《說文》：怖懼。從心聶聲。（卷八十二）（卷九十二）

按，懾，二徐作失氣也，一曰服也。從心聶聲。慧琳乃意引。

186. 智僊：《說文》：長生人也。從人䙴聲。（卷八十）僊苑：《說文》：長命也。（卷八十一）上僊：《說文》長生僊去。從任從䙴省聲。（卷八十七）八僊：《說文》云僊，生長僊去也。從人䙴，䙴亦聲。（卷九十五）

按，僊，二徐作長生僊去。從人䙴聲。卷八十一、卷九十五乃意引。卷八十七所引構形不確。

187. 沙汰：《說文》汰謂濤淅簡擇也。從水太聲。（卷八十一）（卷八十四）（卷九十三）沙汰：《說文》瀟也。從水太聲。（卷九十九）

按，汰，二徐作淅瀟也。從水太聲。慧琳卷八十一乃推衍其說。卷九十九所引乃節引。

188. 煨燼：《說文》：煨，盆中火也。從火從畏省聲也。（卷八十一）煨燼：《說文》：煨，盆中火也。從火畏聲。（卷八十九）（卷八十六）（卷九十七）

按，煨，二徐與慧琳卷八十九所引同，卷八十一所引衍「省」字。

189. 商榷：《說文》：從木隺聲。《說文》：從隹從宀。（卷八十二）（卷八十七）商確：《說文》從石隺（隺）聲。（卷八十四）楊榷：《說文》從木作榷。水上橫木，所以渡水也。（卷八十四）

按，榷，二徐作水上橫木，所以渡者也。慧琳所引或衍「水」字。確，乃俗體。

190. 劀斲：《說文》從斤昔聲。（卷八十三）（卷八十八）（卷九十七）劀斲：《說文》從刀斀省聲也。（卷九十七）

按，斲，二徐與慧琳卷八十三所引同，卷九十七所引構形不確。

191. 言譃：《說文》：戲言也。從言虐聲也。（卷九十一）（卷八十五）戲譃：《說文》譃，即戲也。從言虐聲。《說文》虐字，上從虍，下從仰瓜作屵。（卷一百）（卷九十五）

按，譃，二徐與慧琳卷一百所引同。慧琳卷九十一蓋衍「言」字。

192. 欄甃：《說文》云甃，井甓也。從瓦秋聲。（卷八十六）（卷九十六）（卷八十七）闌甃：《說文》：甃，井塼也。從瓦秋聲。（卷九十八）

按，甃，二徐作井壁也。從瓦秋聲。甓、壁異體，慧琳卷九十八乃意引。

193. 麟麕：《說文》從鹿囷聲。（卷八十六）（卷九十二）（卷九十四）麕麚：《說文》從鹿囷省聲。（卷九十七）

按，麕，二徐與慧琳卷九十七所引同，卷八十六所引構形不確。

194. 袞飾：《說文》云天子享先王，卷龍衣繡於下裳幅，一龍蜿上卿服。《說文》從衣公聲也。（卷八十七）袞冕：《說文》亦龍衣也。繡下裳福（福），一龍蟠阿上嚮。從衣公聲。（卷九十二）龍袞：《說文》天子享先王，卷龍繡於下裳愊（幅），一龍蟠阿，從衣公聲也。（卷九十五）（卷九十八）

按，袞，二徐作天子享先王，卷龍繡於下幅，一龍蟠阿上鄉。從衣公聲。慧琳所引有節引。卷八十七、九十二「龍」下衍「衣」字。